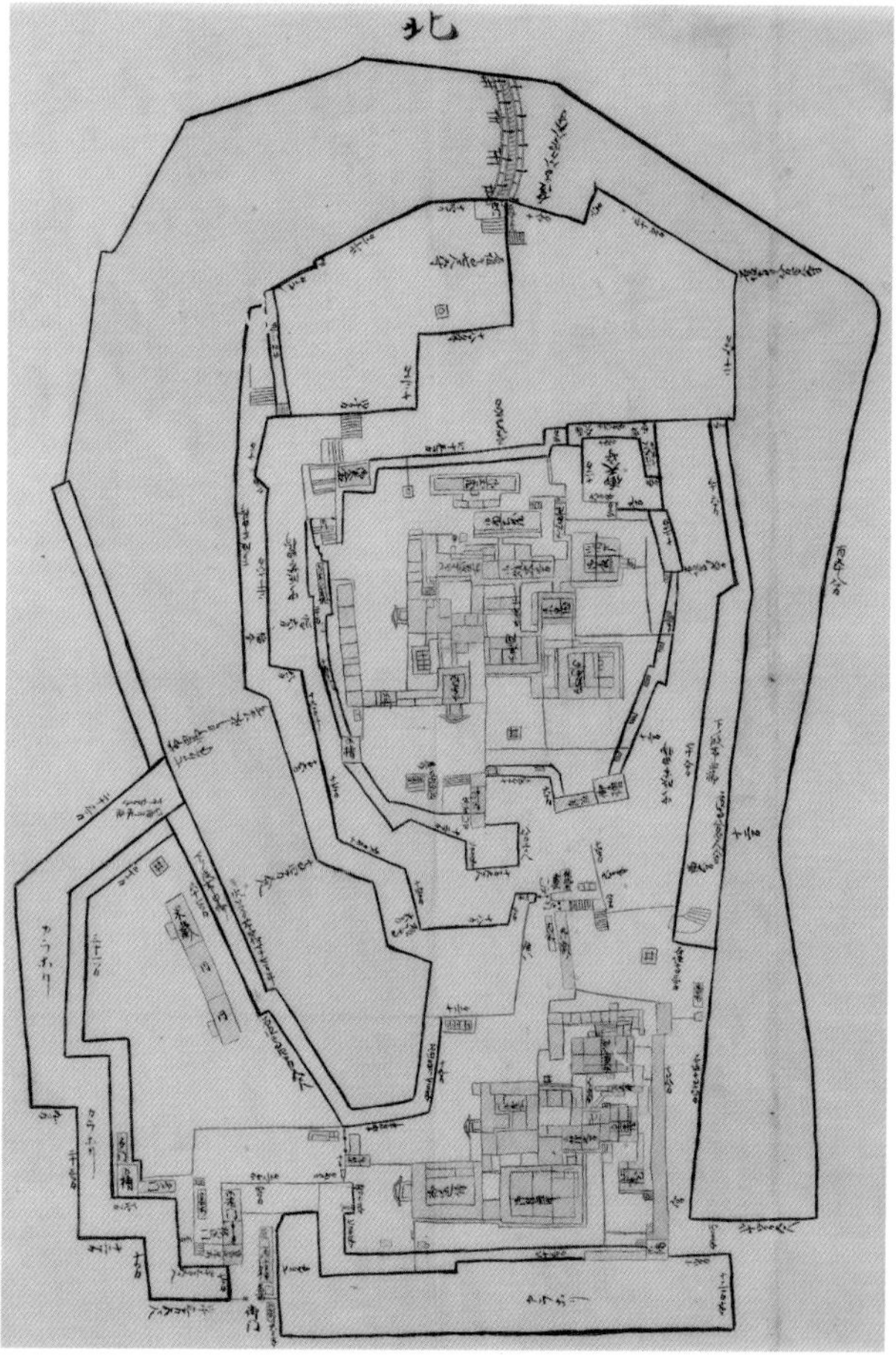

口絵１　豊臣時代大坂城本丸図（中井正知・正純氏蔵、重要文化財）
〔天正12年（1584）本丸竣工頃の平面図の写し〕

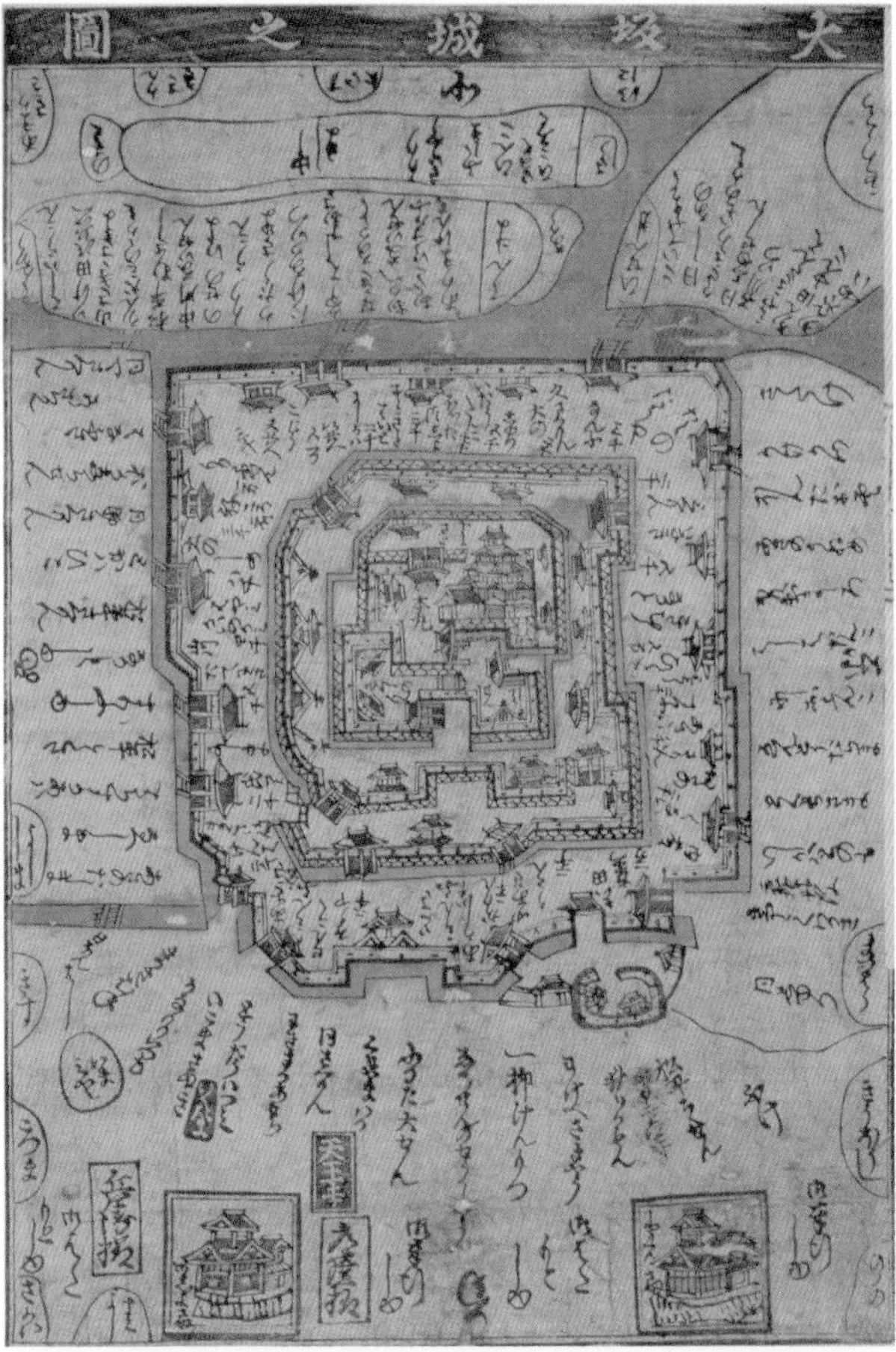

口絵２　大坂冬の陣両軍配陣図（江戸東京博物館蔵『大坂城之図』）
〔画面中央に、やまさと（山里）、本丸、せんてうしき（千畳敷）、さくらのもん（桜の門）とある。冬の陣の徳川方陣中で販売されていた瓦版と伝わる〕

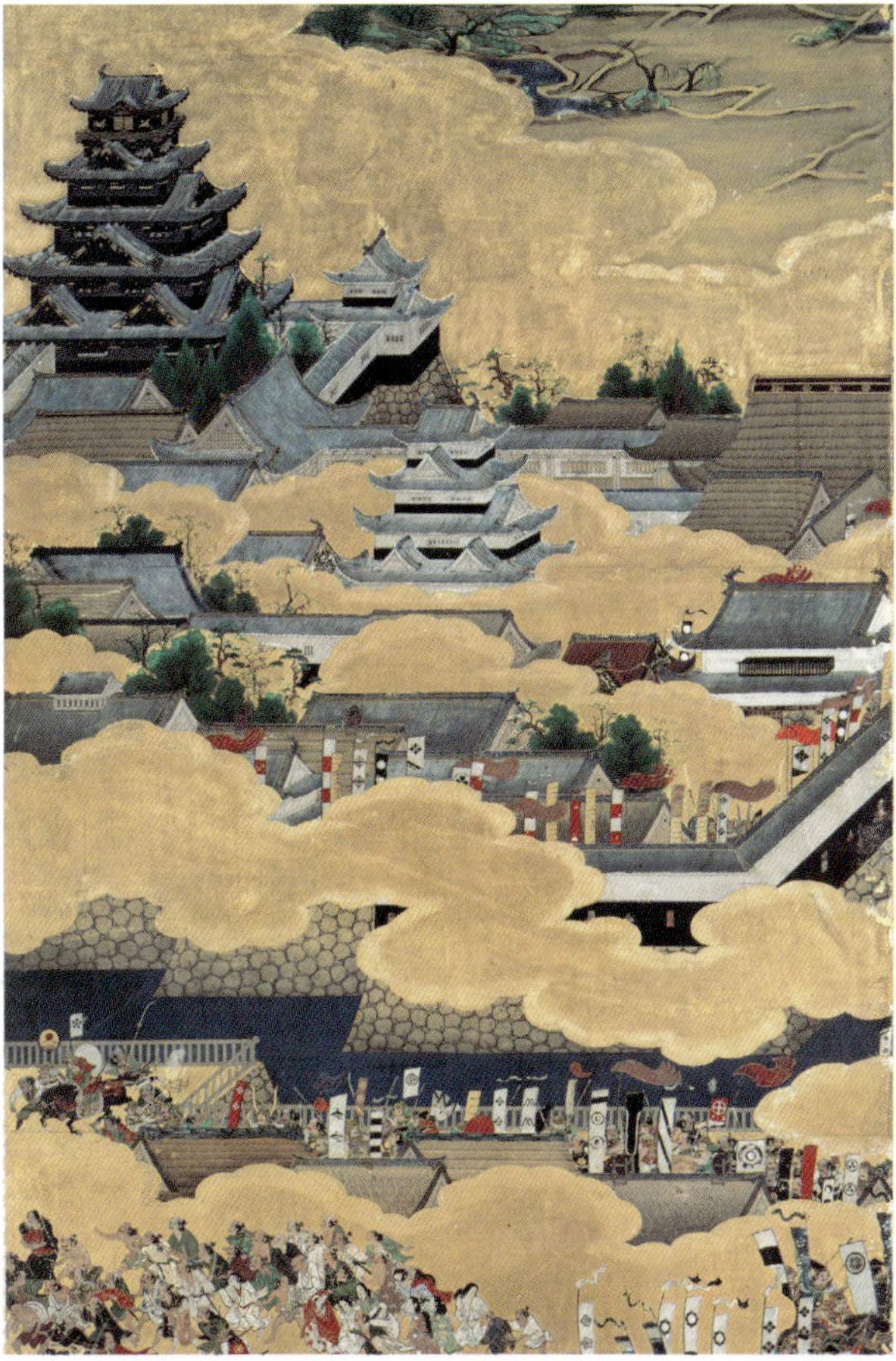

口絵3　落城寸前の大坂城本丸（大阪城天守閣蔵『大坂夏の陣図屏風』、重要文化財）
〔堀と石垣・壁に囲まれる騒然とした本丸を中心に、逃げ惑う大坂町民を描く〕

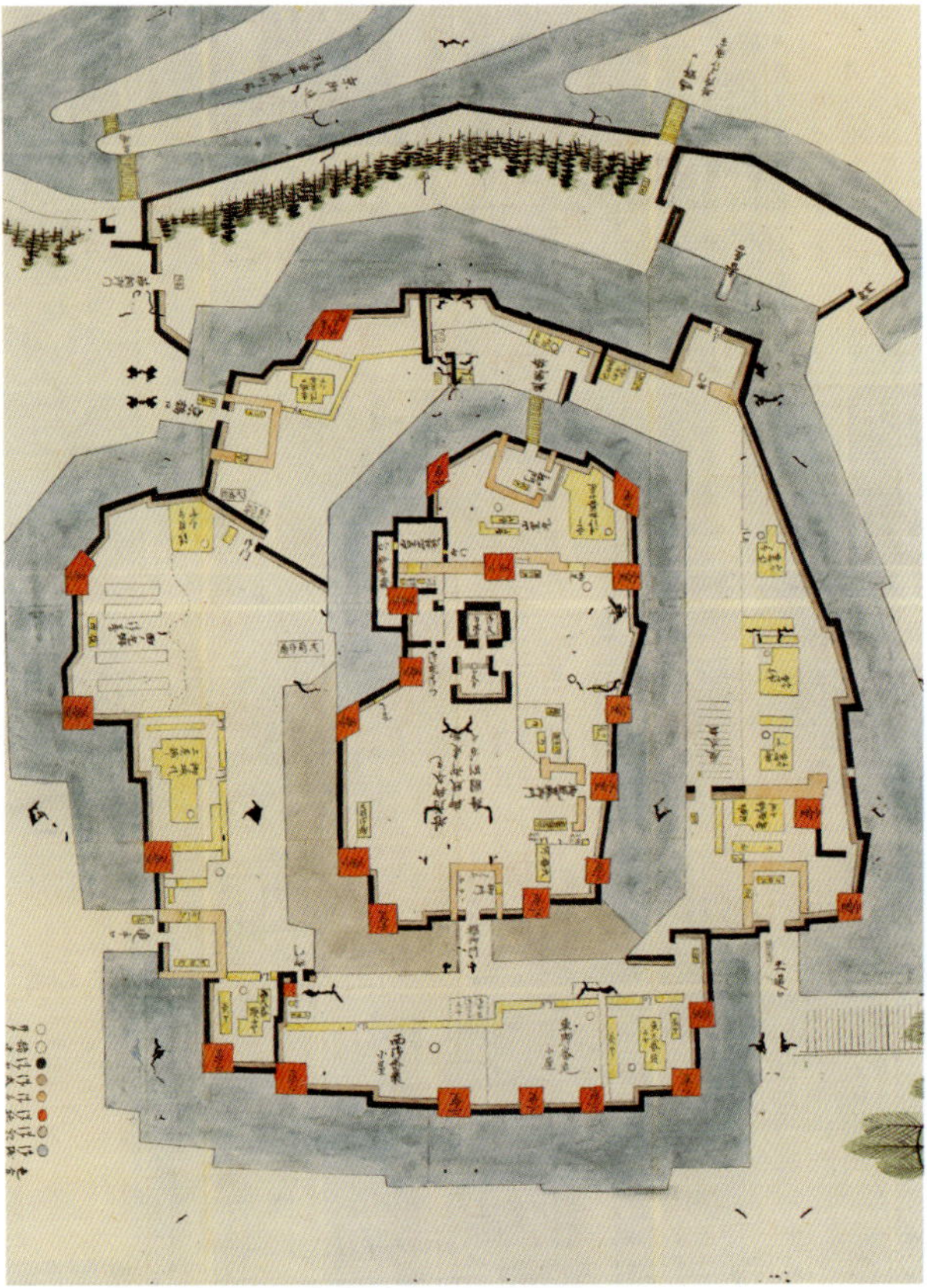

口絵４　江戸末期の大坂城図（個人蔵『摂営秘図』）
〔本丸中央に天守台、その周囲に11棟の三重櫓を配する。二ノ丸北部の三重櫓（菱形に表現）は伏見櫓〕

ちくま新書

大坂城全史
——歴史と構造の謎を解く

中村博司
Nakamura Hiroshi

1359

大坂城全史——歴史と構造の謎を解く【目次】

凡例

＊史料の引用にあたって、漢文体のものは適宜読み下すこととし、全体的には難読漢字をひらがなに改めたり、逆にひらがなを漢字に改め、送り仮名、句読点を補うなどして読みやすくした。したがって、必ずしも原典からの正確な引用とはなっていないことに留意されたい。なお、引用文中のカタカナ表記も、原則としてひらがな表記に改めた。

＊参考文献と掲載図版の出典については、巻末に一括して掲げることとした。

＊長さの単位である一間《けん》について、この時期の換算基準がまちまちであることから、本書では六尺五寸（約百九十七センチ）を採用し、一間＝二メートルとした。また、同じく一町は百九メートルとした。いずれも概数であると承知されたい。

＊地名としての土偏の「大坂」がこざと偏の「大阪」という表記に変わって固定するのは明治時代以降であるとされる。よって、本書でも原則として江戸時代以前については「大坂」「大坂城」を用いることとし、明治時代以降については「大阪」「大阪城」を採用することとした。ただし、地名表記でない場合などは必ずしもその原則に従わないこともある。

＊年表記について、明治五年までは和暦（洋暦）のかたちで表記し、太陽暦を採用した明治六年以降は洋暦（和暦）とした。

はじめに

大坂というところ

今や、「大阪」は世界にもその名を知られる有名な地名となっているが、そもそもは、現在の大坂城本丸・二ノ丸が立地するあたりを指していう地域名称に過ぎなかった。そしてこれまで、この小さな土地を指して「大坂」と呼んだのは、浄土真宗の本願寺《ほんがんじ》八世宗主であった蓮如《れんにょ》が、その晩年に建立した大坂御坊《ごぼう》について語った明応《めいおう》七年（一四九八）十一月二十一日の御文《ごぶん》章《しょう》（御ふみ）のなかで、次のように語っているのが早い例だとされてきた。

> 抑《そもそ》も当国摂州《せっしゅう》東成郡《ひがしなりごおり》生玉之庄《いくたまのしょう》内大坂といふ在所は、往古よりいかなる約束のありけるにや、去ぬる明応第五の秋下旬の比より、仮初めなからこの在所を見初めしより、すてにかたのことく一宇の坊舎を建立せしめ、当年ははや既に二三年の歳霜を経たりき。

（『真宗史料集成』二）

ここで蓮如は、明応五年の秋に、摂津国東成郡の生玉《いくたま》庄という庄園の一角の「大坂」という土地を見初め、その地に一宇の坊舎を建立《こんりゅう》したという。しかしこれはもちろん、この年に「大坂」という名が唱えられ始めたのではなく、それ以前からあった「大坂」という名の地に坊舎を建立したという意味である。

近年、これをはるかに遡る正安三年（一三〇一）までに著された『宴曲抄《えんきよくしよう》』に、熊野《くまの》参詣《さんけい》路《みち》にかかわって「九品津小坂郡戸の王子」という記録のあることが紹介された（大澤「中世大坂の道と津」）。これは九十九《つくも》王子《おうじ》（熊野参詣路に沿ってある多くの小社）を今の天満橋《てんまばし》あたりにあった窪津《くぼつ》王子からの参詣順にかかげたもので、そこにみえる「小坂」こそ蓮如のいう「摂州生玉之庄内大坂」に他ならないという。これにより現在の大坂城地付近を大坂あるいは小坂と呼ぶようになったのは、遅くとも鎌倉時代末期にまで遡ることが確実となった。

ところで、この事例からも明らかなように、「大坂」という表記が固定して使われてきたのではなく、例えば醍醐寺《だいごじ》三宝院《さんぼういん》の義演《ぎえん》は十六世紀末〜十七世紀初頭の慶長年間（一五九六〜一六一五年）になっても大坂城を指して「小坂御城」（『義演准后日記《ぎえんじゅごうにっき》』慶長四年十月朔日条）という表記を使っている。読み方も「おおさか」「おおざか」「おさか」など色々あった。したがって「大坂」「小坂」という表記にあまりこだわる必要はない。大坂・小坂という地名は全国各地にあり、もとは大きな（長い）、小さな（短い）坂のある土地というほどの意味であろう。それが、今や大阪市・大阪府として広域の地名表記として定着しているのは最初に見たとおりである。

さて、本論に入る前に、大坂城のある「大坂」とその付近の地理的特徴について簡単に見ておこう。このあたりは、総じて標高の低い大阪市域にあって、南方の阿倍野《あべの》方面から北に伸びる後期更新世《こうしんせい》（十二万六千年〜一万千七百年前）後半期に形成された標高十数メートル〜三十メートルの高燥な舌状《ぜつじょう》台地の北の突端部に位置している（図1）。「上町《うえまち》台地」と呼ばれるこの台地は、現在の東大阪地域である河内《かわち》盆地《ぼんち》（約六千年前の縄文海進期には海域だった）を逆「C」字形に取り囲む台地・山地が途切れる一画を形成し、台地の西と北には、南北に細長く天満砂《てんまさ》洲《す》（標高約二メートル）という砂洲が伸びている。大坂城の北を限る上町台地の北端部は崖状となってこの天満砂洲に臨むが、実はこの台地と砂洲を隔てる流路は人工的に開削されたものだ。『日本書紀』によれば、難波《なにわ》の高津宮《たかつのみや》にいた仁徳《にんとく》天皇は、その十一年十月に「難波の堀江」を開削し、「茨田《まった》の堤」を築いて、東方の河内盆地の中心部を占めていた河内湖（草香《くさか》江《え》）に滞留していた大量の川水を西の海に流すようにしたが、その「難波の堀江」こそ、台地北端の崖と天満の間の砂を除《の》けて堀川として開いたものに他ならなかった。

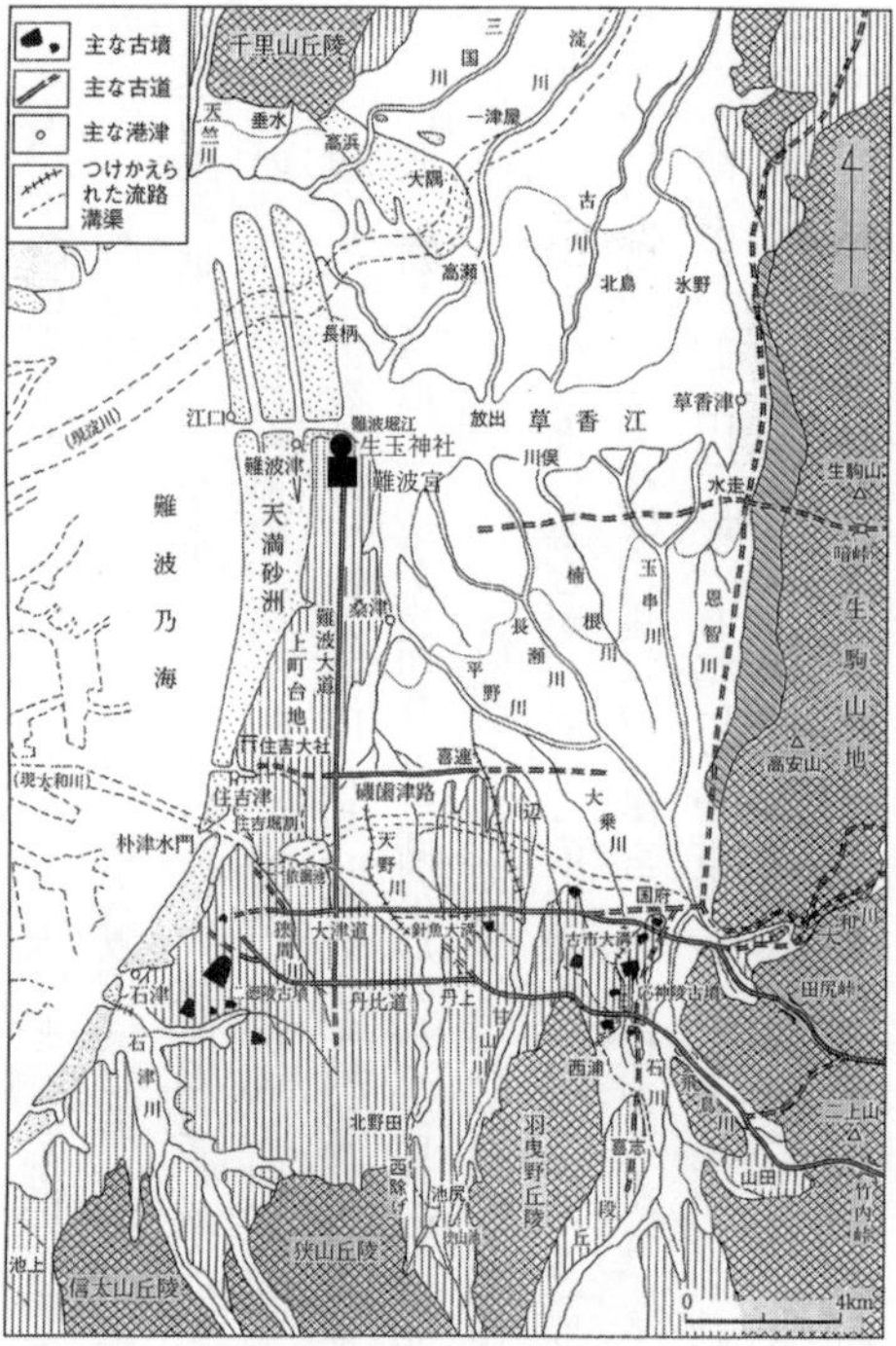

図1　古代の大阪平野と上町台地の景観
［●＝生玉神社の社地は後に大坂城地となる］

そして同じ頃、「大坂」の少し西方（下流）には古歌「難波津《なにわづ》に咲くやこの花……」で知られる「難波津」という港が置かれ、このあたりは東西の日本各地はもとより、中国大陸・朝鮮半島との間での物資交流の集散地という役割を担うこととなった。以後、五世紀中葉には、台地北端にほど近い現在のNHK大阪ホール・大阪歴史博物館の敷地で床面積九十平方メートルの大倉庫十六棟が朝廷直轄の倉庫群として営まれたのを皮切りに、大化改新（六四五年）直後に造営が開始された「難波《なにわ》長柄豊崎宮《ながらとよさきのみや》」、聖武《しょうむ》天皇の神亀《じんき》三年（七二六）に造営が始まった「難波宮《なにわのみや》」が置かれ、さらには遣唐使の出発地にもなるなど、政治・外交・経済に大きな位置を占めるようになった。

こうした大和政権の要地としての地位は、その後次第に低下するが、それでも政治上の要衝としてこの付近には摂津《せっつ》国府《こくふ》がおかれ、また嵯峨《さが》源氏の渡辺党がこの地を支配して「摂津《せっつ》大江《おおえの》御厨《みくりや》渡辺《わたなべ》惣官職《そうかんしき》」に任じられ、「難波津」を改めて「渡辺津」を営むなど、政治・交易の要地であり続けた。

ただ、今まで述べてきたのは、大坂城地そのものではなく、その西方高台にかけての地域を中心とする、いわば広域の「大坂」のことである。翻って、ピンポイントに古代中世の「大坂」を知ろうとすれば、実は大きな困難に直面する。「難波長柄豊崎宮」造営にあたり、境内の樹を伐ったとされる（『日本書紀』孝徳即位前記）「生国魂社《いくくにたましや》」は、豊臣秀吉の大坂築城に伴って城外に移されるまでの長い間「生玉之庄内大坂」に鎮座した生国魂神社（現在は天王寺区生玉町に移座）のことである。したがってこの神社は、蓮如が大坂御坊を営んだ時代にもこの地にあったのだが、その実態は杳《よう》として知ることができない。

そこで、歴史家の山根徳太郎などは、「今の大阪城の地域は、（中略）他の何者にも侵されることなく、摂津東成郡の大社として広大なる社地を擁してその尊厳を保持し続けたものかと考える」（山根「大坂城址の研究」）と記すこととなる。しかし、この辺りには他にも天平勝宝四年（七五二）に東大寺が安宿王《あすか》から買得し、間もなく新薬師寺に転売することとなる荘園の存在が知られる（栄原「難波堀江と難波市」）など、今少し複雑な推移を想定するべきであろう。とはいうものの、荘園のその後もほとんど明らかではないので、「大坂」が長い間、鬱蒼とした森林に囲まれた広大な社地だったというイメージは、今日でもあまり変わっていないようにも思われる。

ところで、「大坂」付近には東西方向の開析谷《かいせきだに》がいくつも走っている。現在の史跡難波宮公園北西あたりを指す「法円坂《ほうえんざか》」は、そうした開析谷のひとつに由来する名である。前述した前後二時期の難波宮跡を発見・発掘して日本のシュリーマンと讃えられる山根徳太郎は、江戸時代末期の大坂城図を見て、ちょうどそのあたりに「法眼坂《ほうげんざか》」という記載があるのに注目し、これが「法眼寺坂」の訛りで、もとは本願寺と隣接してあった法安寺《ほうあんじ》にちなむ「法安寺坂」であろうと推定、法安寺に隣接していた大坂本願寺、ひいては蓮如の大坂御坊も大坂城の南側（今、難波宮大極殿《だいごくでん》が復元されているあたり一帯）にあったのだろうと考えた。その当否はともかく、この法眼坂（現在さらに転訛して法円坂と呼ばれる）も、「大坂」も、開析谷のひとつにちなむ小さな地域の名称だったことは確かだろう。

そういえば、近年刊行された『大阪上町台地の総合的研究』の巻頭図版「上町台地北部と周辺低地の更新統《こうしんとう》上面等高線図」には大坂城本丸に食い込む二つの開析谷（南東部に位置する

「井戸曲輪谷《いどぐるわだに》」と西部に位置する「本丸谷《ほんまるだに》」が図示されている。いずれも、上町台地を侵食して形成された谷だ。もちろん、今の時点でこの谷のどちらかが「大坂」のルーツであっただろうなどというつもりはもうとうないが、上町台地の北端にあり、それを削って形成されたこの地域の複雑な地形が、本願寺や大坂城の形成に何らかの影響を及ぼしたことまでは認めてもよいのではないだろうか。

いずれにしろ、長らく生国魂神社が鎮座してきた「摂州東成郡生玉之庄内大坂」が明応五年に蓮如に取り立てられたことで、この地が大坂／大阪発展のルーツとなったのは間違いない。実際、それ以後、この地は大坂本願寺、豊臣期大坂城、徳川期大坂城と相次いで権力者の重要拠点として、豊かな歴史を展開していく。そういう意味で、蓮如の大坂御坊、そしてそれを発展的に引き継いだ大坂本願寺こそ、この『大坂城全史』で最初に物語るにふさわしい舞台だろう。

まずは浄土真宗の聖地としての大坂御坊・大坂本願寺から話を始めたい。

✝本書の構成

第一章は、大坂城の前史として、大坂御坊・大坂本願寺の時代を扱う。浄土真宗八世の蓮如が晩年に営んだ大坂御坊は、その死後三十年余を経て、十世証如《しょうにょ》が山科《やましな》にあった本願寺を当地に移し、新たな本山とした。その後の大坂本願寺は隆盛を極めるが、やがて織田信長の介入を招き、「石山合戦」の結果、十一世顕如《けんによ》らは大坂退去を余儀なくされるに至る。なお最後に、大坂本願寺・寺内町の位置についての先行研究と私案を述べた。

第二章では、本願寺の大坂退去を受けて、織田信長が丹羽長秀《にわながひで》らの重臣を配して跡地を守備させた時代と、その体制が本能寺の変によって倒れ、清須会議《きよすかいぎ》の結果、新たに池田恒興《いけだつねおき》が大坂を領した時代の、合わせて約三年の大坂城を扱う。

第三章では、羽柴秀吉が賤ヶ岳《しずがたけ》合戦などを経て亡主信長の後継者としての地位を確立し、本願寺跡地を活用しながら修復し、城下町の整備をも行なって、長らく豊臣政権の本拠地とした時代を扱う。秀吉は、晩年に至るまで城下町の改造・整備に取り組み、それは秀頼《ひでより》の時代にも引き継がれたが、大坂冬の陣では大坂城の大拡張を行なって徳川氏と戦い敗れ、大坂城は灰燼《かいじん》に帰した。

第四章では、大坂の陣で豊臣氏が滅びた後、新たな大坂城主に抜擢された松平忠明《まつだいらただあきら》（徳川家康の外孫）による大坂城改造（「三ノ丸壊平と市街地開放」）の実態を追う。

第五章では、幕府主導で行われた大坂城再築工事の実像に迫る。二代将軍秀忠は、大坂が江戸幕府の西国支配にとって枢要の地であるとの認識から、忠明を大和郡山《やまとこおりやま》に移し、大坂城と大坂の町を直轄化したうえで、西国・北国の諸大名に命じて三期十一年に及ぶ大々的な再築工事を起こした。その経過と石垣石用材の故郷のいくつかを紹介する。

第六章では、完成した大坂城と大坂の町との関係性、将軍家の別邸として使われていた大坂城の守衛の構造、将軍や城代をめぐる逸話、城内で起きた事件などを紹介し、最後に幕末の大坂城をめぐる話題を取り上げる。

第七章では、明治時代から現在までの歩みを概観する。大阪は、明治政府のもとで軍都としてスタートし、大坂城にも多くの軍事施設が立ち並んでいた。その一方、大正末年頃から大阪城公園の開設と天守閣復興の機運が高まり、多くの市民の支持を得て昭和六年（一九三一）に実現した。その後、戦争による甚大な被害を受けながらも、戦後には市民の憩いの場として、また国内外から多数の観光客を迎える場としてにぎわっている。

第一章

大坂本願寺の時代

1　蓮如建立の大坂御坊

†本願寺八世宗主蓮如

本願寺中興の祖といわれる八世宗主の蓮如は、応永二十二年（一四一五）二月二十五日、本願寺七世存如《ぞんにょ》の長男として、京都東山の大谷本願寺に生まれた。存如二十歳の時の長男であるが、母は身分の低い召使いであったらしく、存如が正妻を迎えた蓮如六歳の同二十七年冬、姿を消した。蓮如は幼い頃から母の顔を知らなかったのである。

蓮如が誕生した頃の本願寺は、他の真宗諸派寺院の繁栄に比べて衰微《すいび》の極にあったようで、後年の回想によれば、子どもの頃の蓮如は、冬でも紙衣《かみこ》（渋紙でできた衣服）一枚で過ごさざるをえないような極貧状況だったという。そうしたなかで蓮如は父とともに諸国に布教に赴き、次第に教線を伸ばした。長禄元年（一四五七）四十三歳のとき、父の死に伴い地位を継ぐこととなるが、存如正妻の子・応玄《おうげん》が有力視されていたのを、叔父で越中瑞泉寺《ずいせんじ》の住職だった如《にょ》乗《じょう》の発議でかろうじてひっくり返したという苦労を経てのことだった。

継職後も蓮如は、近江、摂津、三河にと精力的に布教したが、既存諸宗派、とりわけ都の鬼門を守る延暦寺の怒りを招き、寛正六年（一四六五）一月、大谷本願寺は僧兵によって焼き討ちされてしまった（「寛正の法難」）。

やむを得ず、難を近江に避けた蓮如は、東国・北国の教化を進め、文明三年（一四七一）には越前吉崎《よしざき》に至り、ここを拠点に北陸の本格的な教化に乗り出す。この北陸教化は大きな成果を産んだが、一方で加賀守護の富樫《とがし》氏との争闘や多屋衆《たやしゅう》と呼ばれる有力門徒との確執から、同七年、吉崎を船で脱出して畿内に戻り、河内国出口《でぐち》に着いた。そして文明十年には、京都の東郊山科《やましな》に新たな本願寺＝山科本願寺を営むこととなる。

✝大坂御坊の成立

こうして蓮如は、文明十五年に完成した山科本願寺を拠点として、畿内を足場とした布教活動を進めることとなった。七十五歳となった蓮如は延徳元年（一四八九）、宗主の地位を五男の実如《じつにょ》に譲り、本願寺の南殿に隠居した。しかし、その一方で蓮如は「本願寺前住」という自由な立場で新たな教化活動を行ないたいと考えてもいたようで、明応五年に摂津国生玉《いくたま》庄《しょう》大坂の地に隠居所（大坂御坊）を建立した。これは単なる隠居所というよりも、「はじめに」で引いた御文章の続きの個所で、この在所に居住せしむる根元は、あながちに一生涯をこころやすくすごし、栄花栄耀をこのみ、また花鳥風月にもこころをよせず、あはれ無上菩提のためには、信心決定の行者も繁昌せしめ、念仏も申さんともがらも出来せしむるようにもあれかしとおもふ一念のこころざしをはこぶばかりなり。

(『真宗史料集成』二)

と述べているように、単なる隠居所というよりも、新たな信者獲得のための拠点としようとの意欲も感じられる。この年、蓮如が既に八十二歳だったことを思うと、そのかくしゃくとした姿勢には驚くばかりである。

ところで、蓮如が坊舎を営んだ頃の大坂の様子は、蓮如の十男実悟《じつご》の著した『拾塵記《しゅうじんき》』に次のように書かれているのがよく知られている。

一、摂津国東成郡生玉庄内大坂御坊は、明応第五秋九月廿四日に御覧始められて虎狼のすみか也、家の一もなく、畠ばかりなりし所也。同廿八日鍬始めらるべき御覚悟なれど日がら悪しければ世間の人の外聞を思し食して廿九日に鍬始め也。同廿九日番匠も始て十月八日草坊も立ちけり。其年報恩講十月に三ヶ日あり。

(『真宗史料集成』二)

その前半部によれば、その頃の大坂には家の一軒もなく、「虎狼《ころう》のすみか」と形容されるほどのさびれた場所であったようだが、これには有力な異論もある。

というのは、大坂御坊の所在したところは、「はじめに」で述べたように、古来、難波第一の大社として既に千年近くの歴史を誇る生国魂神社が鎮座しており、いつの頃からかその別当《べっとう》職《しょく》を帯びた神宮寺《じんぐうじ》（神社付属の寺院）である法安寺もともに所在していた。

とすれば、蓮如が見初めた頃の大坂が「虎狼のすみか」だったというのは、大坂御坊の繁昌を言うためのいささか誇張された表現と見なすべきかもしれない。

ともあれ、『拾塵記』後半部からは、明応五年九月二十九日に始まった坊舎の建立は、早くも十月八日には草坊（仮の坊舎のことか）も完成し、この月ここで蓮如が三度の報恩講《ほうおんこう》を営んだことが読み取れる。その一年後の六年十一月下旬には御坊が完成した。

こうして、蓮如によって営まれた大坂御坊だが、その内部構成や境域などの実態はほとんど分かっていない。ただ、大坂御坊の周囲には、早くから彼に従う人たちの住む町もできあがっていったようで、後年の記事ではあるが、十世証如《しょうにょ》の日録である『天文《てんぶん》日記』天文二十一年（一五五二）二月二十五日条には、寺内町《じないまち》の諸役免除をめぐる係争にかかわって「十六人番《ばん》匠《しょう》」と号する大工の棟梁たちが自分たちの由緒について述べている箇所がある。

蓮如の時、当年五十六年に成り候、其の時六人にこれを仰せ付け、町の番屋、やぐら、橋、屏（塀のこと）、くぎぬき（町の木戸のこと）、此の衆としてこれを仕る。

天文二十一年のおよそ五十六年前、すなわち明応六年、まさに蓮如の大坂御坊建設の最中に、六人の番匠がそれぞれ、大坂御坊に付属する町々の番屋・櫓《やぐら》・橋・塀・木戸など、町を管理する諸施設の建設にあたったと主張している。既に蓮如の時代から、本願寺の「寺内六町」につながる町々が営まれていたことがうかがわれる。

†蓮如の死と大坂御坊のその後

明応八年早々、死期が近いのを悟った蓮如は、大坂御坊で自らの葬儀の準備を始めたが、二月になると突如山科に戻って死にたいと訴え、同月十八日に輿《こし》に乗って大坂を出立、二十日に山科の本願寺に戻り自ら墓所を作らせた後、翌三月二十五日に示寂《じじゃく》した（『空善聞書』）。

蓮如には、五人の妻との間に実に二十七人もの子ども（内訳は男子十三人、女子十四人）がいた。この実に多くの子女の存在こそが、その後今日まで続く本願寺隆盛の礎になったとの見解もあるが、それはともかくとして、その後の動向を見ていこう。

八世蓮如の後は、長男順如《じゅんにょ》の早世によって延徳元年に五男の実如《じつにょ》が継いだ。九世宗主である。ところが、実如の後継となるべき子の照如・円如らが父に先立って亡くなったため、十世宗主の地位は、円如の子である証如（蓮如の曾孫）が、わずか八歳で引き継いだ。

一方、蓮如亡き後の大坂御坊は、蓮如最後の妻蓮能《れんのう》とその子で蓮如九男の実賢《じつけん》がそのまま住持することとなったが、数年後に退出した。その事情は次の通りである。永正三（一五〇六）年、細川政元《まさもと》から河内守護の畠山義英《よしひで》追討の軍事動員を要請された実如が、それに答えるべく摂津・河内の門徒《もんと》を動員しようとしたところ、畠山氏との関係を重視する摂河の門徒たちは「開山上人以来左様の事当宗になき御事候、いかに右京兆《うけいちょう》（細川政元のこと）御申し候共、御承引有るべからざる事候」（「山科御坊幷其時代事」『真宗史料集成』二）としてこれを拒否、やむなく実如は加賀四郡から番衆千人を迎えて誉田城《こんだじょう》を攻めさせた。こうした混乱のなかで、畠山氏出身の蓮能が実如を排斥し、我が子の実賢を宗主の地位に据えようと企てたが、結局それはならず、逆に蓮能・実賢が大坂を追われることとなった。

その後の御坊の動向はしばらく不明となるが、大永二年（一五二二）頃に教恩院《きょうおんいん》と名を変えて実如の隠居所とすることとなった（「山科御坊事幷其時代事」）とある。しかし、実如は大永五年に亡くなるまで宗主の地位にあったから隠居所として利用することはなかっただろう。

2　大坂本願寺の成立と繁栄

†十五、十六世紀の畿内の情勢

十五、十六世紀の畿内は、世俗・宗教の諸権門が武力で拮抗するという、まさに戦国時代のさなかにあった。特に応仁元年（一四六七）に始まった応仁・文明の大乱は、収束後も、室町幕府の権威失墜によって畿内を混乱に陥れたが、とりわけ、主として摂河両国を舞台に繰り広げられた畠山義就《はたけやまよしひろ》（とその子義豊）と畠山政長との確執は、日常的な争乱をこの地域にもたらした。

明応二年（一四九三）四月、時の管領《かんれい》細川政元は、高屋《たかや》城（大阪府羽曳野《はびきの》市）の畠山義豊討伐を目指して河内の正覚寺《しょうがくじ》（大阪市平野区）に在陣中の十代将軍足利義材《よしき》（のち義尹《よしただ》・義稙《よしたね》）を廃して、従兄弟である天龍寺の清晃を将軍（十一代義澄《よしずみ》）の位に就けると、翌閏四月には正覚寺の陣中にあった義材と畠山政長を攻撃するという挙にでた（「明応の政変」）。その結果、将軍義材は捕えられて京都に軟禁され、政長は自刃するなど、畿内に改めて大きな混乱をもたらした。この事変以後、細川政元による専制体制の確立（「京兆《けいちょう》専制」といわれる）とその死後に起きた細川氏の分裂、政元に追われた義材が越中から越前、さらに大内義興《よしおき》を頼って周防へと居所を移しながら名を義尹・義稙と替えて再度の将軍復帰を目指すなど、畿内の混迷は一層深まっていった。

まさにそうしたなかの明応五年に蓮如は大坂御坊を建立したのである。だがその後も、大坂御坊やその後身の大坂本願寺のある摂津とその周辺では、前述のような足利将軍家と細川管領家の跡目争いに、阿波細川氏の被官で、十六世紀初頭から畿内一円に大きな勢力を振るうようになった三好一族（之長《ゆきなが》・長慶《ながよし》、政長ら）が加わり、互いに連携・対立を繰り返しながら複雑な抗争を展開した。宗教権門である本願寺も、こうした動乱にまきこまれていくのであるが、歴代の宗主はいかにその教権を維持し発展させていくのかに腐心することとなった。

†山科本願寺の焼き討ちと大坂本願寺の成立

山科本願寺の遺構は、いくつかの復元案が示されているが、いずれにしろ、西端中央に「御本寺」とする御堂や宗主家族の居住域（南北約二百メートル×東西三百九十メートル）があり、それを囲むように「内寺内《うちじない》」と呼ばれる一家衆などの居住区域、「外寺内」とされる一般門徒の居住区域があったが、これは城郭の本丸・二ノ丸・三ノ丸にあたるだろう。

山科本願寺は、やがて「富貴栄華を誇り、寺中広大無辺、荘厳ただ仏国の如し」（『二水紀』）と呼ばれるような繁栄を迎えることとなるが、そうしたなかの享禄五年（天文元年。一五三二）六月、証如は時の管領細川晴元《はるもと》の要請に応じて一向宗徒に飯盛山《いいもりやま》城（大阪府四条畷市）の畠山義尭《よしたか》を攻めさせ、自刃に追い込んだ。さらに彼らは義尭方の三好元長《もとなが》を堺の顕本寺《けんぽんじ》に攻めてこれも自害させた。ところがこのとき、奈良でも宗徒が蜂起して興福寺や高取城を攻めたが、その猛勢に恐れを抱いた晴元は突然、近江の守護六角定頼や本願寺と敵対していた京都の日蓮宗徒を動員して彼らを攻撃させた。八月十二日に六角の軍勢が大津の近松御坊（顕証寺）を焼き討ちすると、ついで二十三日には六角軍と日蓮衆徒らが連合して山科の本願寺を襲撃した。

蓮如の十三男実従《じつじゆう》の日録『私心記《ししんき》』によると、二十四日の早朝から、敵軍は本願寺を取り囲み、四時（午前十時頃）から攻めかけた。そしてその後「水落《みずおち》」すなわち、排水路口から寺内に侵入し、間もなくことごとく焼亡したという。実従らは討死をも覚悟したが、なぜか敵が迫ってこなかったので、六時（午後六時頃）、山科を捨てて落ち延びていった。

一方、時の宗主証如らは、大坂御坊へ難を避けるが、御影堂《ごえいどう》にまつるべき宗祖親鸞をはじめとする「代々御影」は混乱のなかで行方不明となった。ところが、この間、笠取《かさとり》（宇治市）に難を避けていた実従が十二月になって曽束《そうか》（大津市、笠取の東）でこれらの像を見つけ出し、翌年七月二十四日、これを携えて大坂へ出立、翌日証如と面会して手渡した。こうしてようやく二十五日に宗祖像を大坂御坊に移すことができたが、これによって名実ともに大坂本願寺が成立することとなった。というのは、本願寺はもともと宗祖親鸞の御廟《ごびょう》を守る大谷廟堂《びょうどう》から出発したものなので、本尊の阿弥陀仏とともに親鸞像の存在が不可欠だったからである。

山科落去後、いち早く大坂に移った証如らはこの地で安泰を得たわけではなく、『私心記』天文元年十月二十八日条にも「今日堺より大坂殿へ取懸候て合戦ありと云々」とあるように、堺から細川晴元や木沢長政の軍勢が大坂に攻め寄せてきており、その緊迫した状況は翌二年六月二十日に三好千熊丸《せんくままる》（後の長慶）の調停で和睦が成立するまで続いた。山科を逃げ出した実従の大坂到着が翌年七月まで実現しなかったのは、こうした事情によるのだろう。

†大坂本願寺と寺内町

本願寺は、大谷時代以来、宗祖親鸞をまつる御影堂と阿弥陀仏をまつる阿弥陀堂との二つの御堂を核として営まれる寺院である。現在の西本願寺では西に向かって北側に阿弥陀堂、南側に御影堂があり、東本願寺では西に向かって北側に御影堂、南側に阿弥陀堂がある。大坂本願寺の場合、その配置がどちらだったのかは分かっていないが、西本願寺の両御堂はもともと配置が逆であった（『図録　顕如上人余芳』）ことからすれば、北に御影堂、南に阿弥陀堂という配置が本来だったのかもしれない。

いずれにしろ、これら御堂を中心に「亭」「中居《なかい》」「綱所《ごうしょ》」など宗主とその一門が法会《ほうえ》を執り行い、住まいする領域の「御坊」（山科本願寺の「御本寺」にあたる）があり、その周囲に寺内《じない》町《まち》が展開していた。今のところ、山科本願寺における「内寺内」に相当する領域は特定されておらず、最初からなかったとの説もある。とすれば、大坂では、本願寺御坊と寺内町の二重構造だったこととなる。

この寺内町は「寺内六町」といわれ、前述したように蓮如の大坂御坊以来の由緒を持つ六つの親町と、それに付随する枝町からなる町々があった。六町とは、北町・北町屋・西町・南町屋・新屋敷・清水町であり（コラム1）、枝町として青屋町、檜物屋《ひものや》町、横町の名が知られているが、具体的な位置関係については様々な説がある（後述）。

ところで、『厳助《ごんじょ》往年記』によると、永禄五年（一五六二）正月、寺内町で火事が起こり、約二千戸が焼けた。また、永禄七年十二月二十六日、たまたまこの夜、大坂に宿をとっていたイエズス会の宣教師ルイス・フロイスは、本願寺が焼失し、町家も九百戸ほど焼ける火事があったと記録している（『イエズス会士日本通信』）。こうした記録からは、寺内町の規模が相当大きかったことがうかがわれるが、前者によると、仮に各戸四、五人の家族がいたとすれば、寺内の人口は優に八千〜一万人ほどにもなる。また、後者については、『言継卿記《ときつぐきょうき》』永禄七年十二月二十七日条に「去夜々半より大坂門跡（本願寺のこと）を初め、悉《ことごと》く残らず焼亡」とあって、これを証しているが、早速翌年一月には阿弥陀堂再建工事が、八月には御影堂の工事も始まって、十一月には親鸞影像がここに移された。

天文二年に大坂本願寺が成立し、「石山」合戦で大坂を退去する天正八年（一五八〇）まで足かけ四十八年だが、その前半天文二十三年（一五五四）まで二十一年間の証如時代、それ以後、大坂退去まで二十七年間の顕如時代、この二代の宗主の間、本願寺は戦国時代のさなかにあってよく教権を維持し、発展を遂げることができた。

本願寺繁栄の理由は色々な要素があげられようが、その頃、畿内の諸地域で宣教活動を行なっていた宣教師ガスパル・ヴィレラが、「諸人の彼（顕如のこと）に与うる金銭甚だ多く、日本の富の大部分はこの坊主の所有なり」（永禄四年八月七日付書簡）との感慨を漏らしていることに注意したい。大坂は京都・奈良に近く、瀬戸内海に面した物流の要地という地の利を生かして、日本各地はもとより、遠く異国の地から様々な文物がもたらされる、まさに「日本の富の大部分」が集まる地であったからである。

『天文日記』天文十六年九月三日条にも、「唐船見物として越し行く也、上手堂（渡辺の地にあった「浄土堂」のこと）之下河に鉤」とあり、さらに十月一日条には「今度唐船寺内へ乗入之儀、相意を得らるの間、其礼として唐物三種充て五人へこれを遣わす」とあるように、唐船（中国船）を寺内の港へ引き入れるにあたって、繋留を認めた細川藤賢《ふじかた》（摂津中島城主）ら五人に証如が御礼として唐物三種を贈るまでになっていた。
こうした大坂の持つ地政学的位置について、次節に述べる「石山合戦」の当事者である織田信長がよく認識していたことを示す文章がある。これは信長の大坂観を示す有名なものだが、信長がなぜ足かけ十一年にも及ぶ合戦をしてまで大坂を手に入れようとしたのかを読む者に納得させるものだ。著者太田牛一《うしかず》の語る信長の考えを聞いてみよう。

抑《そもそ》も大坂は日本一の境地なり。其子細は、奈良・堺・京都に程近く、殊更、淀・鳥羽より大坂城戸口まで舟の通ひ路直にして、四方に節所を抱へ、北は賀茂川・白川・桂川・淀・宇治川の大河の流れ幾重共なく、二里・三里の内、中津川・吹田川・江口川・神崎川引廻らし、東南は尼上が嶽・立田山・生駒山・飯盛山の遠山の景気を見送り、麓は道明寺川・大和川の流に新ひらきの淵、立田の谷水流れ合ひ、大坂の腰まで三里・四里の間、江と川とつづいて渺々《びょうびょう》と引きまはし、西は滄海漫々として、日本の地は申すに及ばず、唐土・高麗・南蛮の舟海上に出入り、五畿七道集りて売買利潤富貴の湊なり。（『信長公記《しんちょうこうき》』巻十三）

そもそも大坂は日本一の土地柄である。奈良・京都の両都や一大貿易港堺にもほど近く、舟運もよくしかも四方に節所を抱えて防衛上からも申し分ない。それは多くの大河が流れ込み、山に囲まれ、大坂のすぐ近くまで江や川が複雑に流れ合って大阪湾にそそいでいるからであると述べ、さらに、日本国内（特に西日本諸地方）はもちろん、中国・朝鮮のみならず南蛮（ヨーロッパ世界）までも視野に入れての交易も可能であり、売買のうえでも利潤富貴の港であると看破している。さすがに慧眼というべきで、信長は近代の大都市大阪の繁栄にまでつながる利点をよく読み込んでいる。

†顕如の貴族化と本願寺の寺格の向上

天文二十三年（一五五四）八月、十世証如が三十九歳で亡くなると、跡を継いだのは、死の前日に関白九条稙通《たねみち》の猶子となって父から得度していた長男顕如だった。この時、わずか十二歳の少年であったが、この後、織田信長、豊臣秀吉といった天下人と対峙していく運命を担っての登場だった。

弘治《こうじ》三年（一五五七）、顕如は左大臣三条公頼《きんより》の三女（如春尼。教如・佐超・准如らの母）を娶《めと》り、堂上公家《どうじょうくげ》との結びつきを強めた。もっとも、その婚約は天文十三年七月、顕如二歳の時だった。つまりこれは父証如の意向だったわけで、証如自身も大永七年に時の関白九条尚経《ひさつね》の猶《ゆう》子《し》となっており、摂関家への接近は早くから始まっていたともいえよう。顕如妻の姉で公頼の長女は管領細川晴元室、次女は甲斐の武田信玄室だったから、顕如と晴元・信玄の三人は義兄弟となった。有力戦国大名との姻戚関係も始まったのである。

永禄二年には、顕如が門跡《もんぜき》に列せられ（大坂門跡と呼ばれる）、本願寺は最高位の寺格を得た。同時に、勅許《ちょっきょ》を得て法務をつかさどる院家（宗主一門）と庶務を担当する坊官《ぼうかん》（近侍の僧侶。下《しも》間《つま》一族が就任）の設置を許された。政治的・軍事的な実力と見合う地位を手にいれたというべきで、これによって本願寺は宗教権門としても確立された。

ちょうどこの頃の永禄三年（あるいは五年か）三月に、河内国守護畠山氏の重臣安見《やすみ》宗房《むねふさ》から南河内における真宗の拠点である富田林道場に出された「定」には、「寺中之儀、何も大坂並たるべき事」なる条文がある。これは、富田林《とんだばやし》寺内に、大坂寺内と同様（「大坂並」）の特権を与えるというものだが、仁木宏は、さらにこれが、「富田林・大ヶ《だいが》塚《つか》並」としてより小規模な寺内町に受け継がれていく、すなわち、寺内特権が大坂寺内を頂点とするヒエラルキー的体制として位置づけられるようになっていくとし、この頃、大坂寺内を頂点として、寺内町の存立を保障する特権が大阪平野の寺内町に波及・展開する有様を述べている（仁木「権力論・都市論から見る「大坂」」）。

まさに、顕如が継職して間もない弘治・永禄初年頃から、本願寺は寺格を向上させ、宗主が堂上公家や有力戦国大名との結びつきを強めることで、その権門性を顕著にしていく有様が見て取れる。

なお、顕如の門跡昇進に対して、実悟からは、宗祖親鸞《しんらん》の姿勢に違うものとの批判が出ている(「本願寺作法之次第」)ことを付記しておきたい。

【コラム1】本願寺証如と寺内町民との交流

天文二年に本山を山科から大坂に移した本願寺の宗主と寺内の町民たちは、どんな交流をしていたのだろうか。十代宗主証如の日記である『天文日記』からは、宗主と寺内町民との交流をうかがわせる興味深い記事が散見する。いくつか取り上げて紹介してみたい。

天文十五年(一五四六)六月七日、その前々日(五日)に大坂寺内に鎮座する生国魂神社の式年遷宮が行なわれ、それを寿《ことほ》ぐ寺内六町の子どもたちによる演能があった。

生玉社遷宮の儀につき、今日六町衆能二番充て合十二番これあり。見物数万人と云々。能の仕手は何も幼者也。昨日あるべくの処、降雨により地未だ堅まらざるの条、此の如し。舞台は此方のを借る。

演能は御坊内の能舞台を借りて行なわれ、数万人もの見物があったというが、証如自身は何か事情があったのか、見物しなかった。すると、翌八日に子どもたち（「六町幼者共」）から（もう一度能を演じるので）ぜひ見てほしいと何度も言ってきたが、その日はことのほか暑い日だったので証如は断った。ところが九日は雨が降って涼しかったので、証如が朝飯後に急に思い立って演能するよう申し入れた処、すぐに皆がやって来た、というのである。

九日　六町幼き者共、生玉遷宮之能、予見ざる間、これを見せ度《た》き之由、昨日数度申すと雖も、炎暑以外之間、堅く申し留め了。然るに今日は雨中に依り涼気を得（候）条、朝飯後俄かに申し出で（候）処、即ち各参勤す。

この日、寺内の子どもたちが上演した演目は次のようであった。

翁清水町、寝覚北町、愛寿清水町、舟弁慶南町、皇帝北町、羽衣新屋敷、紅葉狩西町、松虫北町、芦刈清水、西行桜南町、岩船北町、唐船新屋敷、西王母西町、後計無脇以上十二番、何も狂言これ無し。

「以上十二番」とあるから、おそらく七日の演目と同じだったのだろう（「翁」は数えない）。

間狂言《あい》（能の前半と後半の間に演じる狂言）はすべて省略されたようだが、昼前に始まり、午後四時過ぎに終わったというから、四時間以上にも及ぶ熱演だった。なかなかの難曲も含まれているように感じられるが、寺内の子どもたちがごく普通に能に親しみ、自在に演じることのできた様子がうかがえる。

この時、六町側から献上物があり、それに対して証如からも粽《ちまき》などを六町の楽屋へ贈ったとあるから、これは本願寺宗主と寺内六町の子どものわりと気楽な、そして心温まる交歓のひと時だっただろう。

次に、天文二十年正月十五日、本願寺御堂前の庭で、六町の町人（こちらは大人たちであろう）による綱引きの対抗試合が行なわれたことをご紹介する。

昼、御堂庭に於いて町人綱引せしむ。一番、清水町南勝北町北負二番、北町屋南勝西町北負三番、南町屋南負新屋敷北勝四番、清水町南勝北町屋北負五番南町屋南勝、西町北負此分也。

六町のそれぞれを南北二組に分け、六十人ずつで引いたが、新屋敷では腕力の強い者が再度綱引きに参加したと他町からの物言いがついて一悶着あり、証如の裁定を仰ぐ事態になったらしい。寒い最中に綱引きを行なうどのような理由があったのか、不可解な点もあるが、どうやら綱引きはこれ一度だけだったようなのでよくは分からない。

さらに、天文二三年の元旦には、

寺内六町衆来る。酒を以て計也。先北町、清水、南町、北町屋、新屋敷、西町也。一町充て対面也。

とあり、証如が寺内六町の代表者と一町ごとに対面して酒をともにしたことが分かる。

以上はいずれも断片的な記事だが、本願寺宗主と寺内の町人や子どもたちとの間に親しい交流のあったことをうかがわせて興味深い記事ばかりである。

こうした交流の場においてはいずれも、北町、清水町、南町（屋）、北町屋、新屋敷、西町の寺内六町がその単位となっていることが分かり、その意味でも貴重である。

＊なお、天文十五年の子どもたちの演能記事には、「北町屋」がなく、五町にしかならないが、七日の記事に「六町衆」とあり、また演能後に六町から献上物のあったことからすれば、四回出てくる「北町」のどれかが「北町屋」の誤りだったのだろう。

3　「石山合戦」と本願寺の大坂退去

†信長の登場と摂津中島への進出

織田信長は天文三年（一五三四）、尾張の南半四郡の守護代《しゆごだい》だった織田大和守家の庶流（弾《だん》正忠家《じようのちゆうけ》）に、織田信秀の嫡男として誕生した。その頃の信秀は主家を凌いで勢力を伸ばし、実質的に尾張南半部を支配していた。天文二十年に父が没して弾正忠家を継いだ信長は、頭角をあらわして尾張を統一し、永禄三年には東に接する駿河・遠江・三河の太守今川義元を桶狭間の戦いで倒した。これによって、今川の桎梏《しつこく》を抜け出して信長と同盟を結んだ徳川家康が三河を領することとなり、信長は東方からの脅威を取り除くことに成功、居城を清須から小牧に移して北方の美濃攻略に乗り出した。

永禄九年（一五六六）に美濃の斎藤龍興《たつおき》を倒すと、その居城稲葉山を岐阜《ぎふ》と命名して新たな居城とした。ここを足場として同十一年、足利義昭《あしかがよしあき》を擁して上洛を果たし、義昭を室町幕府第十五代将軍に就けたことで、天下にその名を知らしめた。

その二年後の元亀元年（一五七〇）五月、信長は越前の朝倉《あさくら》、近江の浅井《あざい》連合軍に「姉川《あねがわ》合戦」で勝利すると、八月下旬には摂津国で跳梁する三好三人衆（岩成友通《ともみち》・三好長逸《ながやす》・三好政康）を討つため、将軍足利義昭とともに南中島《みなみなかじま》に発向し、陣を布いた。

中島とは、琵琶湖に源を発し、瀬田川・宇治川・淀川と名を替え、大阪湾にそそぐ大河（以下、淀川に統一）から摂津市一津屋《ひとつや》あたりで分流して西に流れる神崎川《かんざき》（三国川とも）と、大阪市都島区毛馬《けま》あたりで流れを南に転じ、上町台地の北端で西に転じる淀川本流（大川とも）とに挟まれた地域の名称である。さらに両者の中間を流れる長柄川《ながら》（現在の新淀川）によって、北中島（神崎川～長柄川）と南中島（長柄川～大川）に二分される。特に南中島は古くから国府や守護所が置かれたりする重要な地域だった（中島は大川下流の中州である「中之島」（大阪市役所があるところ）と混同されることも多いがまったく別である）。

最初天王寺に布陣した信長は、九月九日に南中島の「天満が森」に本陣を移し、野田・福島（いずれも天満の西方、大阪市福島区）に籠る三好三人衆らを取り囲んで攻撃していたが、九月十二日の夜半、突如本願寺の顕如が寺内の早鐘《はやがね》を突かせ、信長方への攻撃を開始した。『信長公記』（巻三）は「野田・福島落去候はば、大坂滅亡の儀を存知候歟《か》」と顕如の気持ちを忖度《そんたく》しているが、こうした目前の危機の背後には顕如の抱くより深刻な危機も存在していた。

†「石山合戦」の発端と経過

本願寺蜂起にあたって、顕如の言い分を聞こう。これは美濃郡上《ぐじょう》の門徒にあてた檄文《げきぶん》（決起をうながす文書）だが、同様の文が各地に送られている。

信長上洛について此方迷惑せしめ候、去ゝ年以来難題を懸け申すについて、随分扱いをなし、彼方に応じ候といえども、その専（詮）なく、破却すべくの由、慥《たし》かに告げ来たり候、この上は力及ばず候、然らば開山の一流、この時退転無き様、各身命を顧みず、忠節を抽んづべきこと有り難く候、もし無沙汰の輩は、長く門徒たるべからず候、併しながら馳走頼み入り候、あなかしこ

（元亀元年）

九月二日　　　　顕如（花押）

濃州郡上

惣門徒中江

（『大系真宗史料』一二）

ここで顕如がいうのは、去々年（永禄十一年）に信長が上洛を果たして以来、種々難題を仕

掛けられ迷惑してきたのだが、それでも随分応じてきたつもりだ。それにもかかわらず、信長は本願寺を破却するとの意向を伝えてきた、このうえはもはや信長の要求に応ずることはできない（「力及ばず」）ので兵を挙げることとした。ついては本願寺存続のために力を貸してほしい、というのである。

確かに信長は永禄十一年の上洛にあたって、矢銭《やぜに》（軍資金）として堺（当時、国内きっての富裕の地）に二万貫、本願寺に五千貫を要求してきた。堺の会合衆《えごうしゅう》はいったんこれを拒否（結局翌年支払うこととなる〔『総見記』〕）したが、本願寺は要求に応えた。顕如の檄文には、それなのにという思いが込められていよう。

この時、本願寺に呼応して浅井・朝倉勢が湖西地方を南下し、延暦寺の支援を得て坂本（大津市）を占拠、さらに京都をうかがう様相を見せていた。もし、京都を浅井・朝倉勢に乗っ取られたら、彼らと三好勢・本願寺との間で挟まれてしまう。それを恐れた信長は、急ぎ大坂を脱して京都に引き上げることにした。のちに坂本・堅田あたり（いずれも大津市内）で浅井・朝倉勢と対峙した信長は、十二月関白二条晴良の斡旋で和睦にこぎつけ、命からがら岐阜に逃げ帰った。合戦の初戦は信長方が敗北したということになろう。

こうして、元亀元年九月に始まった信長と顕如を盟主とする一向宗徒との「石山合戦《いしやまがっせん》」は、決着まで実に足掛け十一年（実際にはほぼ十年）を要する大合戦となる。

とはいえ、この間、本願寺と信長とが絶え間なく戦っていたわけではない。この合戦は、戦闘と和睦を繰り返してきた。天正四年四月に蜂起した本願寺を大軍で取り囲んだ織田方に対して、本願寺は籠城という手段をとるが、これを画期として、石山合戦は大きく前後二期にわけられる。以下、その概略を述べてみよう。

戦いは、上記した元亀元年九月に始まり、十一月には伊勢の一向一揆が信長の弟織田信興《のぶおき》を自刃に追い込むなど、最初は本願寺優勢に推移した。しかし、元亀四年（一五七三、天正元）三月、この頃信長と対立して本願寺や浅井・朝倉らとの連携を模索していた将軍義昭が二条城に立て籠もるが、敗れて紀州由良へ逼塞《ひっそく》し、さらに八月には浅井・朝倉が信長に滅ぼされると、本願寺は信長と和解することとした。

ところが、翌天正二年正月、越前の一向一揆が織田方の部将を追い出して越前国を支配すると、顕如は四月、高屋城の城主三好康長らと結んで再挙兵した。しかし、康長は翌三年四月に信長に降参し、高屋城は破却された。またこの年八月には、信長自ら出馬して前年一向一揆に制圧された越前を攻略した。これにより十月二十一日、顕如は堺奉行の松井友閑《ゆうかん》と三好康長を頼って信長に和を乞い、再び和睦が結ばれた。

明くる天正四年、信長は正月から安土城の普請に着手した。これは前年十一月に岐阜城と織田家督を長男信忠に譲ったことによるもので、いよいよ美濃を本拠とする一大名から天下統一を目指す天下人への脱皮の第一歩であった。

一方、この年二月に将軍義昭は備後の鞆《とも》に移り、毛利氏に幕府再興の尽力を求めるとともに、上杉謙信に武田・北条と和睦して幕府再興の尽力を依頼するなど、諸方の反信長勢力に書状を送った。四月、顕如は彼らに呼応する形で三度目の挙兵をする。これに対して信長は四月十四日、大軍で大坂を包囲し、「是より大坂四方の塞々《つまりつまり》に十ヶ所付城仰せ付け」る。ここで付城《つけじろ》とは、本願寺を取り巻くように付設させた砦のことである。こうして本願寺は大坂籠城を余儀なくされ、石山合戦も後期に入るが、本願寺はこののち四年間も持ちこたえた。実に、大坂は要害《ようがい》の地であったのである。

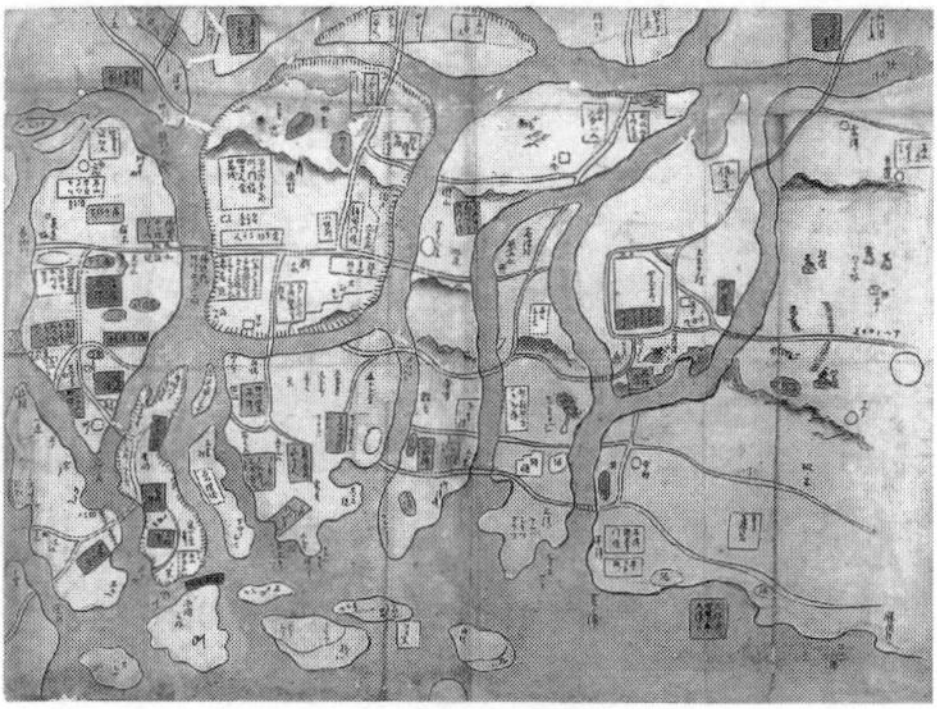

図2　石山合戦配陣図［江戸時代成立の考証図］

そのことを他ならぬ信長が認識していたことを示す文章が、先に引用した『信長公記』巻十三であるが、そこに「四方に節所（難所）を抱へ」とあったように、大坂は守るに易く、攻めるに難い地であった（図2）。とすれば、本願寺籠城《ろうじょう》の成否は糧食や武器の安定的な確保にかかっており、同盟を結んでいた毛利氏の水軍がその役目を買って出ることとなった。その後はそれを巡っての両者の戦闘が繰り広げられることとなる。

木津河口での海戦

天正四年（一五七六）四月、織田軍は早速大坂方にとっては生命線ともいえる大阪湾を封鎖すべく木津《きづ》方面に出張した。しかし大坂方の激しい抵抗にあい、五月には原田直政らが討死した。七月十五日、本願寺に兵粮を入れるべく大阪湾にやってきた毛利方の能島《のしま》・来島《くるしま》らの水軍七、八百艘が、木津河口で待ち受ける織田水軍三百艘と合戦におよび、織田勢を破って本願寺に兵糧を運び入れることに成功した。

天正五年八月には、大坂方に対する天王寺の付城を守らせていた松永久秀《ひさひで》父子が本願寺側に内通して居城の信貴山《しぎさん》城に籠るという事件があった。これに対して十月十日、織田信忠が信貴山城を攻めると、久秀は天守に火を懸けて爆死したというからすさまじい。さらに翌天正六年二月、それまで信長に従属していた播州三木《みき》の別所《べっしょ》長治《ながはる》が本願寺・毛利方に就き、さらに十月にはこれに呼応して信長の信任厚かった摂津有岡城の荒木《あらき》村重《むらしげ》も信長に反旗を翻すにいたった。信長は当初これを信じず、釈明の機会を与えようとしたが村重が応じずに籠城したため、討伐に踏み切ったという。結局、有岡城は翌七年十二月に、三木城は翌八年正月に落城した。

一方、天正六年六月には信長は伊勢の九鬼《くき》嘉隆《よしたか》に鉄板で武装した大船六艘、滝川《たきがわ》一益《かずます》にも大船（「白舟」）一艘を建造させて大阪湾に向かわせた。途中紀州の雑賀衆《さいかしゅう》の妨害を退けながらも堺を経て木津川口に向かい、海上を封鎖した。

興福寺の多聞院英俊《たもんいんえいしゅん》はこの時の様子を次のように語っている。

堺浦へ近日伊勢より大船調い付き了ぬ、人数五千程乗る、横へ七間、竪へ十二三間も在之、鉄の船也、てつはう（鉄砲）とをらぬ用意、事々敷儀也、大坂へ取りより、通路止むへき用と云と

（『多聞院日記』天正六年七月二十日条）

大意は、最近伊勢（の九鬼嘉隆の許）から堺浦へ五千人乗りの大きな船が到着した。横幅七間（十四メートルほど）、長さ十二、三間（二十四、五メートルほど）もあり、鉄砲の弾が通らないように鉄板で装甲した軍船であった。これは、大坂湾方面へ出向いて、毛利の水軍が本願寺へ糧食を搬入しようとする通路を遮断するためのものだ、というのである。果たして十一月、大坂に兵粮を運び込むためにやってきた毛利水軍六百余艘の船が木津川口に現れたが、これを迎え撃つ九鬼水軍は毛利方の大将のものとおぼしき船を「鉄の船」に搭載していた大鉄砲で打ち崩し、数百艘の軍船を木津浦へ追い払った。これをきっかけに、本願寺への海上からの物資搬入の途が大きく損なわれることとなった。

†和睦の経過と本願寺の焼亡

こうして、本願寺は次第に孤立を深めることとなったが、翌七年九月には備前岡山の宇喜多《うきた》直家《なおいえ》が織田方に寝返り、さらに前述のように十二月には有岡城が、八年正月には三木城が織田方の手に落ちると、もはやこのまま籠城を続けるのは難しい状況となった。一方の信長も、いつまでも本願寺を落せないのに業を煮やしており、天正七年十二月ついに朝廷に訴えかけ、その調停を得て和睦に持ち込もうとした。

こうして、互いに勅使《ちょくし》を迎えて折衝し、ついに八年三月、両者は合意に達し、互いに誓詞《せいし》を交わすこととなった。このとき信長から出された三月十七日付の起請文《きしょうもん》（本願寺文書）には次のような箇条が含まれている。

一、惣赦免事

一、往還末寺先々の如き事

一、月切は、七月盆前究むべき事

一、花熊・尼崎、大坂退城の刻、渡すべき事信長は、本願寺が大坂を退けば「惣赦免」、すなわちすべてを赦してやる、新たな本願寺に往還する末寺の安全も保障するとの認識のもと、退去は七月の盆前に実行すること、同時に本願寺方の花熊・尼崎の両城を信長側に引き渡すこと、などを条件にした。したがって、別の箇条で加賀国二郡を返付するとは言っているものの、この和睦は全体としてみればやはり本願寺側の敗北だった。

こうした両者の和睦交渉の進展に不満を吐露するようになったのは、顕如の長男でその後嗣と目されていた教如《きょうにょ》である。教如は、信長は信用できないとしたうえで、聖地の本願寺がその軍馬のひづめで汚されるのは無念だとして、大坂籠城の継続を主張するようになった。

そうした状況を察した顕如は、教如ら籠城派を残したまま いち早く四月九日に大坂を去り、紀州の鷺ノ森《さぎのもり》御坊に入ってしまった。

一方、大坂に留まった教如の一派は、諸国の門徒に檄をとばして大坂死守に協力するよう訴えたが、顕如側からの切り崩しに加え、織田方の猛攻も日を増して激しくなり、七月に尼崎城や花熊城が信長方の手に落ちた頃には、ついに教如も信長との和平を模索せざるを得なくなり、前関白近衛前久《このえさきひさ》が勅使に立って両者の仲を取り持った。七月十七日、信長は再び起請文を教如に宛てて出すのだが、その箇条のなかで、先の誓詞にはなく今回新たに付け加えられたものに

一、町人等立て置くべき事

という条項がある。

これは、大坂寺内に住まいする町人（宗教的には門徒である）らには、そのまま居住をゆるし、商売を続けることを保障する、というほどの意味である。信長からすれば、寺内の中枢たる本願寺は接収するが、寺内町はそのまま存続させよう、との意思表示だったが、この条文が付加されたのは、おそらく顕如退去後も教如に従って寺内に留まった町人たちの処遇をどうするかが、和睦交渉のなかで問題となったからだと思われる。

この条項は、これを受けてさらに同年七月二十四日付で近衛前久から教如に出された起請文のなかに「当所居成《いなり》の事」とあるのと対応するもの（「居成」とは、動かず、もとのままでいること。住んだままでいること）で、結局このことは、自らの退去後の寺内町民の処遇について教如側から出された安全保障の要請だろう。これらから想定されるその後の事態は、これまであまり問題とされてこなかったが、大坂寺内の町人がその後どのような運命をたどったのかという観点から見る場合、大変重要なものである。

さてこうして、退去期限の八月十日に先立つ同月二日、教如も父の後を追って紀州に落ち延びたが、このとき、あろうことか本願寺の伽藍がすべて焼け落ちてしまったのである。経過に

ついては、史料によっていささか違いを見せている。『信長公記』巻八には

弥《いよいよ》刻到来して、たへ松に悪風来つて吹き懸け、余多《あまた》の伽藍一宇も残らず、夜日三日黒雲となつて焼けぬ。

とあって、教如退出の時刻になるとたいまつに悪風が吹きかけて、「夜日三日」、すなわち丸三日間焼け続けたという。すなわち、強風による不可抗力だったとも受け取れる文言となっている。これに対して『多聞院日記』では事情は変わってくる。

去二日大坂城渡し了ぬ、近衛殿請け取られ候、渡して後やくる様に用意しけるか、残らず二日一夜、明三日までに皆々焼け了ぬ、過分に米・塩・噌・資財悉く以て焼く、国家の費へ也、本願寺上下雑賀へのき（退き）了ぬと云々（中略）、栄花にほこり、天下よりもちせき富貴の処、一時に頓滅眼前々々

ここでは、「渡して後やくる様に用意しけるか」、すなわち教如側が信長に本願寺を引き渡した後で焼けるよう準備したのか、となっており、断定は避けているものの、興福寺多聞院の英

俊は、本願寺側の工作だったと考えているようだ。また、焼けた期間も、八月二日一晩だけで翌日までにすべて焼けてしまったといっている。

さらに三浦周行《ひろゆき》は、この火災が信長の報復によるもので、丸三日間燃え続け、「大阪は全く焼野となってしまった」（『中世の大阪』）と言っている。

このように、教如退出後の本願寺焼亡についても、人為的なものなのかそうでないのか、一晩だけなのか丸三日間焼け続けたのか、史料・論者によってずいぶん異なるのだが、いずれにしろ、長らく栄華を誇った大坂の本願寺御坊はすべて焼け落ちてしまった。

ただ、史料の信憑性に従えば、焼けたのはやはり一晩だけと思われ、教如は居成となる寺内町民のことを慮《おもんぱか》って本願寺の伽藍だけが焼けるように細工して退去したのだろう。寺内町は新たな主人信長のもとで、その性格を変えながらも存続したと思われる。

さて、こうして焼け跡となった大坂の本願寺に織田信長が入るのは、十日後の八月十二日のことであった。

†「石山」の語義について

本節の最後に、「石山《いしやま》合戦」などという場合の「石山」の語義に触れておきたい。

石山とは、長い間、大坂の別称として、例えば「石山」本願寺などとして使われてきた地域名称である。しかし、なぜ大坂のことを石山とも称するのか。実は確かな理由はわかっていない。ただ、蓮如の孫である顕誓《けんせい》の『反故裏書《ほごうらがき》』（永禄十一年成立）には次のような興味深い記事が載せられている。

抑《そもそも》摂州東成郡生玉庄内大坂の貴坊草創の事は、去明応第五の秋下旬、蓮如上人堺津へ御出の時御覧じそめ（初め）られ、一宇御建立。そのはじめより種々の奇瑞不思議等是有となん。まつ御堂の礎の石もかねて地中にあつめをきたるが如し。

蓮如が大坂御坊を建立するにあたって、不思議なことに、その御堂の礎（柱の基礎石）とすべき石が、あらかじめ地中に集め置いたかのごとくに存在した、というのである。これは直接「石山」とは言っていないものの、この地がそう呼ばれてもおかしくない土地柄であることを示していよう。この記録の真偽を確かめることは長年できなかったが、一九五九年に行なわれた本丸発掘調査で改めて注目された。すなわち、この時発見された本丸詰ノ丸の隅櫓《すみやぐら》の石垣石のなかに、古代の宮殿もしくは寺院の礎石とおぼしき花崗岩《かこうがん》が発見されたのである。これがもし、詰ノ丸普請に先立って整地を行なった際、出てきたものを再利用したのだとすれば、『反古裏書』にある「御堂の礎の石」であった可能性も考えられる。

とはいうものの、他の文献史料からは、本願寺の大坂時代を指して「石山本願寺」と呼んだ史料は今日に至るまで見出されず、おそらく江戸時代になってから（慶安五年以前成立の『紫雲殿由縁起』が初見）、大坂本願寺時代にさかのぼって「石山」の名が採用されたものと見なされてきた。それが、「石山」と括弧で囲む理由であり、その「石山」本願寺と信長との間の合戦であるから、「石山」合戦と呼ばれてきたのである。

ところが最近になって、豊臣時代の大坂城を指して「石山御城」と呼んだ事例が報告され、「石山」という表現は、豊臣大坂城に由来するのではないかといわれるようになってきた。それは、博多の豪商神谷《かみや》宗湛《そうたん》の日録『宗旦日記』慶長二年三月十三日条に収める次の記事である。

一、石山御城にて、大坂にて（茶道古典全集本）

大坂石山御城にて（国会図書館本）

同日の記録が、二様に伝えられているのであるが、いずれも、この日、宗湛が大坂城で秀頼と昼食をともにした時のものである。詳細はこのことを論じた大澤研一の論考（大澤「「石山」呼称の再検討」）に拠られたいが、こうして、「石山」という修辞が豊臣大坂城に由来する可能性が大きくなってきた、というのが現況である。

4 本願寺と寺内町の遺構を求めて

本願寺・寺内町の所在地についての諸説

以上に見てきたように、半世紀にわたって大坂に君臨した本願寺だが、意外にもその所在地はいまだに確定されていない。戦前までは大坂城内だというのが通説だったが、戦後になると大坂城の南に位置する難波宮跡付近だとする説や、さらにその南方に求める説までもがあらわれ、現在に至るも最終的な決着を見ていない。これには、現在の大坂城地（おおむね外堀・二ノ丸以内）が国の特別史跡に指定されていて、原則として発掘調査が許されないことも大きな影響を及ぼしているのだが、それはそれとして、ここ二十年ほどの議論の大勢は大坂城内であることを認め、その前提でより詳しくその所在地を同定する傾向にある。私もその立場に立つが、ここでは現時点での有力な諸説を紹介したうえで、私の案を述べていくこととしたい。

一九八七年、伊藤毅《たけし》は「摂津石山本願寺寺内町の構成」（『近世大坂成立史論』）で、『天文日記』『私心記』などの同時代史料を丹念に読み込み、「石山本願寺は大阪城二の丸の内側に想定しうるのではないかと考える」として本願寺と寺内町の位置を考定して図示し、さらに『津村別院誌』収録の史料からその範囲を「ほぼ方五町余」とし、そこに寺と町を配置した概念図を発表した（図3-1）。そもそも大坂寺内の範囲は、「方八町」とする『信長公記』の記事と、七町×五町より小さいとする『貝塚御座所日記』の記事（後掲）があったが、伊藤は後者に拠り「ほぼ五町余」とし、これがほぼ大坂城二ノ丸域にあたることから、「石山本願寺を大坂城二の丸に充当することは、ありえぬ想定ではない」とした（この場合の「石山本願寺」とは寺内町を含む）。この図を見ると、本願寺の御坊は寺内の西方、現在の大坂城西ノ丸付近に位置し、北・東・南を六町が取り囲む構造だったように見えるが、その一方で伊藤は、大坂城の「本丸が御坊に相当するもの」と述べており、少し不可解な面もある。なお、生国魂神社＝法安寺（当時の神仏習合によって両者は同一視される）は寺内の西側外に想定している（図3-1）。

伊藤の提言は、本願寺や寺内町の関係を考えるうえで画期的なもので、その後の研究を導く端緒となったが、寺内町の遺構がその後、どのように豊臣・徳川の大坂城に受け継がれたかという視点を明確にして、「現在の外堀、すなわち徳川期二の丸の堀は、豊臣期のものをおおむね踏襲し、さらに遡れば石山本願寺の外堀をも何らかの形で受け継いだ可能性がある」と述べたことは注目すべきであった。

伊藤の提言を受け、本願寺・寺内町の所在地について積極的に発言し、『寺内町研究』誌上でも論争を繰り広げたのが、仁木宏と藤田実であった。

仁木は、九四年に発表した「大坂石山本願寺の復元的考察」（『大坂と周辺諸都市の研究』）以来、改訂を施しながら意欲的な復元案を提示した。それによると、寺内は本願寺御坊を中心とし、四周に六町を置く（図3-2）が、いずれも上町台地の北端部に広く展開し、北西の「北町」は大川に臨んで「寺内の浦」という港があったというもので、法安寺は寺内の内部の「南町」にあったとする。この仁木案に対し、藤田は「大坂石山本願寺寺内の町割」（『大阪の歴史』47号）以来それを批判する形で、独自案を提出してきた。

藤田案は、仁木案と同様に本願寺御坊を寺内の中央におくが、寺内町の復元案はずいぶんと異なる。特に北町・西町・南町屋・清水町を御坊の南側に設定した東西街路に沿って位置付け、河内・堺方面への通路としたことにその独自性が顕著である。法安寺が寺内の東南部にあるとするのは仁木説とほぼ一緒だが、藤田は寺内の外部にあったとする。そして、藤田はこれらを秀吉築造の大坂城との重ね合わせ図に落とし込み、本願寺御坊を豊臣期本丸の中心部である「詰ノ丸」にあったとし、寺内町もすべて二ノ丸内に収めた（図3-3）。

それに関して藤田は、仁木の提示する本願寺寺内の境域が巨大過ぎると指摘する。東端が森村近くで、西端が渡辺津近くに及ぶこと、また北町が大川南岸に接するとするのは大き過ぎるというのである。その批判の根拠は、天正十三年、秀吉によって天満に新たな寺内を与えられた本願寺顕如の側近宇野主水《もんど》の『貝塚御座所《かいづかござしょ》日記』にある。

中島天満宮の会所を限て、東の河縁まで七町、北へ五町也。但屋敷へ入り次第に、長柄の橋まで仰せ渡さると云々。先以て当分は七町と五町也。元の大坂寺内より事の外広し

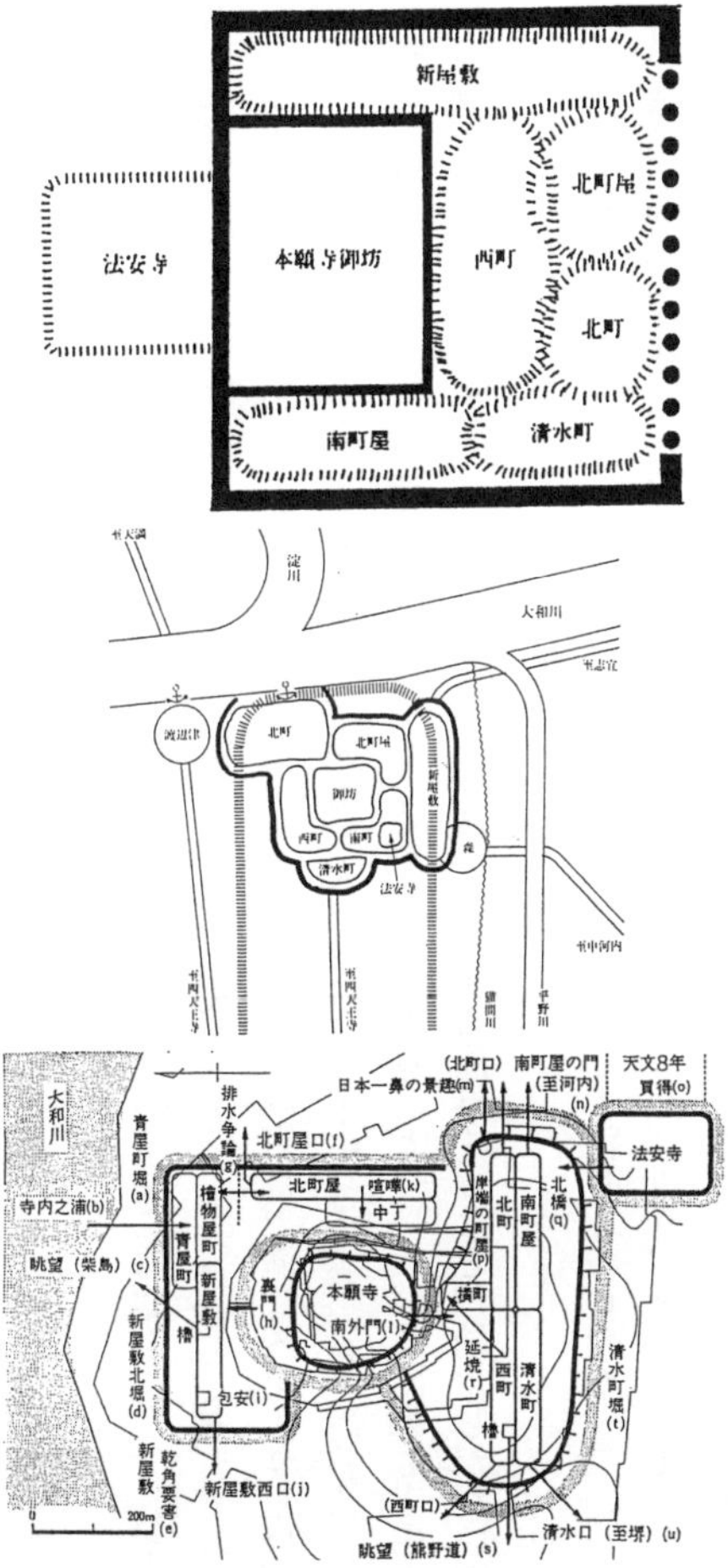

図３　大坂本願寺寺内復元図

3－1（上）　伊藤毅説—上が北

3－2（中）　仁木宏説—上が北

3－3（下）　藤田実説—左が北

（『真宗史料集成』三）

これは天満で新たな敷地を得た本願寺の寺内町は、東西が七町で南北が五町（これを伊藤の推定により実数に当てはめると、東西六百五十メートル、南北七百メートルほどとなる）であり、元の大坂寺内より相当広いという認識である。つまり、大坂寺内町は天満寺内町よりだいぶ小さかったということである。そうすると、北町を大川南岸に設定する仁木の想定（藤田によれば東西約十五町、南北約八町に達する）では大き過ぎるのである。とはいえ、藤田案も寺内町の多くを御堂南部に集中させ、その一方で西ノ丸域を寺内から除外するなど、納得しがたい面があった。

ともあれ筆者は、この論争を実りの多い有意義なものとして注目していたが、二〇一〇年五月の藤田の逝去に伴い、残念ながら打ち切られることとなった。以降、議論はあまり進展していないように見受けられる。そこで、この場を借りて私が現在考えている復元案を紹介してみたい。

†御坊は本丸のなか、寺内町は二ノ丸

従来の諸説が、『天文日記』・『私心記』など同時代記録の解釈を中心に論じられてきたのに

対して、私は、伊藤の提言にもあったように、本願寺退転後に営まれた秀吉以降の大坂城との継続性の観点からこの問題を考えてみたい。そこで、そうした観点から本願寺・寺内町の位置にかかわるキーポイント（定点）を定めて説明する。図5を見ながらお読みいただきたい。

定点1＝本願寺御坊の位置

秀吉が天正十一年（一五八三）九月に勅像を開始した大坂城本丸について、イエズス会宣教師ルイス・フロイスは次のような記録を残している（傍線は引用者）。

最初に筑前殿は、中央に非常に高い塔があり、濠や城壁・堡塁が付いた大きく広々とした城を作った。堡塁は、それぞれが塔のように、正面と裏口に門があり、大小の扉は鉄で掩われている。（中略）これらはすべて昔の城の城壁と濠の内側に建てられたが、元の部分はすべて作り直されて、堡塁と塔が付けられた。塔は、その壮大な新しさと美しさで、新しい建造物に釣り合っている。特に中心となる塔は、意図的に金色と青色で、遠くから見えるように装飾されており、壮大さと誇らしさを示している。

（『イエズス会日本報告集』Ⅲ—7）

秀吉は、「昔の城」（本願寺のこと）の城壁や堀の中に、「非常に高い塔」（天守）をはじめとする「堡塁《ほるい》」（櫓《やぐら》のこと）などからなる新たな城を築いたという。これを素直に解釈すれば、秀吉は眼前に残されている本願寺御坊の壁や水堀の内部に新たな城を築いたと読める。つまり、秀吉は御坊の堀や城壁をそのまま再利用してその内部に本丸を築いたこととなる。こう考えると『信長公記』巻十三に本願寺御坊を指して「真中に高き地形あり、爰《ここ》に一派水上の御堂をこうこうと建立し、前には池水を湛《たた》え」という表現も生きてくる。

すなわち、本願寺の御坊は、秀吉の本丸と同じ場所にあったと考えるが、さらに踏み込んでいえば、先に紹介した藤田の説を支持して、私も本丸の中心部にあたる「詰ノ丸」にあったと考えたい。これは、第三章で述べる秀吉の本丸築造の評価にもかかわるので、詳しくは後述するが、これが定点1である。

定点2、3＝「千貫櫓」、「乾櫓」の位置

現在の西ノ丸の南西端、大手土橋を間近に望む位置に「千貫櫓《せんがん》」と呼ばれる二重櫓がある。これは徳川幕府による大坂城再築工事の初年度、元和六年（一六二〇）に建設された櫓で、大手土橋を渡って城内に攻め込む敵を撃退する防御上の要衝の位置にある。

「千貫櫓」というユニークな名前の由来については、次のような面白い伝承がある。

大坂門跡籠城之時、横矢《よこや》能く掛り候矢倉之有りて、寄手《よせて》難儀致し候に付き、千貫文《せんがんもん》出だし候て成りとも取り申し度き矢倉と沙汰申し候故、是より千貫櫓と申し候事　（武功雑記）

織田軍が本願寺攻めをする際、寺内の櫓からの有効な横矢（側面から飛んでくる矢）があり、寄せ手が困り果て、あの櫓を取るためならば千貫文（約一億円相当）出しても惜しくはないと言った。以来、その櫓を「千貫櫓」と呼ぶようになったという。とすれば、「千貫櫓」という名前は本願寺時代からということになるが、豊臣時代の大坂城を描いた絵図（図4）にも、大手口の東横、やはり大手に侵入する敵兵に横矢を架けるのに有効な位置に「千貫櫓」との記載がある。こうしたことから、「千貫櫓」は本願寺期から存在し、おおむね寺内惣構の西に位置する門の傍にあり、門を破って寺内町へ侵入しようとする敵を阻む役目を負っていたと推定される。

ところで、そうだとすればもうひとつ、現在西外堀の北西隅にある「乾櫓《いぬい》」も気になるところだ。これも千貫櫓と同様に、本願寺以来のものとする伝承がある（岡本『大阪の歴史』）が、ここからは大川を介して大坂城の北から北西方向に広がる天満の低地が一望のもとに見渡せる。

そこで、この櫓の前身建物について「千貫櫓」と同様に考えると、『天文日記』天文六年三

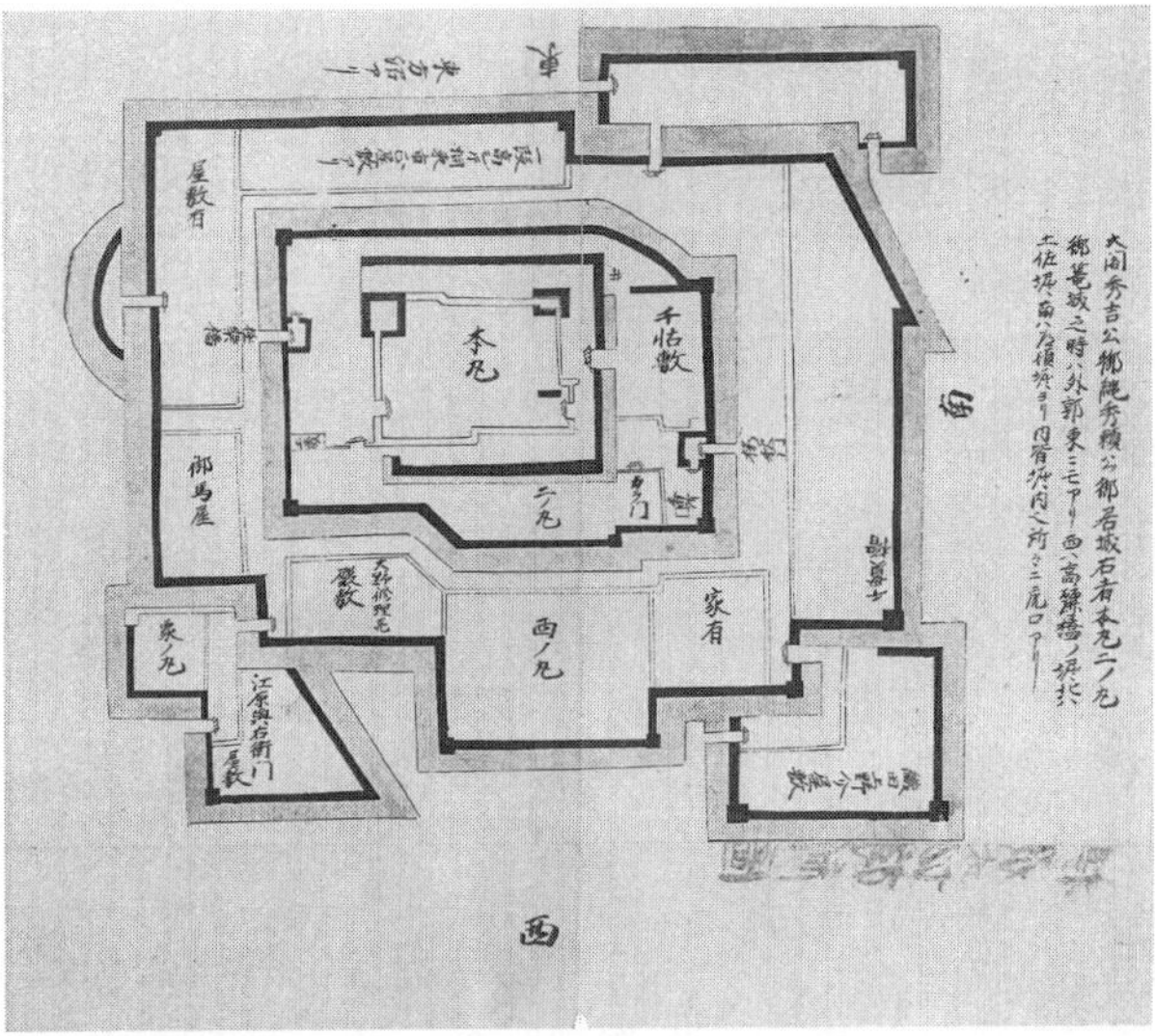

図４　豊臣時代大坂城本丸・二ノ丸図

月六日条に「新屋敷乾《いぬい》の角《かど》の要害、此間町人普請し候」とあるのが注意される。寺内町のひとつ新屋敷の乾の角（西北隅）には櫓（要害）があったのであるが、堺本『私心記』天文十八年三月一日条には、大坂西北方の天満方面にあった中島城・柴島《くにじま》城を攻める河内衆を、当時寺内にいた実従が「新屋敷蔵（櫓のこと）より見物」しており、ここから大坂西北方の低地がよく見えたことが分かる。また、「新屋敷西口わきの堀普請再開」（天文五年一月二十九日）、「新屋敷北堀出之」（天文七年三月二十八日）などとあるから、新屋敷は西と北に堀を持っていた。したがって新屋敷は寺内の西北に位置し、乾要害はその角にあって後身を「乾櫓」とするものではなかったかと考えてみたい。

これら現在の西外堀に臨む位置にある櫓を定点2、3とする。

以上、「千貫櫓」「乾櫓」のおおよその位置とともに本願寺時代にさかのぼる可能性を見てきたが、これは寺内の西辺が、今の大坂城西外堀に相当することをも示唆している。

定点4、5＝「極楽橋」「青屋口」の位置

極楽橋《ごくらくばし》は、本丸の北端にあり水堀を隔てて山里丸と二ノ丸北部をつなぐ橋である（現在の橋は一九六五年架設）。早くから、その名前によって本願寺期に遡るものとされてきたが、豊臣・徳川時代を経て現在にも受け継がれてきた。とすれば、この橋を北から南へ渡って本丸に入ると極楽浄土たる本願寺御坊に至るということになる。そして、逆に橋を北に渡った北東すぐの地点には、これも本願寺期の枝町のひとつ「青屋町《あおや》」に由来するといわれている「青屋口」がある。そこで、これらを定点4、5とする。

定点6＝「北町物道場」の位置

「北町」は、その名から二ノ丸の北部を占めていたと考える。それを前提に、同町にあった「惣道場《そうどうじょう》」の位置について考えてみると、そこからの眺望について記した次の記事が注意され

る（『天文日記』天文十六年八月十日条）。

　　北町惣道坊（場）場、日本一の鼻□景趣、歴覧の為、相越《あいこ》さるべきの由、町衆望み申す間、
　　　女房衆まで行く也

　この形容に当てはまる地点として考えてみたいのが、かつて「伏見櫓」のあった二ノ丸最北端の突出部（鼻）付近である。標高およそ十八メートルとなるこの地点から東北西三方向への眺望は、大和川・大川の流れから天満・福島方面までを広く眼下に収めることのできる、まさに「日本一の鼻の景」と呼ぶにふさわしいものであった（口絵4を参照されたい）。そこで、これを定点6としたい。

　以上、六カ所の定点によって、本願寺御坊・寺内は現本丸中央付近に御坊を置き、寺内町の西辺を現大坂城西外堀あたり、北辺を旧伏見櫓跡あたりに置くことができた。

　一方、寺内の東辺については、寺内には北町、西町、南町があるのに東町が無いことに注意したい。これらの方位を示す町名が御坊からの方角をあらわすとすれば、東町のない理由は御坊が寺内町の東辺に位置し、その更なる東方には町がなかったということである。

江戸初期の元和六年（一六二〇）に築かれた二ノ丸東から北東面石垣は、地盤が軟弱なためにその構築を担当した北陸の大名に大変な苦労を強いた（朝尾「元和六年案紙について」）。それはこの二ノ丸東から北東面の外部一帯が城内でももっとも地形低く、大きな沼地（「元和六年案紙」には「鷺池」とある）となっていたからである。この地域がこうした低湿地であれば、この方面の町場化が容易に進まなかったのも当然のことで、豊臣期の東二ノ丸には、片桐且元《かたぎりかつもと》屋敷などがあったことも分かっているが、本願寺期にはまだ安定した町の形成には至っていなかったものであろう。

さて、以上の分析をもとに、寺内町の全体的な位置関係を復元してみると、おおむね次のようになる。

まず、西ノ丸乾櫓の乾（＝戌亥）とは何に対しての乾なのかといえば、同じく西外堀に面して百二十メートルほど南に、かつて坤《ひつじさる》（＝未申）櫓があったことから、西ノ丸北半部で南外堀に接するおよそ南北の一辺が百二十メートルの区域を限る言葉として使われている。今では全体が「西の丸庭園」として整備されているが、江戸時代の西ノ丸地域は北半部（倉庫群）と南半部（大坂城代上屋敷）が区分されていたし、豊臣時代にも、西ノ丸とは別に「大野修理亮《しゆりのすけ》殿（屋）敷」となっている（図4）。こうしたことから、私は、現在の西の丸庭園地域の北西部は、乾角櫓を擁した「新屋敷」であり、その南部の坤櫓から千貫櫓あたりまでの堀沿いの地区

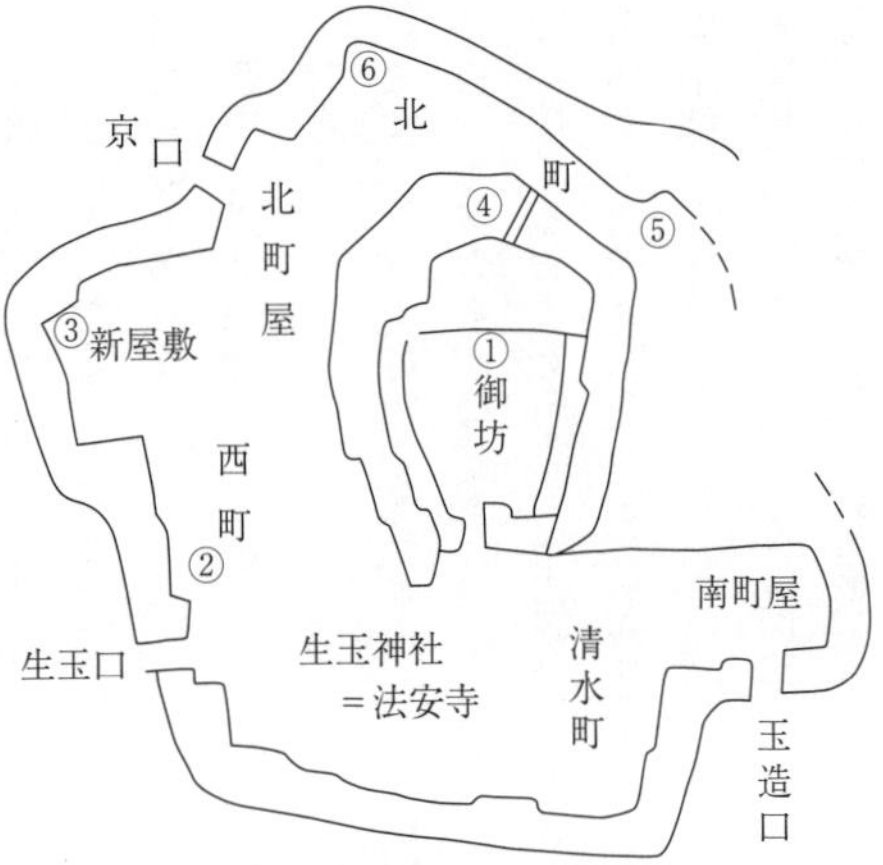

図５　本願寺寺内の配置図・著者案

を「西町」と考えたい（証如が「西町ヤクラ」から外、すなわち上町筋を通る軍勢を見物している）。

次に、北町惣道場を擁する「北町」は二ノ丸北部の伏見櫓跡地付近から「青屋口」あたりまで続いていたものとし、「北町屋」はその西から「新屋敷」と接するあたりまでとする（両町が接していたことは『天文日記』天文五年六月二十四日条などから窺える）。

残る「南町屋」と「清水町」については、二ノ丸の南部東辺であろうというほか詳細は不明とせざるを得ないが、ただ、南町屋には寺外に通ずる門がある（『天文日記』天文五年七月十三日条）ようなので、玉造口の北（江戸時代の玉造定番屋敷のあった所）あたりとした。

さらに、法安寺＝生玉神社については、二ノ丸南西隅の大手口を「生玉口」とも呼ぶことから、寺内南西部から南部中央までの広範囲を占めていたと想定した。

以上の全体規模は、伊藤のいう大坂寺内＝二ノ丸域よりも、二ノ丸東部地域を外した分、若干小さくなる（南北五・一町×東西五・五町程度）。これを豊臣時代・徳川時代大坂城図をもとに図示すると図5のようになる（本図において、本丸南・西部の「空堀」を明示していない理由は第三章2節を見ていただきたい）。

この復元案は、ごく大雑把なもので、未解決な部分を多く含んでいるが、当該地域が本願寺→豊臣期大坂城→徳川期大坂城へと変遷していく中で、基本的におおまかな縄張りは引き継がれたとの伊藤の想定に沿うものである。

第二章

番城の時代

1　織田信長の番城として

✝信長の大坂入城とその守備体制

教如が大坂を退いた後、信長は八月十二日に京都を出て宇治橋を見物し、そのまま船に乗って大坂へ行き、本願寺に入った。ただ、この時点での本願寺は、既に述べたように、堂塔伽藍《どうとうがらん》が灰塵《かいじん》に帰《き》しいわば焼け跡だった。信長は、この後の本願寺跡地（以下、大坂城）にかかわる仕置を行なう。

まず信長は、足掛け五カ年におよぶ籠城戦で、織田軍の総大将でありながら本願寺を攻め落とすことのできなかった佐久間信盛《さくまのぶもり》父子に対し、実に十九カ条にも達する折檻状を認めて糾弾しており、怒りのすさまじさが感じられる（この後、信盛父子は高野山に追放された）。

そのあと信長は、この大坂城の守備体制について、丹羽長秀と織田信澄《のぶすみ》の二名の重臣を留守居役に任じ、自らの番城《ばんじろ》とする意向を申し渡したことが、次の『細川忠興軍功記』や『武徳編年集成』などの記録によって分かる。

一、天正十年春、信長様御代、大坂之御城御本丸は丹羽五郎左衛門長秀殿御預り、千貫矢倉は織田七兵衛に御預ヶ成され下し置き候由之事

（『細川忠興軍功記』）

織田七兵衛信澄・丹羽五郎左衛門長秀摂州大坂の城に在り。信孝、則ち大坂の本丸に入り長秀是を守護し、七兵衛信澄二丸に在しか

（『武徳編年集成』）

前者からは、本丸には丹羽長秀が入り、千貫櫓のある二ノ丸には織田信澄が入ったことが分かるが、後者については少し説明が要る。大坂城が信長の手に入って二年後の天正十年五月、その命により四国渡海を目指して住吉にいた信長の三男信孝《のぶたか》が、本能寺の変勃発を聞いて渡海を中止し、急いで大坂城の本丸に入った状況を示している。

これら二つの記録からは信長番城時の大坂城が、本丸・二ノ丸という二重の曲輪《くろわ》からなっていたことが分かるが、第一章で述べたことから、おおむね本丸が元の本願寺御坊、現在の西ノ丸を含む二ノ丸が元の寺内町を踏襲していたと考えられる。

二ノ丸の千貫櫓に居た織田信澄は、兄信長に殺された織田信勝《のぶかつ》の遺児だが、『多聞院日記』には「向州ノ聟、一段逸物《いちもつ》也」とあり、「向州」すなわち明智日向守《ひゅうがのかみ》光秀の女婿であり、なかなかすぐれた人物だったらしい。信長もその才能を認めて重用したが、明智光秀の娘を娶っ

たことが、後述するように、信澄に悲劇をもたらすのである。

　こうして大坂本願寺は、信長の重臣が在城して守衛する番城＝大坂城として再出発した。この時期の大坂城の様子をうかがわせる史料は前記の他には残されておらず、残念ながらその実態や動向はほとんど不明だが、前章で見たように、本願寺退去後も寺内の町はそのまま存続していた（当所居成の事）から、二ノ丸は武士・町人の混在地域だったのであろう。

　ともあれ、こうして大坂を手に入れた信長は、ここを拠点に土佐の長宗我部《ちょうそかべ》元親《もとちか》が席巻しつつある四国に触手を伸ばそうとした。

　それ以前、信長と元親の仲は良好で、例えば天正六年十月には元親と長男弥三郎《やさぶろう》が安土で信長に拝謁し、弥三郎は「信」の一字を拝領して信親《のぶちか》と名乗るようになった。ところが、その後信長は、四国統一を目指して讃岐・阿波・伊予方面の各地で攻勢を強める元親を牽制しだした。おそらく同八年八月に大坂本願寺を降して摂津・和泉方面の安定化を果たしたことを前提に、翌九年六月には、三好康長（阿波三好氏の一族で三好長慶の畿内経営に協力するが、前章で述べたように天正三年信長に降伏し、以後その重臣となる）を讃岐に派遣して元親の阿波攻略に介入し、同年十一月には、羽柴秀吉をして四国への関門である淡路島を攻撃させるに至った。

　そして、天正十年一月、元親に讃岐・阿波の引き渡しを要求し、拒絶されると、五月に三男信孝を三好康長の養子にし（これは四国統一後の支配体制への布石と思われる）、信孝に四国渡海を命じた。五月十一日、信孝は摂津住吉で渡海のための軍船を調達し、いよいよ六月二日を期して渡海というまさにその寸前に勃発したのが本能寺の変であった。

†本能寺の変と大坂城

六月二日の払暁《ふつぎょう》、京都本能寺に陣取る織田信長を重臣明智光秀が急襲した。光秀は、備中高松で毛利方と対峙していた羽柴秀吉からの応援要請に応じ、中国方面へ向かうはずだったが、丹波亀山城を出発して「老いの坂」に至った光秀は西国街道には向かわず、京都への道を採った。当時、本能寺には信長主従わずか百名ほどしかおらず、押し寄せる明智の二万余の軍勢のまえに本能寺は炎上、信長は猛火に包まれて自害した。同時に明智軍は信長の長男信忠が籠る二条屋敷も急襲して切腹に追い込み、光秀はまたたく間に信長父子を討ち取ったのである。

事件の一報は、四日までに当時、備中高松城を囲んでいた羽柴秀吉にも伝わった。秀吉は、急遽高松城主清水宗治《しみずむねはる》の切腹を条件に、後援する毛利方と和睦し、大急ぎで畿内へと帰還した。これが俗に「秀吉の中国大返し」といわれるもので、六日に備中高松を発った秀吉は十一日に尼崎へ戻り、十二日には高槻あたりに陣を張り、長岡の勝龍寺《しょうりゅうじ》城を拠点とする明智軍と対峙した。一方の光秀は、変後いち早く京都を掌握し、ついで安土城へ入って近江国を鎮めると十日には坂本城に凱旋した。その後、さらに摂津方面へ進出すべく勝龍寺城に入っているときに羽柴軍山崎着陣との情報を得たのである。

こうした情勢のもと、翌十三日申刻（午後四時頃）から両軍の本格的な戦いが始まった。これが世にいう「山崎の合戦」である。数時間にわたる戦闘のすえ、明智軍は壊滅、敗れた光秀は僅かな従者とともに山科の小来栖《おぐるす》越えで坂本城を目指したが、途中で土民《どみん》に首を取られた。翌十四日、近江の三井寺《みいでら》の陣営で諸方から送られてくる敵将の首実検のさなか、そこに光秀の首を見出した秀吉は狂喜したという（『惟任退治記』）。

さて、本能寺の変に際し、大坂城はどんな状況だったのか。前述したように四国渡海を中止した織田信孝・丹羽長秀と織田信澄の三人が守っていたが、六月五日、信孝・長秀らは二ノ丸を守る織田信澄が明智光秀の女婿だという理由で討ち取ってしまった。信澄が明智光秀と連携していたのかどうかは分からない（『多聞院日記』六月二日条には「惟任幷七兵衛申合せ生害せしむと云〻」〔光秀と信澄が示し合わせて信長を切腹させた〕とあるが、その傍注に「コレハウソ」と書いてある）が、秀吉の大返しなど夢にも思っていなかった信孝らにとって大きなリスクとなりうる信澄を早いうちに抹殺しておくというのはやむをえない選択だったのかもしれない。

ところで、『川角太閤記《かわすみたいこうき》』という秀吉の伝記がある。有名な小瀬甫庵《おぜほあん》の『太閤記』より古い記録で信憑性も高いとされるが、その第二巻冒頭に次のような記事がある（読み下し——引用者）。

一、筑前守殿所より大坂の御番衆へ仰せ聞かさるる御内證は、その御城何方へも相渡されまじく候。その子細は上様の御跡を御次ぎ成さるべき天下人へ目出度く相渡さるべく候、其内は御番御油断有るべからず候事御尤に候、と仰せ渡され候故、御留守居衆御門〳〵を相かため、中々聊爾《りょうじ》に相渡すべき共見えさりければ、三七《さんしち》殿も丹羽五郎左衛門殿も国々へ一先ず御入り候。

これは山崎合戦も終わり、秀吉が同月二十七日に行なわれる清須会議に臨む頃の記事と思われるが、適宜補いながら現代風に解読するとおよそ次のような意味になる。

羽柴筑前守殿の元から（の書状で）大坂城の御番衆へ内々に仰せ聞かせられたお考えは、――大坂城は誰にも渡してはなりません、というのはこの城は（お亡くなりになった）上様の跡を継がれるべき天下人へ目出度く渡されるべき城であるからです。それまではご油断の無いように――というものであった。そこで、大坂城の御番衆は各門口を堅く守ったため、なかなか簡単には入れそうもないので、ひとまず信孝（三七殿）も長秀も自分たちの領国に戻っていった。

ここでいう筑前守殿が羽柴秀吉を、上様が織田信長を指すことは言うまでもないが、これは、当時の秀吉が大坂城をどのように認識していたかを端的に物語っている。大坂城は信長の後継者たる天下人が城主として入るべき城である、と考えていたというのだが、その後の経緯を見るならば、秀吉がこの時点で心中ひそかに自らを「上様の御跡を御次ぎ成さるべき天下人」、すなわち大坂城の城主に擬していたであろうことも想像に難くない。

ただし、ここには大坂城守衛の大将であるはずの信孝・長秀が城に入れないなどいささか不審な記述もあり、こうした指示が本当に秀吉から出されたのかは大いに疑わしい。秀吉が翌年賤ヶ岳《しずがたけ》合戦に勝利して、信長の後継者の地位を固めたことを前提とした創作記事である可能性が高いと思われる。

ともあれ、この織田氏の番城時代は、以上のような経緯で、天正十年六月に突如終わりを告げた。次に大坂城を手に入れるのは池田恒興《つねおき》である。

2　池田恒興の番城として

†清須会議と池田恒興の摂津領有

池田恒興は、母が織田信長の乳母《うば》をしており、信長とは乳兄弟《ちきょうだい》の間柄であり若くして織田家に出仕した。天文五年（一五三六）生まれで信長より二歳の年少、秀吉より一歳の年長ということとなる。

天正六年（一五七八）に荒木村重が信長に叛旗を翻すと、翌年これを破り、八年には荒木方の花熊城攻略を成し遂げて織田家中でのランクを上げ、翌九年八月の中国出陣に際しては「摂津国にて池田勝三郎大将として、高山右近・中川瀬兵衛・安部二右衛門・塩河吉大夫などへ先仰出だされ」（『信長公記』巻十四）、摂津衆を率いる立場となっていた。そして信長から有岡《ありおか》（伊丹）、花隈《はなくま》、尼崎を与えられたという。こうして恒興は、織田家の宿老の一人として柴田勝《しばたかつ》家《いえ》・羽柴秀吉・丹羽長秀とともに、本能寺の変後に行われた織田家の遺領問題や後継者問題を論じる清須会議にも列席することとなった。

清須会議は、天正十年六月二十七日頃に尾張の清須城で開かれた。まず織田家の家督問題が羽柴秀吉・織田信雄《のぶかつ》（信長次男）方と柴田勝家・織田信孝（信長三男）方によって話し合われたが、秀吉の多数派工作が功を奏し、当時三歳であった信長嫡孫で信忠長男である三法師《さんぼうし》（後の織田秀信《ひでのぶ》、当時三歳）を家督に立てて安土城主とし、安土城の修復が成るまでは暫定的に叔

	従前の領地（　は失地）	新たに獲得した領地	居城	備考
織田三法師（信忠長男）	——	近江の内（厨料として30万石）	安土	後の織田秀信
織田信雄（信長次男）	南伊勢・伊賀	尾張	清洲	
織田信孝（信長三男）	北伊勢の内	美濃	岐阜	
羽柴秀勝（信長五男、秀吉の養子）	——	丹波	亀山	『太閤記』は丹波を秀吉所領とする
柴田勝家	越前	近江北部（秀吉旧領6万石）	北ノ庄	長浜城には養子柴田勝豊が入る
羽柴秀吉	近江北部・播磨	山城・河内の一部（東ノ山ノネキ）	姫路	新たに山崎に築城する
丹羽長秀	近江北部（5万石）	若狭・近江の内（湖西二郡高嶋・志賀）	坂本	
池田恒興父子	摂津の内	摂津の大坂・兵庫・尼崎など12万石	伊丹	
堀秀政	近江坂田郡の内	近江中部（20万石）	佐和山	三法師の守役
滝川一益	北伊勢の内	北伊勢一円	長嶋	

表1　清須会議による有力諸将領地の移動
『大日本史料』11之1に収める諸史料のほか、『太閤記』『寛永諸家系図伝』『寛政重修諸家譜』などによる。

父の信孝が後見役（名代）として岐阜城で預かることとなった。

一方、信長・信忠・光秀らの遺領問題は表1のように決した。こうして、恒興は大坂を含む摂津国の大半を手に入れた。秀吉は既に家中一、二の実力者だったが、重臣間の政治的・軍事的バランスからいって、拙速に摂津国を入手して天下人になるとの野望を抱いていると思われる危険を避けたのであるとも言えよう。

恒興の城主時代は翌年四月の賤ヶ岳合戦に柴田勝家が敗

れることで終わりを迎えるが、結果的に一年足らずに過ぎない大坂領有の間に、恒興がどのように大坂城を整備したのかまったく分からない。むしろ次の証言により恒興は伊丹城を居城とし、大坂城は守備の兵を置いて守らせていた番城に過ぎなかったかと推定される。

彼（羽柴）には依然として結託すれば謀反を起こしかねない有力な大身が三名あり、これに危惧を抱いていた。（その内）第一の人は信長の義兄弟の池田紀伊守（信輝）殿で、津の国のほぼ全土を領有し、かつて荒木（村重）のものであった城に住み、大坂の城をも己の勢力下に置いていた
（『十六・七世紀イエズス会日本報告集』Ⅲ—6）

これは、天正十一年十二月十八日付でルイス・フロイスがインド地方長アレッサンドロ・ヴァリニャーノに送った書簡であり、信憑性は高い。ここで、「かつて荒木のものであった城」と言われるのが、伊丹城（荒木時代には有岡城といった）である。恒興は伊丹を居城とし、大坂には番衆を入れていたようだ。そしてこのとき、長男元助《もとすけ》は三田《さんだ》城に、次男照政《てるまさ》（後の輝政）は兵庫城に入ったと考えられる。ただ、翌年五月に彼ら父子が摂津から美濃に移封された際、元助は伊丹城から岐阜城に入っている（『池田氏家譜集成』）ので、この間に恒興は伊丹城から大坂城に移った可能性もある。

以上見てきたように、本願寺の焼亡後、秀吉の築城に至るまでの約三年の間にも大坂城は信長と池田恒興の番城として機能していた。ただ、その実態はベールに包まれており、本丸・二ノ丸（千貫櫓）から成っていたという他具体的なことは不明である。ただ、前章で見たように、大坂寺内町の町人らがそのまま寺内各町（二ノ丸内）に留まっていた（「居成」）と考えられることには注意しておきたい。

†秀吉の畿内支配と賤ヶ岳の合戦

ここらで、天正十年六月の清須会議から翌年四月に行なわれた賤ヶ岳合戦までの秀吉の動静を見ておこう。

清須会議で居城長浜《ながはま》城を含む北近江を手離した秀吉だが、代わりに山城・河内の一部・丹波（養子の羽柴秀勝名義であるが、事実上秀吉の支配下にあった）を新たに手に入れた。会議の結果については、多聞院英俊《たもんいんえいしゅん》が「大旨ははしはかまゝ（羽柴がまま）の様也」（『多聞院日記』同年七月七日条）と記しているように、秀吉方有利のうちに終わった、との観測がなされていた。

秀吉は、早速山城・摂津国境に位置する大山崎の背後、天王山山頂に山崎城築城を開始した。七月十七日に秀吉の在山崎が判明する（『兼見卿記』）ので、この日以前に普請に取り掛かっていたことは確実である。

こののち山崎築城の記事はしばらくないが、九月に入ると、十五日には「今日冷泉、山崎城羽柴筑前守へ礼申さる」(『言経卿記《ときつねきょうき》』同日条)、また二十五日にも「順慶上洛、明日山崎財寺城越之、筑州見廻の為歟」(『多聞院日記』)などと公家(冷泉為満《れいぜいためみつ》)や武将(筒井順慶《つついじゅんけい》)の訪問が相次ぎ、またそれまで「山崎」という表現だったのが「山崎城」「山崎財寺城」(この山の中腹にある宝寺〔正式には宝積寺〕にちなむ別名)と表現されるようになることからも、この頃までに城郭としての大要を整えたのだろう。翌十月十五日に大徳寺で行なわれた信長の葬儀を営んだ秀吉は、京都に留まらずこの日のうちに山崎城に帰っている。

こうして、長浜城を失った秀吉ではあったが、播州の姫路城とともに山崎城をも拠点として、この後、清須会議で敵対した勢力(織田信孝・柴田勝家ら)との闘争に明け暮れるようになる。

清須会議では、織田家督となった三法師を安土城の修復までという条件で信孝の居城岐阜(信孝は、清須会議で亡兄信忠から美濃一国と岐阜城を継承した)に預けていた。秀吉らは、三法師の扶育が信孝の立場に有利に働くことを恐れ、安土城の修復を急がせたが、信孝は修復後もいっこうに三法師を手離そうとしない。業を煮やした秀吉は、信孝が柴田とともに謀叛を企てていると非難し、その兄信雄を新たに三法師後見の地位に据えたうえで、彼らの掃討に取り掛かることとした。

十二月七日に近江に出兵し、柴田勝家の甥勝豊《かつとよ》が守る長浜城を囲んだ秀吉は、言葉巧みに勝豊を口説き落として味方とし、ついで信孝の籠る岐阜城を囲んだ。このとき秀吉は多数派工作をして信孝を孤立させ、二十一日には降参させて、その母を人質に取るとともに、信孝が手離さなかった織田三法師を安土城に移すことに成功した。こうして、家督問題をいったん解決した秀吉は、新年を山崎城で迎えた。

年が変わって天正十一年二月三日、秀吉は、柴田方で北伊勢を領する長島城主滝川一益を攻めた。有利に戦局を展開していた秀吉だったが、三月早々柴田勝家が兵を近江に繰り出すとの情報を得ると、北伊勢の対処を織田信雄《のぶかつ》に任せ、再び湖北の長浜方面に移動し、越前から南下してきた柴田軍と対峙することとなった。

こうして湖北地方に広く、羽柴・柴田の両軍が展開することとなったが、四月十七日、秀吉は前年十二月に降参したはずの岐阜城主織田信孝が再び挙兵したとの報を得、美濃大垣に出兵した。その留守をついて二十日、柴田方の猛将佐久間《さくま》盛政《もりまさ》らが、秀吉方の守る賤ヶ岳の大岩山・岩崎の両砦を急襲、大岩山砦の中川清秀は戦死、岩崎山砦の高山右近は逃亡する事態となった。この報に接した秀吉は、またも大垣から木之本までの五十キロ余を五時間で戻る「大返し」を行なう。

二十日夜中に長浜に帰り着いた秀吉はただちに賤ヶ岳に向かい、翌日柴田方と激闘の末、これを討ち破った。この時、活躍した羽柴方の若武者が俗に「賤ヶ岳の七本槍」と称される九人の面々で、その中には、福島正則《ふくしままさのり》、加藤清正《かとうきよまさ》、加藤嘉明《よしあき》など後に大大名になる者も含まれていた。

敗走する勝家を追って北ノ庄城を囲んだ秀吉は、二十四日勝家を九重の天守に追い詰めて切腹させると、金沢まで進んで残党を平らげ、五月五日に近江長浜まで戻り、さらに十二日には坂本城に入って、賤ヶ岳合戦の戦後処理を行なうことになる。そして坂本滞在中に、天下統一の構想とその拠点としての大坂城獲得宣言にかかわる有名な書状を書くこととなるのであるが、それについては、章を改めて見ていくこととしたい。

第三章

豊臣秀吉・秀頼の時代

1　大坂掌握と築城の準備

†坂本城から天下統一の意思を発信

天正十一年(一五八三)四月に柴田勝家・織田信孝らを破った秀吉は、五月十二日から月末まで近江の坂本城《さかもと》で賤ヶ岳合戦の戦後処理をしたが、その最中に認めたと考えられる前田利家《まえだとしいえ》の三女宛ての自筆書状がある。この女性は、翌年秀吉の側室になる摩阿《まあ》という姫君で、このときまだ十二歳だったが、四十七歳の秀吉が、臆面もなく「来年はあなたを大坂へ呼び寄せて戦さもせずに一緒に居ることにしましょう」(「かへすがえす」以下の追伸部分)などと述べている。それにしてもこの書状は、一人の少女に読ませるためにしては重過ぎる内容だと思われる。そこには、その後の秀吉の天下統一構想の一端をうかがわせるような内容が含まれているからである。

これを書き下してみよう(括弧内及び傍線――引用者)。

かへすがえす、明年な□(夏カ)大坂へ、よひ候て陣なしニ、ひと丶こに居申し候は

んま丶めでたかり候へく候、五もじへも御心へ候て給ふべく候、以上
急ぎ其方へまつまつ参り申すべく候へとも、坂本に居申し候て、大み（近江）うちの知行あらためさせ、又は城とも破らせ申し候て、ここもとひまをあけ候はゝ、大坂をうけとり候て、人数いれおき、国々の城破り候て、これ以後無法なきやうにいたし申し候て、五十年も国々しつまり候ように申つけ候、かしく、

より
ちくせん

ま阿
まいる　御返事

（『豊臣秀吉文書集』一）

ここで秀吉は次のように言う。急いであなたの許《もと》へ行きたいのだが、現在は坂本城にいて近江国内の知行《ちぎよう》改めと城の破却を命じているところだ。それが終わったら大坂城を受け取って軍勢を入れ、全国の城の破却をも行なって今後は勝手な振る舞いがないようにし、五十年の間も諸国が静まるようにと命ずるつもりだ、と。五十年という歳月が長いかどうかは見解の分かれるところだろうが、戦国の世に生まれ、日々合戦に明け暮れてきた秀吉が、平和を希求する心中の一端を吐露していると取れなくもない。

ともあれ、この書状は大坂城を拠点として天下統一を果たし、戦さのない日本を造り上げる

という秀吉なりの決意表明をあらわした重要なものであり、おそらく、彼女の父であり、秀吉の盟友でもある利家が読むことをも期待したのであろう。

その頃、大坂を含む摂津国の大半を領有していたのは前章で見たように、池田恒興と息子の元助・照政兄弟だったが、二十五日には秀吉の命により三人揃って摂津国から美濃国に移封されている。そのことから、大坂を受け取り、大坂城を居城とするというのは単なるスローガンではなく、賤ヶ岳合戦に勝利した秀吉には、既にそれを実行するだけの実力が備わっていたと見るべきであろう。ルイス・フロイスによれば、秀吉は大坂築城の意図について次のような考えを持っていたらしい。

己が地位をさらに高め、名を不滅なものとし、格においてもその他何事につけても信長に勝ろうと諸国を治め、領主としての権勢を振うに意を決し、その傲慢さをいっそう誇示するため、堺から三里の、都への途上にある大坂と称する所に［市と城はすでに焼失しているが、信長はここを六年間包囲して攻め落とし、完全に破壊した］新しい宮殿と城、ならびに都市を建て、建築の規模と壮麗さにおいて信長が安土山に築いたものを大いに凌ぐものにしようとした。

（『一五八三年度日本年報』一五八四年一月二日付）

これによると、秀吉は旧主信長にずいぶんライバル意識、といって悪ければ後継者意識を持っていたこととなるが、それは実際にはどのようなものだったのだろうか。

六月に入ると秀吉は、二日に大徳寺で信長の一周忌法要を営み、いったん山崎城に戻り、六月十日頃には姫路に下ったうえで、改めて同月下旬に大坂城に入った。秀吉が大坂築城工事に着手する約二カ月前であった。

この時の秀吉の姫路行きについては、その頃まで但馬《たじま》一国を領知していた弟の羽柴秀長《ひでなが》に自らの領国播磨国と姫路城をも譲るためだったとする史料があり、実際に同年八月一日付で行なった大名の配置替えについて「はりま・たじまは羽柴美濃守（秀長のこと）、ひめじい城（居城）なり」（『柴田退治記』）とする記事で裏付けられる。

そうすると、既に前年の清須会議で長浜城を手離していた秀吉にすれば、姫路城をも手放すことで居城は山崎城だけになったともいえるが、山崎城にも姫路から大坂に入ってからは一度も入城しないまま、翌年三月には天守を解体させている（『兼見卿記《かねみきょうき》』天正十二年三月二十五日条）から、既に廃城にする意向を持っていたようだ。とすれば、秀吉は、この時点でいまだ築城に着手もしていない大坂城を除けば、拠るべき居城がひとつもなくなってしまうこととなるのだが、この事態はどう理解したらよいのであろうか。それを考える時、興味深い先行事例がある。

天正三年十一月に尾張・美濃の二国と居城岐阜を嫡男信忠に譲ったうえで隠居し、茶の湯道具だけをもって城下の佐久間信盛邸に移り、翌年正月、新たに近江の安土に築城を開始した織田信長の事例である（『信長公記』巻八・九）。そこからは、美濃を本拠とする一地方政権から新たな居城のもとで天下に号令する中央政権への脱皮を演出しようとする信長の意図が如実に感じられる。

とすれば、秀吉が播磨と姫路城を弟秀長に譲り、未だ築城工事に着手もしていない大坂城に移ったことについても、播磨姫路を本拠地とする一地方権力に過ぎなかった秀吉の政権が、賤ヶ岳合戦の勝利を受けて摂津大坂に本拠地を構える中央政権に脱皮しようとすることを、秀吉自らが演出したとはいえないであろうか。信長の後継者であることを強く意識する秀吉が、今や宿敵柴田勝家らを倒し新たな中央政権の樹立を狙う地位に立ったことを宣伝するために、信長と同様の演出を目論んだのだというのはいかにもありそうなことで、私にはこうしたところに、旧主信長への秀吉の微妙な感覚があるように思われてならない。

†築城工事の準備に着手

大坂城築城の準備が始まったのは、この年七月十日頃からとする史料もあるが、確かな記事は同年八月五日、秀吉が近江国の諸職人（鍛治《かじ》・番匠〔大工〕・畳指《たたみさし》・屋根葺《ふ》きなど）に宛てた諸役免許状（『豊臣秀吉文書集』一）が最初である。これは、彼らに課せられている諸役（公役として課せられる諸種の負担）をことごとく免除するというものである。秀吉がこの時点でなぜこんな書状を出したのかといえば、二日後の八月七日付で浅野長吉《ながよし》（後の長政）が同じ近江の諸職人宛に出した前記免許状の添状（『大日本史料』十一之四）からその意図が分かる。すなわちそれは、彼らに対する大坂築城への参加要請に伴うものであったのである（傍線引用者）。

諸職人之事、御免除御目録を以て仰せ出だされ候、大坂御普請において御用仰せ付けらるべく候條、其心得をすべく候、向後別之役儀在るべからず候、恐々謹言、

浅野弥兵衛尉

長吉在判

八月七日

近江国

諸職人中

秀吉は、彼ら近江の諸職人を大坂城工事に動員してそれに専念させるべく、それ以外の諸役を免除する命令を発したのだ。

こうして八月に入ると、秀吉は近江の諸職人に対し大坂築城への参加とそれへの準備を命じ

た。ただ、彼らはすべて作事（＝建設工事）にかかわる者ばかりであるが、では石垣の普請など土木工事にかかわる者たちへの動員はどうなっていたのだろうか。

実は秀吉は、それに先立つ八月一日、坂本城主の杉原家次《すぎはらいえつぐ》に宛てて、近江国滋賀郡内で秀吉の直轄領を定め、その管理を任せるための目録（「江州志賀郡内台所入《だいどころいり》所々目録事」）を出しているが、そのなかに「百弐拾五石七斗　穴太共ひかへ」として坂本在住の石積み技術者集団「穴太《あのう》」たちの在所（後の高畑村（現大津市坂本一丁目）のこと。その山中には今も江戸時代穴太頭の墓が残されている）が含まれていた。これは時期的に見て、「穴太」を大坂城の石垣普請に動員するための布石であった可能性が高いが、これを前提に少し詳しくこの間の事情を見ていこう。

こののち間もなく大坂築城工事が始まるかに見えたが、八月十七日になって秀吉が突如有馬温泉に赴くこととしたため工事はいったん延期とされた。有馬行きを報じた同日付の杉原家次宛書状によれば、秀吉は家次に八月二十八、二十九日頃に「皆々召連《めしつ》れ候て、大坂に至って相越すべく候、」と再三命じている。この「皆々召連れ候て」とは何を意味するのだろうか。実は、まさにこの両日付で大坂城への石材搬入にかかわる「掟《おきて》」五通（コラム2）と「定《さだめ》」二通が集中的に出されているから（表2）、十七日の書状は、大坂城の石垣普請のために近江の「穴太」を引き連れて来坂することを家次に命じるものだったのだとするのが最も考えやすい。

	日付	発給者	宛先	居城	史料名	出典・所蔵者
①	8月28日	羽柴秀吉	赤松弥三郎〔広秀〕	播州龍野城	普請石持付而掟	萩原秀政氏所蔵文書『豊臣秀吉文書集』1－809号文書
②	〃	〃	黒田官兵衛尉〔孝高〕	播州国府山城	普請石持付而掟	兵庫県：光源寺文書『豊臣秀吉文書集』1－810号文書
③	〃	〃	前野将右衛門尉〔長康〕	播州三木城	普請石持付而掟	大阪城天守閣蔵『豊臣秀吉文書集』1－811号文書
④	〃	〃	欠	—	普請石持付而掟写	奈良県：初瀬廓坊大典文書『豊臣秀吉文書集』1－812号文書
⑤	〃	〃	欠	—	定	北風文書『豊臣秀吉文書集』1－813号文書
⑥	8月29日	〃	一柳市介〔直末〕	城州槇島城	普請石持付而掟写	小野市立好古館所蔵文書『豊臣秀吉文書集』1－814号文書
⑦	〃	〃	摂州　本庄・蘆屋郷・山路庄	—	定	吉井良尚氏所蔵文書『豊臣秀吉文書集』1－815号文書

表2　「普請石持掟」「定」発給一覧（いずれも天正11年）

「皆々召連れ」とは「穴太たちを召し連れ」という意味だった。実際、秀吉も二十七日には温泉を引き上げているから、遅くとも二十八日中には大坂に帰っていたことは間違いない。八月三十日には秀吉が城内の普請現場で陣頭指揮をとる様子が確認できる（『兼見卿記』）から、二十八、二十九日頃、秀吉、家次立ち会いのもとで築城準備が本格的に始まったのだろう。

以上のように、八月に入ると早々から、大坂築城工事にかかわる土木・建築のいずれの技術者に対しても、秀吉が動員令を発していたことを確認しておきたい。

続いて、石垣用材採取の様子を見て

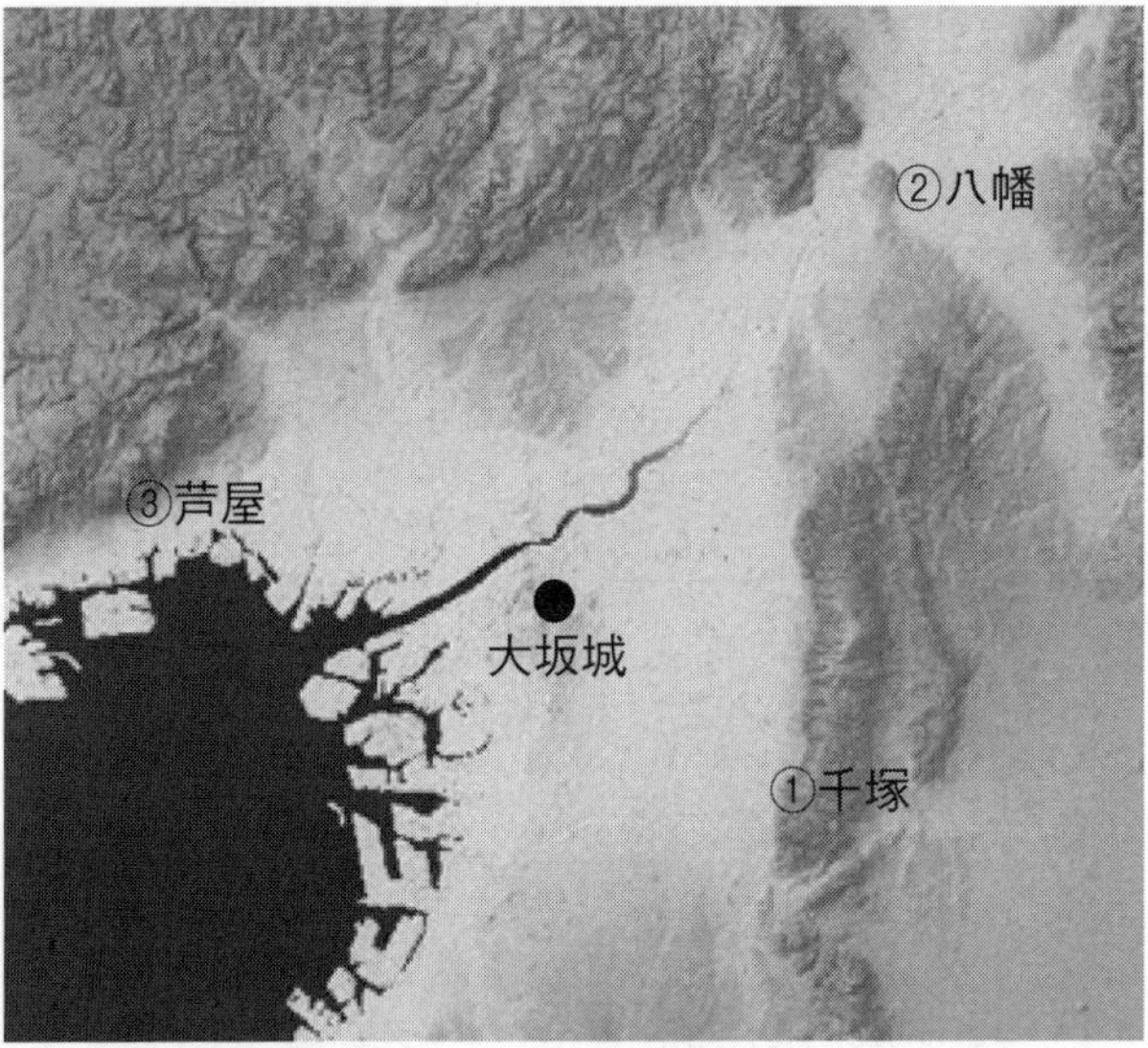

図6　大坂城石垣用材採石地（①千塚②八幡③芦屋）

いくこととしよう（図6）。

石垣用石材の産地

河内国千塚

千塚《ちづか》とは、大坂の東南方、直線距離で約十二キロメートルの地域（八尾市千塚付近）で、生駒山地の西麓斜面に位置する台地である。「千塚」の由来は、付近に高安千塚、平尾山千塚などと呼ばれる後期古墳時代の横穴式石室を備えた群集墳が多数分布する地域だったことによる。

秀吉は八月十九日、石運び道の整備奉行に宛てて「千塚之石」が一段とよいので、大坂に持ってくるようにと命じるとともに、その運搬のために千塚から「若江之本道」までの道作りをも命じている（『豊臣秀吉文書集』二）。「千塚之石」とは横穴式石室を構成する花崗岩《かこうがん》材であるというのが定説だが、確かに、ここからは相当大きな硬質石材が比較的手軽に、かつ多く安定的に採取できるという意味で理想的な石材採取地だった。

ただ、生駒山地西麓から大坂城のある上町台地北端に至るには、現在の八尾《やお》市・東大阪市・大東《だいとう》市域などを含む河内盆地を東西に横断する必要があるが、そこは、かつて大和川が多くの支川（玉串川・長瀬川など）に分かれて流れていた地域であり、長らく大小様々な湖や沼沢地が分布する低湿地であった（図1参照）。この状態は、宝永元年（一七〇四）の大和川付け替え工事時まで続く。したがって、大坂築城時には生駒西麓から河内平野を横断して上町台地へ至る道は、大量の石材を短期間に運ぶ作業にとって、決して良好な道路でなかった。秀吉が千塚から若江の本道まで新たな道作りを命じる必要があったのもこうした事情による。

ところが、その後間もなくこの若江本道を通るルート上の道の一部が冠水して使えなくなり、先の整備奉行から「天王寺之古道」を修復して使いたいと申し出があり、八月二十八日付で秀吉が許可している（『豊臣秀吉文書集』二）。

こうして新たに天王寺古道を利用した石運びが始められたのだが、そのルートについて私は、千塚から万願寺↓八尾↓久宝寺《きゅうほうじ》↓平野樋尻口／市ノ口↓平野泥堂《でいどう》口↓天王寺河堀口ではなかったかと考えている。このルートは、上町台地の南東斜面に沿った道であり、前の若江を通るルートに比べるとずっと安定的だし、天王寺河堀口から平野（大阪市平野区平野）までの道は、高野山への参詣路「中高野街道《なかこうや》」に接続していたから、この道を「天王寺之古道」と見なすには充分な理由がある。

こうした道路整備を経て千塚から大坂への石取り作業が始まった。京都吉田神社の神主吉田兼見《かねみ》は、秀吉に所領安堵の御礼を申上げようと八月二十九日に京都を出発。翌三十日には大坂城で秀吉に拝謁し、さらに天王寺を経て堺に赴いているが、その翌日の九月一日、帰洛の途に就くその道中で大坂への石取りの喧騒を目撃することとなる（『兼見卿記』）。

一日、庚申、巳刻和泉堺を発足、平野に至って見物、当在所悉く天王寺へ引寄す也、竹木堀以下これを埋む也、今日より大坂普請之由申し了、河内路罷《まか》り通る、里々山々、石ヲ取る人足・奉行人等数千人、数を知らず、今夜飯盛辺に一宿、不弁（便）難儀の宿也

この日の朝、堺を出発し、平野を見物した兼見は、おそらく久宝寺を経て「河内路《かわちみち》」（生駒山西麓を南北に貫く基幹道路。現在の東高野街道をいう）へ出た。そこで、おびただしい人足・奉行らによる採石の喧騒を目の当たりにしたが、場所からしてこれこそ千塚からの採石による騒

動だろう。そして、この有様を見た兼見の感慨が「今日より大坂普請之由申し了、」というものだったから、この記事によって私たちは、今後数年にわたって続けられることとなる大坂城普請の開始日を知ることができるのだ。

山城国八幡

この日、飯盛の「不弁難儀の宿」で一泊した兼見は、翌二日巳刻（午前十時頃）、八幡《やわた》で休憩するが、ここでまたもや大坂への採石作業を見かける。

二日、辛巳、未明発足、八幡に至って五里也、巳刻八幡に至り暫く休息す、此辺大坂への石を取る

兼見が京都への帰路に通った「河内路」は、招提《しょうだい》村（枚方《ひらかた》市招提）から洞《ほら》が峠を越えて八幡四郷の一つ金振《かなぶり》郷の志水《しみず》町（京都府八幡市）に出る。志水町は繁華な町で、男山《おとこやま》山下の平谷《びょうだに》町まで約一・七キロメートルにわたり家並みが続いていたが、休息の後、兼見は石清水《いわしみず》八幡宮に参詣しているから、休息地、石取りの騒動を見た場所もおおむねこの志水町あたりだろう。

この八幡での石取りを考える場合、八幡周辺からの採石を想定するのではなく、その西を流

れる木津川の上流域（綴喜《つづき》郡・相楽《そうらく》郡内の各地）が徳川期の大坂城普請にも大量の石材を提供した地域であることに注意すべきだろう。おそらく兼見が目撃した八幡での石取りとは、両郡内の各地で採取され木津川を下って運ばれてきた石材をいったん志水町のすぐ東に位置する戸津《とうづ》あたりに集める作業であって、そうして集められた石は、ここでまとめて大坂に送られたと思われる。

摂津国芦屋

また芦屋市御影《みかげ》付近からも採石が行なわれた。石取りにあたり、石取りの人足（「石持ちの者共」）が、「田畠を荒らしたり、宿を借りたりするなど、摂州　本庄・芦屋《あしや》郷・山路《やまじ》庄」の百姓に対して迷惑をかけないように命じた「定」が残されている（表2—⑦）。

ここでいう摂州本庄・芦屋・山路庄はいずれも摂津国兎原《うばら》郡内の村で、御影石《みかげいし》という名の発祥地である御影を含む現芦屋市から神戸市東灘区に比定できる。史料からは採石の具体的な様子は分からないが、このあたりからは徳川期の大坂築城に際しても大量の石が切り出されており、それが豊臣時代にまで遡ることが分かる。

以上、河内国千塚、山城国八幡、摂津国芦屋での採石の様相について見てきた。まだまだ不明のことも多いが、この三カ国は当時、秀吉の領国として確立された国々であり、そこからの採石の様相が知れるのはありがたい（中村『豊臣政権の形成過程と大坂城』）。

【コラム2】「普請石持ちに付て掟」を読む

大坂城建設の一幕を示す重要史料の一つに、天正十一年八月二十八、二十九日の両日、現在知られているだけでも五通の、石材運搬にかかわるほぼ同文の「掟《おきて》」がある。次の史料はその一通で、秀吉から当時播州龍野《たつの》城主だった赤松広秀《あかまつひろひで》（弥三郎）に出されたものである（図7）。

普請石持ちに付て掟

一、石持ち事、書付これ在りと雖も、とり次第たるべし、但しよせ候て奉行を付け置き候石は取る間敷き事

一、宿事、在々を取候はば、石のとり場遠く候条、其の石場に野陣をはり候歟、又は大坂に宿これ在る衆は、面々宿より出でられ候共、其身覚悟次第たるへき事

一、石もち候て帰り候ものは、かたより候て通るべし、大石おもき石には、かろき石かたよるべき事

一、けんくわ（喧嘩）口論これ在るに於いては、曲事たるべし、但し一方堪忍有り、筑前守へ言上せらるるに於いては、雑言仕懸け候者くせ事たるべき事
一、下々者百姓にたいし、謂わざる族申し懸け候はば、其者曲事たるべく候条、右くせ者成敗有るべき処、あはれみをいたし用捨これ在に於いては、科人の事は申すに及ばず、其主人まて越度（落度）たるべき事
右条々定め置く所件の如し
天正十一年八月廿八日　　筑前守（花押）
赤松弥三郎殿

大坂城に運ぶ石垣用材の採取のために駆り出す予定の播州龍野の領民に対し、労働規約を周知させるべく布告せよと、秀吉から領主の赤松広秀に出された五カ条の掟である。以下、大意を見ていこう。

第一条は、現地にある石の取り扱いに対するルールについて。運び出す予定の石に前もって権利者の氏名を示す書付け（貼紙などか）を添えてあってもそれは無効だ、自由に運びだしてよろしい。ただし石を一カ所に集めて監督人を配置してある場合はその限りでない、というもの。

第二条は、石取り人夫たちの宿所についての規約。在地から石取り場までは遠いので、石取り場に野宿するか、大坂に宿を確保できる者は宿から石取り場に向かってもよろしい、本人の覚悟に任せる、というもの。

第三条は、石を運ぶ際のルール。石を運び終えて大坂から現地へ帰る者は、運んでくる者の邪魔にならないよう道の隅っこを通りなさい、石を運ぶ者同士でも大きな石を運んでいる者には小さな石を運ぶ者は道を譲りなさい、といっている。

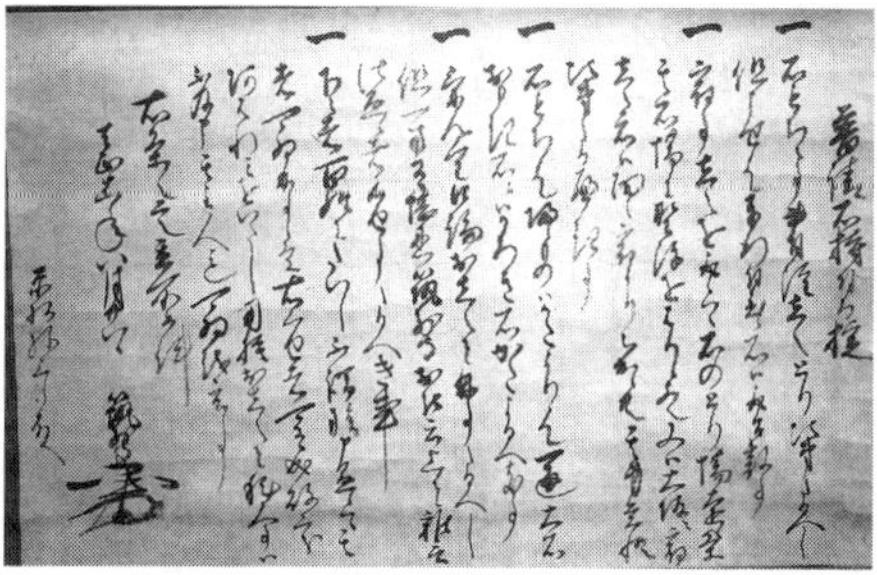
図7　赤松広秀宛ての大坂城築城石運び「掟」

第四条は、喧嘩や口論は原則として両成敗とするが、片方が我慢して秀吉にその旨言上すれば、口論を仕掛けた方を処罰すると、規定している。

第五条は、庶民・百姓に無理難題を言いかけた者は処罰する。またその者に憐れみをかけて容赦した場合は、本人だけではなく主人についても同罪だとしている。

さて、第四・五条はいずれも服務規律についての条文で、こうした大規模普請には不可欠の重要な規定である。

一方二、三条の内容から、これらの条文で想定している石取り場が大坂に宿を取っても通える距離にあったこと、加えて大坂まで陸路を取る場所だったことが分かる。これを前に検討した三カ所の石取り場の状況と考え合わせてみると、まず千塚と大坂間の直線距離は約十四キロだから、大坂に宿を取った人足が仮に朝七時に宿を出たとして、千塚までを三時間半ほどで歩いて午前十時半頃には現場に着くので、それから石を採って大坂城へ運ぶというのは充分現実的である。

それに対して、芦屋と八幡の場合は大坂から芦屋までの約二十キロ、八幡までの約二十六キロという距離もさることながら、これらの地から大坂城までの陸路による石材運搬は、前者では武庫川・中津川・淀川などの渡河、後者では生駒山越えという難問があるのであまり現実的ではない。したがって前者については大阪湾口から淀川を遡上する方法、後者については八幡のすぐ東側を西北流している木津川から淀川を下って大坂城北辺の京橋あたりへ向かったとするのが最も合理的だろう。

こうした状況から考えると、これらの「掟」はいずれも、今後新たな陸送路が発見されない限り、千塚からの石材運送に関わって出されたものであると断定してよいだろう。

なお、赤松広秀(一五六二〜一六〇〇)は、播磨の名族赤松氏の一族で、この後天空の城で知られる竹田城の城主になるなど、秀吉に重用されるが、関ヶ原合戦で鳥取城下を焼き払ったことを家康に咎められ、切腹させられた人物である。

2　本丸普請の経過とその実態

✝本丸普請始まる

石材を築城現場に運び込めば、いよいよ石垣の構築が始まる（第一期築城工事の始まり）。前述のように、九月一日に吉田兼見が千塚や八幡で大坂への石取りの喧騒を目撃するとともに、「今日より大坂普請之由申し了」と言っているから、この日大坂城で「鍬始め」などの儀式が行われて築城工事がスタートした。そして、まず目指されたのが天守台の構築だった。

只今大坂の普請を成す処のもの天守の地台《ちだい》、其高さ莫大にして四方八角白壁翠屛《はくへきすいひょう》の如し

（中略）

天正十一年十一月吉辰

（「柴田退治記」）

工事開始から二カ月後に書かれたこの記録から、最初に完成したのが天守の土台石垣であったことが分かるが、城内一の高層建築物（石垣を含む天守の高さ推定は三十九メートルとされる）である天守の構築には、相当の期間が必要との判断から、まずその基礎である天守台の構築が急がれたのも当然だろう。ただ、ここで注意すべきは、今も残る徳川期の天守台が本丸の中央に独立して築かれているのに対し、豊臣期のそれは本丸中枢部である奥御殿を取巻く詰ノ丸石《つめのまるせき》塁《るい》上の東北隅に築かれていることである（口絵1）。つまり、天守台石垣を単独に築くのではなく、詰ノ丸石垣構築の一環として進められたのだろう。

この本丸普請については、ルイス・フロイスによる「当初二、三万足らずの人が工事に携わっていたが、欲望に駆られるあまり、遠国の諸侯に対し、自ら家臣を率いて作業に従事するか、もしくは子が代理として家臣とともに来るようにと召集した。［同地（大坂のこと）から来た人の言うところでは］今は、ほとんど毎日、約五万名が工事に従事している」（『一五八三年度日本年報』）との記録があって、最初は二、三万人で始めた工事が、竣工を急ぐので、後には月々五万人もの従事者を要したというのだが、ここで秀吉が竣工を急ぐ理由とは、当時大坂の南方、紀州鷺ノ森にいた本願寺の顕如をもう一度大坂に戻すべく画策していた雑賀《さいか》衆や、それに与《くみ》する根来寺《ねごろでら》の僧兵の襲撃を恐れていたからである。

実際、本丸の竣工に先立つ天正十二年三月に秀吉が尾張に出陣したとき（小牧長久手合戦）、その隙を突いて、彼らが紀州から大坂を目指して攻め上ろうとしたことがあった。

羽柴（秀吉）がこのたびの戦いのために大坂を出発した後、根来および雑賀と称する仏僧らは、（かねがね）自分たちが羽柴から好もしからず思われているのを承知していたので、彼が戦争から凱旋して来た暁には来襲するであろうと見なし、（彼の不在に）乗じ、約一万五千名が一団となって出撃し、羽柴が大坂に築いた新しい都市をすべて焼き滅ぼしてしまおうと決意した。そして（大坂）城を占拠したうえは、（かつて）信長が五年も六年も攻囲したかの（石山本願寺の）僧（顕如）をふたたびそこにおらしめることにした。（大坂の）城と街には少なくとも戦えるほどの者とてはほとんどいなかったのみならず、当時はなお新たに建築中であったので、城全体が開放されていた。

（中略）

大坂にいた人々は、（この有様では）街は（全滅してしまい）まともなものは何一つ残るまいと思えたので、あとう限り家財や衣服を搬出し、火の手が迫った家屋を放棄した。市内外の街路には、すでに盗賊が充満しており、物を携えて歩行する者は、ただちに襲われて略奪される外はなかった。こうした街頭での略奪は、かつて（本能寺の変後）安土山が焼尽された時とほとんど同じような様相を帯びるに至った。

（『フロイス日本史1』）

少し誇張もあると思われるが、秀吉の不在により、彼らが大坂城を顕如のために奪還すべく行動を起こしたこと（傍線箇所）、それによって工事中の大坂城と城下町がいかに無防備で危険にさらされたかなどの様子が活写されている。

ただし、このとき大坂を目指した紀州勢は、途中の岸和田城の攻撃に失敗し、城将の中村一氏らに撃退されて二十二日に命からがら紀州方面に逃げ帰っている。

閑話休題、話がそれた。本丸築造に話を戻したい。

✝本丸地下石垣と大坂城「本丸図」の発見

現在大坂城に残されている石垣は、徳川幕府の再築工事によるものである。これは、今や周知のことであるが、この徳川期の大坂城と秀吉の築いた大坂城との関係性は、長い間必ずしも明らかではなく、例えば現本丸は固い洪積層の地盤の上に築かれているはずだから、地下にはより古い城跡など存在しないだろうという意見も強かった。しかし一九五九年（昭和三十四）に大阪市・大阪市教育委員会・大阪読売新聞社の共催で実施された大坂城総合学術調査は、この問題について根本的な見直しを迫るきっかけとなった。

この調査は、村田治郎《じろう》京都大学名誉教授を団長として結成された「大坂城総合学術調査団」

によるもので、歴史班と科学班とに分かれて実施された。歴史班は、大坂城石垣表面に残される刻印の悉皆《しつかい》調査(水中部分は除く)を行ない、約二千種、五、六万個にものぼる刻印を確認した。そこに記された大名刻印(担当大名の氏名や家紋が刻まれたもの)のなかに、元和六年に始まる徳川時代大坂築城までに改易された大名——例えば石田三成や福島正則など——のものがまったくなかったことで、現在の石垣がすべて徳川再築時に積まれたものだと証する有力な物証となった。一方、科学班は、大坂城の地盤状況を調べるために、城内外の十五カ所で地盤探針《たんしん》による調査を行なったが、本丸中央部に打たれた一本(No.4)では地下八・二メートルで転石(岩盤などではない個体の石)にあたり、そこから西方二・五メートルの位置でも八・七メートルで石にあたった。詳細は略するが、その後のボーリング探査によりこれらは地下に埋められた石垣の一部だろうと結論づけられた。この発見によって、本丸には実は分厚い人工の盛り土がなされており、地下から見つかった石材は秀吉築造の本丸石垣である可能性が考えられるようになった。

さらに同年十二月七日からこのボーリング孔を中心に一辺三メートルの立坑の範囲で発掘調査が始められ、同月二十日、ついに地下七・五メートル付近から、図8に見るような石垣が発見されるに至った。

これは秀吉のイメージからは程遠い、見るからに素朴で小さな石からなる石垣だったが、石

図8　1959年に発見された豊臣時代の石垣

の表面は火にかかった痕跡があったので、これを大坂夏の陣の兵火によるものかとして当時の新聞は、「秀吉の大坂城発見？」と書いた。しかし、末永《すえなが》雅雄《まさお》副団長（関西大学教授）は慎重であり、この石垣はとりあえず「謎の地下石垣」と呼ばれて、その最終的な位置づけは将来に持ち越されることとなった。

　とはいえ、これら調査の成果は絶大で、これまでの大坂城研究の歴史を大きく塗り替える発見となったことは間違いない。

　江戸時代に幕府の京都大工頭《だいくがしら》を勤めた中井家は、大坂城・伏見城・二条城などの建築工事に携わってきた。その家祖と伝えられる正吉は、伝承によれば秀吉築造大坂城の大工棟梁であったとされる。正吉の子正清は、天正十六年家康に出仕し、伏見城や二条城などの建築にかかわり、幕府の京都大工頭としての中井家初代となった。

　こうした由緒を持つ中井家から、大坂城の絵図が発見されたのは、本丸地下石垣発見の翌年（一九六〇＝昭和三十五）であった。この年二月、日本城郭協会が中井家に伝わる図面類を調査した際、薄い和紙に透写された二枚の小図面（いずれもタテ四十センチメートル、ヨコ三十センチメートルほどの小図。薄い和紙に元図を透写。御殿などを色分け）を発見した。いずれも未発見の原図から透き写されたもので、収納袋に「大坂御城小指図《こさしず》カ不審ノ所々可相改」との書入れがあるため大坂城の図面と推察されたが、それまで知られていた徳川期大坂城の平面図とはずいぶん異なるものだった。

中井家で図面の調査にあたった櫻井成廣《さくらいなりひろ》を皮切りに、一九六二年には宮上茂隆《みやがみしげたか》による建築史的観点からの詳細な研究が発表された。特に宮上は、一九五九年に発見された地下石垣（図8）がたまたま屈曲部であったことに注目し、それを豊臣時代本丸の西中ノ段石垣の角であると仮定して、新出の本丸図と現在の本丸との同縮尺図での「重ね合わせ」という手法を用いて検討した。その結果、両者の関係性が整合的に説明できたことにより、これら二枚の図面は豊臣時代の大坂城本丸平面図（以下、「本丸図」という）であり、「謎の地下石垣」も豊臣時代のものであることが確定された。

こうして、たまたま相次いで発見された地下石垣と本丸図は、秀吉築造の大坂城本丸の実態解明を進めるうえで大きな意義をもつものとなった。

口絵1に掲げたのは、中井家に伝わった二枚のうち水堀を明るい薄茶色に塗った図で、以下これを見ながら大坂城の本丸の様相を見ていこう。

✝大坂城本丸の概要

本丸は、東・北・西の三方を南に開く馬蹄《ばてい》形をなす水堀で囲まれている。そのうち西側堀はその南半部が大きく南東方向に食い込んでいるのが分かる(これこそ、「はじめに」で紹介した「本丸谷」とされる谷地形のことである)。一方、本丸の南端と西側南半部は最大幅十三間半(約二十七メートル)もある空堀(「カラホリ」とある)に囲まれている。

これらの水堀や空堀に囲まれて、本丸は四つの区域に分けられる。まず、南部には表御殿の立ち並ぶ地区(表御殿地区と呼ぶ)があり、これは秀吉が城主として公武の来客を迎える儀礼の場である。南西部には米倉が三棟描かれているように、この地区には城内居住者たちの用としての米穀を蓄えた倉庫が立ち並んでいた(米蔵地区と呼ぶ)。

表御殿地区を北に進むと(平面図なので分かりにくい。図9も併せて見ていただきたい)、土橋状の隘路《あいろ》を隔てて北の本丸中央に位置するのが奥御殿地区で、石塁状の石垣に囲まれて多くの御殿が立ち並ぶ。秀吉夫妻の私的な空間であるとともに、東北隅に天守があることから、ここは城主が敵に攻めこまれたとき最後に拠るべき詰《つめの》ノ丸《まる》でもあった。

さらにその北に一段低く広がる空間が、北端の極楽橋を介して二ノ丸北部へと通ずる山里《やまざと》曲輪《くるわ》(山里地区と呼ぶ)である。

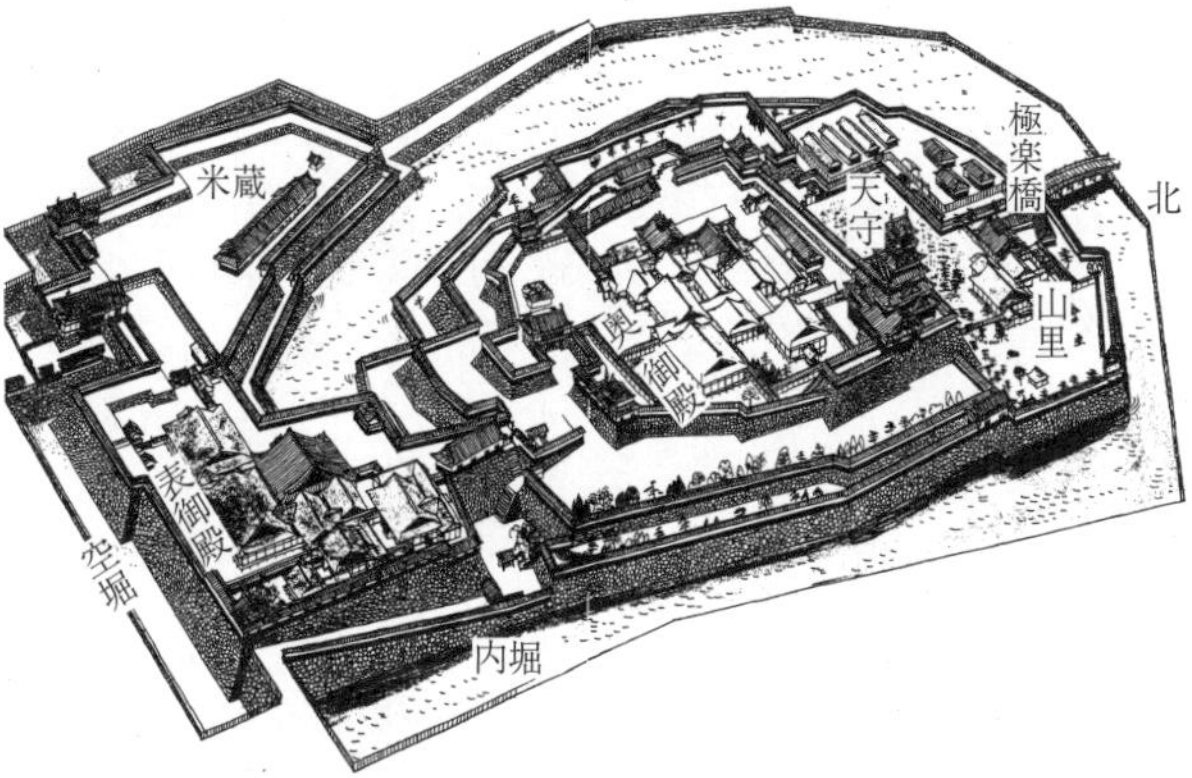

図9　豊臣期大坂城本丸の俯瞰図

本丸の出入り口としては、南西部にある正門の「桜門口」（「桜御門」とある）、南東隅にあり井戸曲輪に通ずる「水の手口」、また山里地区の北端にある「山里御門口」の三カ所があった。

本丸の平面構造はおよそ以上のようだが、次に立面構造や主な建物配置について見ていこう。

馬蹄形をなしている東・北・西面の水堀は、その周囲を最高値で八間四尺五寸（十七・四メートル）の高さを有する石垣（「下ノ《したの》段《だん》石垣」とある）で囲われている。そしてこの下ノ段石垣で囲まれた山里地区と奥御殿地区のうち、後者はその東・西面をさらに高さ六間（約十二メートル）の中ノ《なかの》段《だん》石垣によって囲われている。下ノ段石垣と中ノ段石垣に挟まれた東西の細長い平坦地を下ノ段帯曲輪と呼び、中ノ段石垣上の東・西面に展開する平坦部を中ノ段帯曲輪と呼ぶ。

中ノ段帯曲輪の内側にさらに一段高く積まれた詰ノ丸石垣（高さ六間）で囲まれたのが奥御殿地区だが、この詰ノ丸石垣は、下ノ段・中ノ段とは異なって内外両面を持つ石塁構造になっており、要所には櫓を置いて詰ノ丸全体を囲んでいる。そして、天守（「御天守」とある）も詰ノ丸石垣の東北角に立つ櫓で、その東・北面の石垣は詰ノ丸石垣と一連の構造になっていることに注意したい。

奥御殿地区には二カ所の門があり、南の正門は門上に渡櫓《わたりやぐら》を渡した櫓門である。また、山里地区に通ずる西北の裏門もその脇に櫓（「御矢倉」とある）を備えて厳重な守備となっており、総じて奥御殿地区は極めて高度な防衛施設で守られている。

一方、表御殿地区と米倉地区は、馬蹄形の堀からはみ出すように位置するが、その南部と西部が幅十三間（約二十六メートル）にもなる空堀によって囲まれており、その内側石塁の上にはこちらも要所に隅櫓を置いた長大な多門櫓《たもんやぐら》を配している。南面に二カ所ある門のうち、南面西寄りの桜門は詰ノ丸の南門と同様、渡櫓形式の厳重な構えである。一方、その南東隅にある水の手口には門がなく一見防御力が弱いようにも見られるが、その西側石塁上には長大な多門櫓が睨みをきかせているのでこちらも結構強いと思われる。

さてこれまで、これら本丸を囲む下ノ段・中ノ段・詰ノ丸の三段の石垣、および空堀やその石垣などの土木構造物は、すべて天正十一年九月に始まる第一期普請での構築物として特に疑われてこなかった。だが、果たしてそれは正しいのだろうか。

これらの石垣・建造物をよく見ると、そこには構造上、明確に判別可能な二種類があったことがわかる。これをA類、B類と呼んで、それぞれ図10-1・図10-2を示しながら具体的に見ていく。

A類の石垣・建造物は、南・南西部を除く本丸のほぼ全体をめぐる下ノ段石垣と、奥御殿地区を囲む中ノ段石垣とその上に立つ建物をいい、その特徴は次のようなものである（図10-1参照）。

①すべて切岸状の石垣で、一九五九年に発見された中ノ段の石垣（図8）は、大きさ三十センチ×五十センチ程度の小ぶりの自然石・割石から成る。隅角部《ぐうかく》は初期的な算木積《さんきづ》みを呈する。

②石垣上に隅櫓・多門櫓など櫓のたぐいはいっさい築かれない。

③門口は、北端の「山里御門口」と南東隅の「水の手口」とからなるが、そのうち北の極楽橋から山里丸に入る「山里御門口」は、極楽橋からまっすぐ枡形に入りそのまま直進して曲輪に入るという単純素朴な構造である。一方「水の手口」もまた非常に単純なタイプで門もなく、だいぶ進んだところに番所が設けられているだけである。ただし、こちらはその西面に長大な多門櫓があって、本丸に入ってくる者を監視・迎撃できるから防衛力は相当高いと思われる。

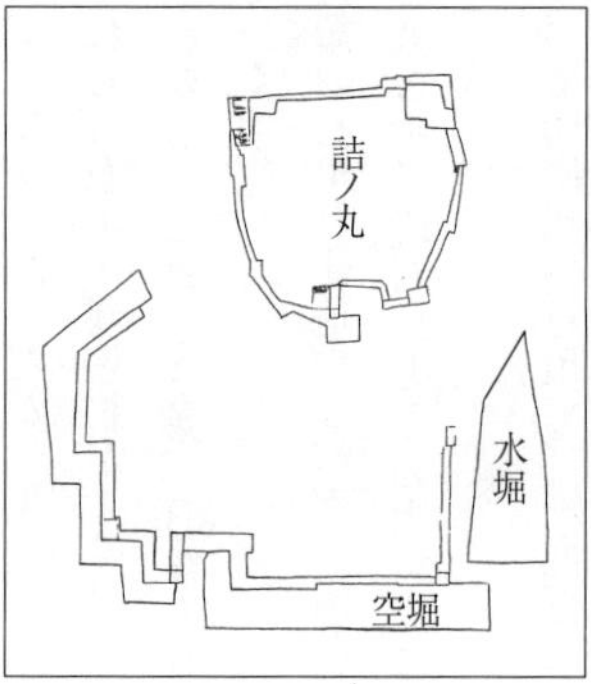

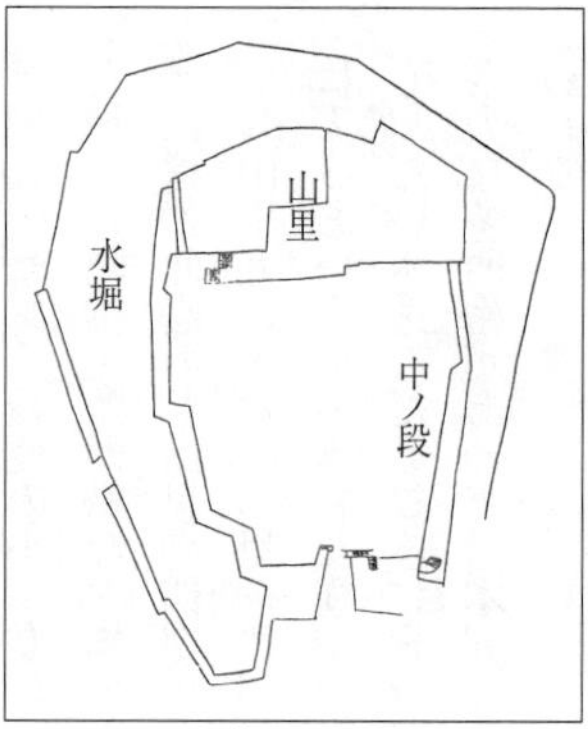

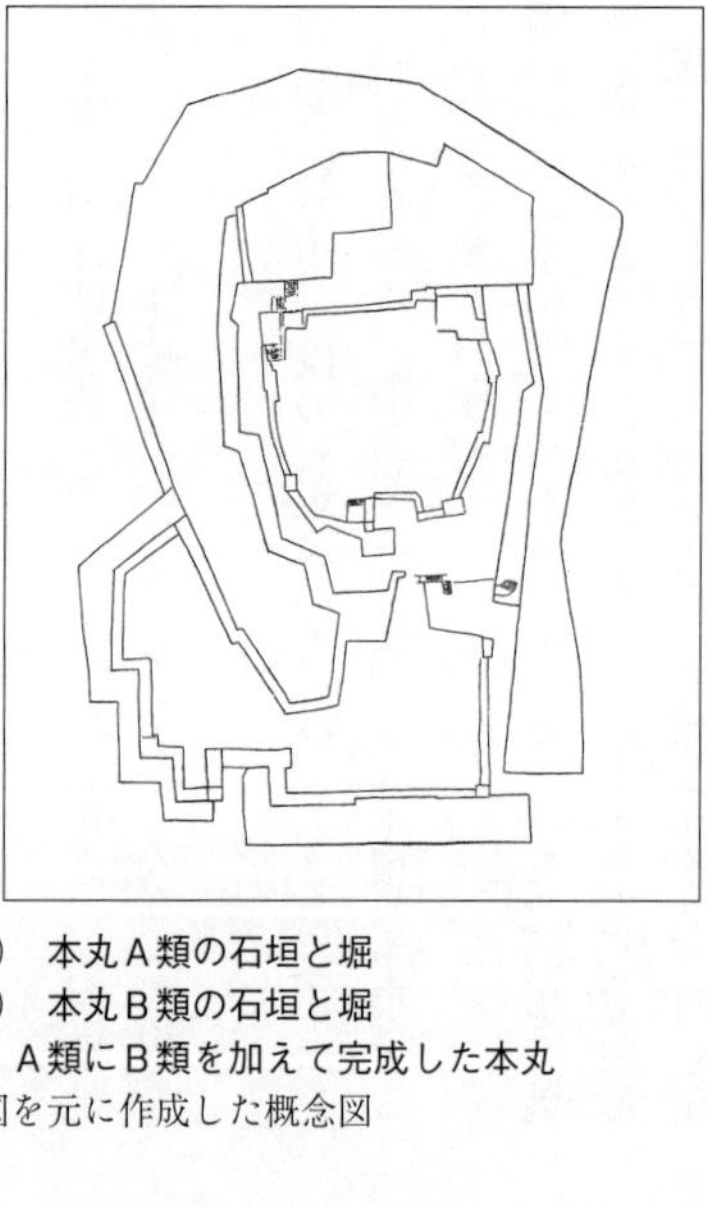

図10-1（右上） 本丸A類の石垣と堀
図10-2（左上） 本丸B類の石垣と堀
図10-3（下） A類にB類を加えて完成した本丸
※中井家本丸図を元に作成した概念図

一方、B類の石垣・建造物は、奥御殿地区を囲む詰ノ丸石垣と、表御殿地区・米蔵地区を囲む空堀と上に立つ建物からなり、特徴は次のようなものである（図10-2参照）。

①石垣はすべて石塁構造で、上部には櫓などを置く平坦地がある。一九八四年に調査・発見された詰ノ丸石垣（図11）からは矢穴痕《やあなこん》のある石も見つかっている。隅角部は奈良時代の礎石や石棺用材を使った初期的な算木積みだが、石材は中ノ段石垣に比べると総じて大きく、礎石や石塔などの転用材を含む様々な大きさ・形態の石材を巧みに組み合わせた野趣あふれるものである。

②石塁上の要所には隅櫓（天守櫓を含め六カ所）を配置する。

③本丸に入る桜門、詰ノ丸に入る南門は、いずれも城内への導線は二回折れのクランク状で、渡櫓を有する櫓門をもった枡形を形成する。千田嘉博は、この門口を「総石垣もしくは横堀による縄張りを貫徹し、それによる防御ラインを多重化した城郭に合わせて使用した、いわゆる近世城郭の完成段階である」と評価する（千田『織豊系城郭の形成』）。詰ノ丸北西隅の搦め手口は導線としては単純だが、東の石垣角には大きな隅櫓を構えて侵入する敵を監視し阻むこと

図11　1984年に発見された詰ノ丸の石垣

のできる態勢を取っている。

以上のAB両類の石垣・建造物や門口のあり方は、顕著な対比を成している。とりわけ、石垣の構造や石材については大きな違いがあるが、私はそれを構築時期の相違に起因するものと考え、既にあったA類施設に秀吉が天正十一年、B類施設を加味して作り上げたのが、口絵1に見る本丸ではないかと考えている（図10-3参照）。こうした推定を時系列にしたがって記すと次のようになる。

下ノ段石垣・中ノ段石垣と水堀（秀吉に先行）→詰ノ丸石垣と空堀（秀吉の築造）

B類の石垣が積まれたのは詰ノ丸と空堀であるが、これらが天正十一年、秀吉による構築とすることには問題なかろう。ではそれに比べてはるかに素朴なA類の石垣が積まれた下ノ段・中ノ段の形成時期はいつなのだろうか。これまで、詰ノ丸構築と同時期の天正十一年として疑われてこなかったが、その積極的な理由は実は見当たらない。

ここで『信長公記』巻十三の本願寺の威容を述べるくだりに「加賀の城作《しろづく》りを召し寄せ」とあるのに注目したい。これは、大坂に本願寺を建立するにあたり、北陸一向宗《いっこうしゅう》の拠点である加賀国から城作りの専門家を召し寄せたとの記事だが、この「城作り」が城郭構築に携わる石積み技術者だった可能性はないのだろうか。

近江・北陸や紀州の城郭や寺院からは、十六世紀前半・中葉に高度な技術によって築かれた石垣が見つかっている。城郭研究者の中井均はこれらの石垣の観察をもとに「十六世紀中頃には、越前・近江・京都・紀州・安芸《あき》で独自の石垣構築集団が形成されつつあった」と述べている（中井「安土築城前夜」）。

とすれば天文二年（一五三三）、大坂に本願寺を造営するにあたり「加賀の城作り」による石垣（A類の石垣）が構築されたとしても怪しむには足らない。実際、近江の半国守護六角《ろっかく》氏の居城観音寺《かんのんじ》城の石垣（天文五年＝一五三六）や越前の古刹平泉寺《へいせんじ》の石垣（弘治年間＝一五五五〜五八）と比較しても、とくに大坂城A類石垣との技術的な格差は認められない。つまり、後者が前者より半世紀も後のもので、それだけ技術革新が進んでいるとはみなせないのである。

いずれにしろ、秀吉の築造着手時に既に本願寺期に築かれた石垣（下ノ段石垣・中ノ段石垣）が残されており、秀吉はそこにさらに一段石塁を積ませて詰ノ丸としたと見なす余地は充分ある。むしろ、こうした観点に立ってはじめて、次のよく知られたフロイスの記録（一五八五年十月一日〔＝天正十三年閏八月八日〕付イエズス会総長宛の追信）もよりよく理解できるのではないだろうか。

最初に筑前殿は、中央に非常に高い塔があり、濠や城壁・堡塁が付いた大きく広々とした城を作った。堡塁は、それぞれが塔のように、正面と裏口に門があり、大小の扉は鉄で掩われている。(中略)これらはすべて昔の城の城壁と濠の内側に建てられたが、元の部分はすべて作り直されて、堡塁と塔が付けられた。塔は、その壮大な新しさと美しさで、新しい建造物に釣り合っている。特に中心となる塔は、意図的に金色と青色で、遠くから見えるように装飾されており、壮大さと誇らしさを示している。

(『イエズス会日本報告集』Ⅲ―7)

傍線を付した箇所は、秀吉が大坂城を築くに先立って存在した昔の城の城壁や堀が残されており、彼はそれを利用してそこに櫓や天守を付したことを物語っている。ここでいう「昔の城」とは、天正八年八月に焼亡した本願寺のことだが、従来この記事は、漠然と秀吉が本願寺の石垣や堀を利用したことを示すものとして引用されてきた。しかし、私のような考えに立つことによって、その意味をより鮮明に理解できると思う。

虚心坦懐に大坂城本丸図を眺め、特にその立面構造を脳裏に描いてみると、詰ノ丸石垣に囲まれた奥御殿地区の孤立性は際立っている。第一章で述べたように、ここには本願寺御坊があった可能性が高く、秀吉はここを奥御殿地区=詰ノ丸とし、その南・南西部に広大な空堀をめぐらせて城南方面に対する防衛上の強化（この方面は、常に大坂城の弱点であった。大坂冬の陣の際に真田丸が付設されるのもそのためである）を図ったうえで、空堀内部に表御殿・米蔵地区とを配置したのだと考えられる。

なお、これら本丸御殿の完成時期は、実は天守の完成時期を含め、今一つよく分からない。ただ、本章冒頭で紹介した「まア阿姫宛て秀吉自筆書状」に「明年な□（夏カ）大坂へよひ候て」とあることから、秀吉が、天正十二年夏頃、移徙《わたまし》（正式な引っ越しのこと）できるほどには建物もできあがるだろうという見通しを持っていたことは間違いない。そして実際、次の史料によって秀吉が十二年八月七日に移徙したことが確認できる（『貝塚御座所日記』同日条）。

大坂新造へ筑州《ちくしゅう》移徙云々。（中略）七日ニわたましの由、うつるハ八日必定云々。

旧暦の八月は夏ではなく秋であるが、その八月七日に移徙に伴う何らかの儀礼を行ない、実際に移ったのは八日ということだろう。なお、「筑州」とは筑前守秀吉のことである。

†本丸探訪①——桜御門から表御殿へ

本丸図には赤線で示される塀が何カ所かあるが、これは工程上、築造工事の最終段階で設けられるものであるから、この図は本丸完成後間もない頃の姿を示している。そのことに留意しながら、この図を案内として本丸を探訪することにしよう。口絵1を見ながらお読みいただきたい。カギ括弧は本丸図に記載のある名称である。

まず、本丸の南西隅近くにある冠木《かぶき》門《もん》（「御門」）を通り、すぐ右手の長い「こしかけ」（腰掛。門番などの控え所）を見ながら左に折れると、豪壮な「桜御門」がある。桜の門という愛らしい名は、徳川時代にも引き継がれているが、本丸南端の空堀に沿って馬場がしつらえられ、そこに桜並木が植えられたことによるものらしい（「桜の馬場」という）。桜門の二階向かって左手には「御番衆居所」とあり、ここには桜門を守る武士の詰所があったらしい。門をくぐるともう本丸のなかだが、さらに右に二回折れて表御殿に向かおう。前方に二つ並びの門が見えるが、その南側の門を通ると表御殿地区である。ここには、南西の「御遠《おんとお》侍《ざむらい》」から北東の「御《ご》座《ざ》之《の》間《ま》」まで多くの御殿が雁行《がんこう》して建てられている。とりわけ、遠侍に続く「御対面所」は四方に広縁を廻らす表御殿中最も大きな部屋で、秀吉が諸大名はじめ大切な客人と対面する豪華なものだったろう。後に建てられた千畳敷御殿《せんじょうじきごてん》もちょうどこのあたりにあった（口絵2）から、この対面所を発展的に拡大したものであったかもしれない。

慶長二年七月に、「ドン・ペドロ」と名付けられた一頭の象がフィリピンの使節とともに大坂城にやってきて、秀吉父子に献上されている（ヒロン『日本王国記』）。秀吉らが象を見たのは表御殿の「第一の座敷」であったというから、おそらくこの庭前であったろう。

その北隣に位置するのが「御座所」で、ここには西側の唐門から直接出入りできる。その他、「御書院」「御文庫」「御風呂屋」なども備えていた。

続いて奥御殿地区に向かおう。桜門から表御殿の遠侍には向かわず、北側の門を通り、「御座所」の唐門の前を北東方向に進んでいくと、塀や蔵に挟まれた土橋状の隘路に差しかかる。見ての通り、この隘路が奥御殿地区を表御殿地区からさえぎり、前者の孤立性を際立たせているのである（図9）。

隘路の北にある「御門」を通り抜けると広い「中ノ段帯曲輪《おびくるわ》」の一画をなす広場に出る。なお今回は訪れないが、この門の右脇にある「御門」を抜け、長い階段を鍵の手に折れて降りると、中央に大きな井戸のある低い一画——ここを井戸曲輪という（「はじめに」で述べた「井戸曲輪谷」のこと）——に出る。井戸の脇を抜けて「番所」を過ぎて長櫓を右手に見ながら南へ行くと、本丸の外へ出ることができる（水の手口）。ここは、大坂夏の陣の際、千姫《せんひめ》が脱がれ出たルートだといわれている。

さて、広場を正面やや右手に「御櫓」（図11の石垣の上にあった櫓）を見ながらまっすぐ北進し、突き当たりの石垣前を左に折れると、奥御殿の正門でやはり豪壮な櫓門の「御門矢倉」が目に入る。それをくぐって右に折れ、石段をあがると、そこは既に奥御殿地区である。所狭しと立ち並ぶ御殿群の右奥には五層の「御天守」も見える。そこで、奥の御殿群の案内は省略し、早速天守に登ることにしよう。

†本丸探訪② ――奥御殿に入り、天守を見学する

ここからは、天正十四年三月十六日（一五八六年五月四日）にイエズス会日本準管区長ガスパル・コエリョ率いる宣教師らの一行が大坂城を訪問し、天守の内部を詳しく見学した様子を記したフロイスの『フロイス日本史1』によって、彼らによる天守訪問の様子を見ていく。

少し前に戻るが、彼ら一行はまず城の近くにある高山右近《たかやまうこん》邸に入って秀吉からの召出しを待った後、右近らと一緒に入城して表御殿地区に入った。彼らは前述したような多くの豪華な部屋を拝見し、秀吉の饗応《きょうおう》を受けたが、それを記した後、フロイスは次のようにいう（引用文括弧内は訳者による）。

その後関白は、主城（天守閣）および財宝を貯蔵してある塔の門と窓を急ぎ開くように命じた。彼自ら城内を案内することになっていたが、さしあたり彼は我らが彼自ら坐していた部屋に入り、（高山）右近殿の先導で、我らに対してそこ（城内）にある豪華をきわめた黄金塗りの他の多くの部屋や、日本中で比類なしと言われるほど珍しく、技巧をこらし、

きわめて清楚で調和のとれた庭園とをみせるようにと命じた。

訳者は、主城の後に「(天守閣)」と注記しているが、これは誤りだろう。というのは、後で見るように、それに続く「財宝を貯蔵してある塔」こそ天守のことを指すからである。とすれば、ここでいう「主城」とは、詰ノ丸石垣に囲まれた奥御殿地区を意味する。秀吉は、彼らのために奥御殿や天守の門・窓を開けるように命じた。この後彼らは、高山右近に先導されて奥御殿地区に入り、多くの御殿や庭園を拝見することとなるが(このことをフロイスは「多くの諸侯や貴族たちがいくら望んでも容易に見ることができないものを自由にみられることになって進入して行った」という)、その後彼らはいよいよ天守に登ることとなる。

天守に登るには、「御遠侍」からいくつかの御殿を通り抜け、北東隅の奥まった位置にある「御殿」(秀吉夫婦の居間)に進む必要がある。図12を見るとこの「御殿」から裏手の庭に降り立つと周囲を囲む塀が一カ所途切れているのが分かるだろう。そこを通り抜け石垣に沿って右に進むと石段があり、それを登ったところ(詰ノ丸を囲む石塁の上)は少し幅広で塀に囲まれた一画となっており、その北の突き当たりにある門(本丸図には表現されていない。次の引用文の「鉄板で覆った小さな隠し門」のこと)をくぐるとはじめて天守のなかに入ることができる。

この天守南面に接続する石塁上の一画は、天守入口への導入部である「付櫓《つけやぐら》」的な存在だ

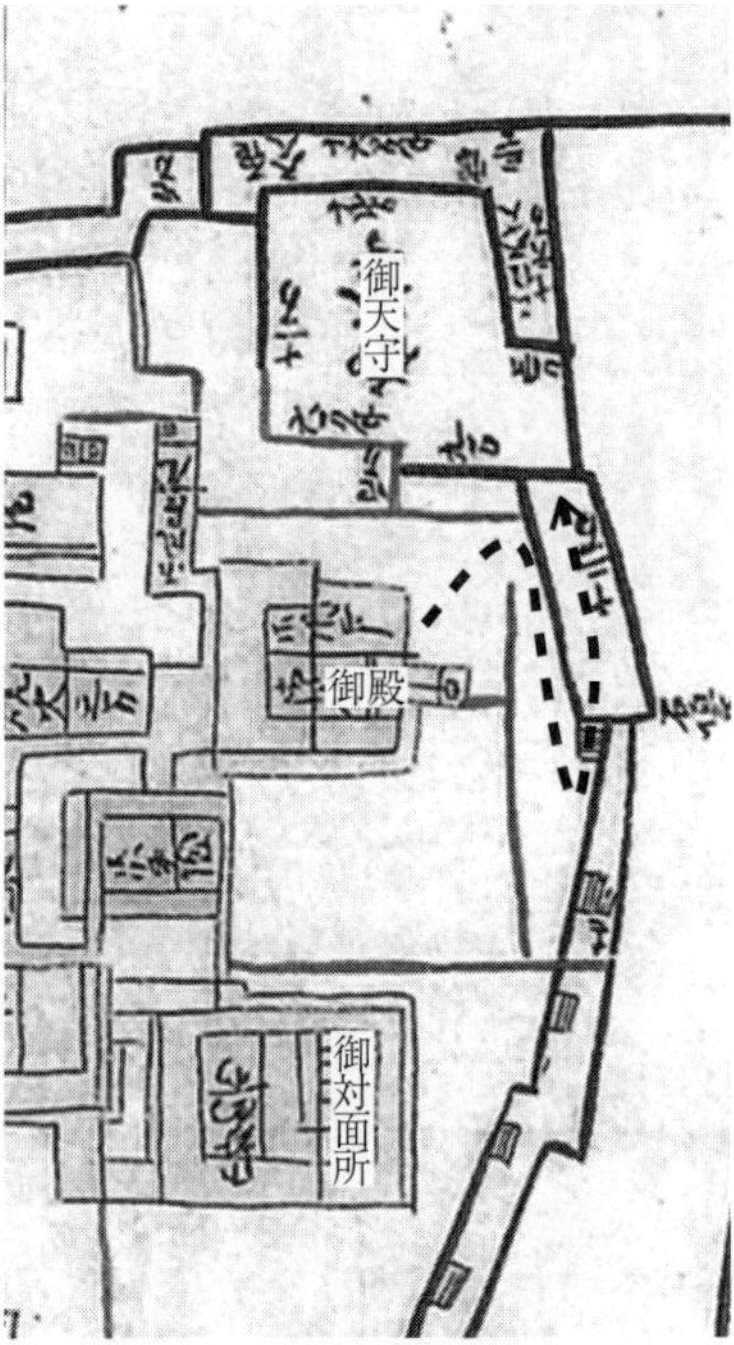

図12　詰ノ丸天守附近の様子（口絵１を一部改変——破線は天守の進入路）

と考えられる。

ところで、天守に入るのに奥まった御殿の庭から塀と石垣の隙間を通り抜けるというのはにわかには信じがたいかもしれない。しかし、奥御殿地区が城主のプライベート空間であるとともに最後に拠る詰ノ丸でもあり、なかでも天守は万一敵に攻め込まれた場合、最後に籠るところでもあった（「柴田退治記」には、秀吉に攻められた柴田勝家が北ノ庄城の天守に籠って壮絶な最期を遂げる場面が描かれている）。とすれば、天守への進入通路がこうした容易には見つけられないルートであることこそ、最もありうべきものであった。

なお、本丸図によるかぎり天守に登るルートはこれ一つであって、例えば御殿群の南東隅にある「御対面所」は表御殿の場合と同じく最も大きな御殿であるが、ここから詰ノ丸を囲む石塁上に出ることはできても、塀にさえぎられて「天守」の方に行くことはできない（図12）。

ただ、天守の復元図を作成した宮上は、南西部の石垣が途切れて朱線になっているところ（地階部分）に大きな入り口を想定している。確かに、天守に運び込まれる大きな器物（例えば西洋式のベッド。大友宗麟《おおともそうりん》の「謁見記《えつけんき》」には、「御寝所之台《ごしんじょ》、長サ七尺〔二・一メートル〕程横四尺〔一・二メートル〕程モこれあるべく候や、高サ壱尺四、五寸程」とある）を先に述べた石段を通って運び込むのは難しいから、こうした入り口のあった蓋然性は高い。すなわち、天守の入り口は少なくとも二カ所あったと考えられる。ただ、これはどちらかといえば荷物搬入口であり、秀吉が自ら案内者となって客人たちを天守へ招じ入れた正式ルートは、やはり先の「御殿の庭↓石段↓「付櫓」隠し門↓天守」だっただろう。

塔が内側から開かれると、（関白は）我らを導いていた人に、城と副塁《バルバカン》の間を通って連れて行くようにと命じ、我らは塔の下に赴いた。そこには鉄板で覆った一つの小さな隠し門があり、（中略）関白はこの門のカギを所持している、一人の修道女のような剃髪した比丘尼《びくに》だけを伴って（すでに）上から降りて（来て）いた。

ここで副塁とは、詰ノ丸を囲む石塁のことだと思われるが、一五八六年十月十七日付フロイス書簡によれば、この石塁上には「銃眼《じゅうがん》のある塀」があった。一行はこうして、石塁上の銃眼のある塀の中を北に進み、鉄板で覆われた小さな隠し門に至ると、先回りをしていた秀吉が一人の尼僧を伴って待っていた、という。つまり、天守に入るには、確かに彼ら一行がとったルートの他に別ルートがあったのだ。

秀吉にいざなわれて天守に入った宣教師一行は、秀吉の案内のもと、各階に収められた様々な宝物を拝見することとなる。先に述べた大きなベッドの他、多くの武器武具、西洋の外套を含む豪華な衣装や茶の湯道具など、なかには昨日組み立てられ、今は大箱にしまわれている「黄金の茶室」まであったらしい。彼らは天守の内部をことごとく見物し、最上階の八階までいざなわれたが、行く先々で秀吉の前を愛らしく着飾った十三、四歳の少女が刀を肩に担いで従っていたという。これについてフロイスは、大奥(奥御殿地区のこと)は、男子禁制で、すべての用事は高位貴顕の娘たちが果たしていると述べている。

こうした談話と歓待で二時間以上が経過した後に、関白は我らに別れを告げた。彼は一、二の婦人に平素は開けない秘密の門のカギを奥から持って来るように命じ、そこから出るのがもっとも近道だから(と言った)。

とある。これが天守の地階から直接、先ほどまでいた御殿に出る通路だったから、秀吉はこれを「近道」といったのだろう。こうして宣教師らの天守訪問は終わりを告げた。

少し天守の説明が細かくなり過ぎたかも知れないが、このフロイスの報告は、本丸や天守の内部構造の具体的な有様を今に伝える、まことに稀有な記録となっているのがお分かりいただけたかと思う。

なお、天守の竣工時期については、前述したように実はよく分かっていない。史料上の初見が天正十三年四月二十八日であること（『貝塚御座所日記』）から、天正十三年春頃にできたとする説も有力だ。しかし、前述のように、秀吉がまず天守台の構築を完成させたことに注意すれば、中央政権を樹立したばかりの秀吉にとって、その権力を視覚的に誇示するため、城内一の高層建造物である天守の完成を急がせたとするのも決して無理な想定ではなかろう。

いずれにしろ、宮上茂隆の考証では、本丸図の示す天守は東西十二間、南北十一間の矩形《くけい》を呈し、石垣を含む推定高さ三十九メートルにも達する高層建築物であった。その雄姿は、大阪城天守閣の所蔵にかかる「大坂夏の陣図屏風」（口絵3）に描かれており、外観は黒漆塗下見黒板張で屋根瓦を金箔押しとする、渋いなかにも豪華な印象を与えるものだった。

3　城下町の形成

秀吉は、大坂城の築造工事と並行して大名屋敷を営ませるなど、城下町の経営にも取り組んだ。フロイスの一五八三年度日本年報（『イエズス会日本報告集』Ⅲ―6）には、

また、他の諸国の領主たちには城の周囲に非常に大きな邸宅を建てることを命じたので、かの地から一司祭が通信してきたところでは、誰もが彼を喜ばそうと欲して命令に一つとして背かぬため、四十日間の工事で七千軒の家屋が建ち（以下略）

とあり、その喧噪《けんそう》の一端を伝えている。大坂城周辺に構えられた大名や茶人などの屋敷については、『新修大阪市史』史料編第五巻に多くの屋敷地が根拠史料とともに掲出されている。詳しくはそちらをご覧いただくこととして、ここではそのなかからいくつかの注目すべき屋敷の造営記事を城下町の形成とからめながら紹介する（図13）。

†細川忠興邸の造営と平野町城下町

先に紹介した吉田兼見は天正十一年八月三十日、工事開始直前の大坂城内で秀吉に挨拶した後、ただちに長岡越中守《ながおかえっちゅうのかみ》の屋敷に向かった（『兼見卿記』）。

長岡越中宿所へ音信《いんしん》、屋敷普請場にこれ在り、即ち面会す、築地《ついじ》以下普請目を驚かし了ぬ、宿所いまだ仮屋《かりや》の体也、諸侍各屋敷築地也、広大也、在家天王寺へ作り続ける也、

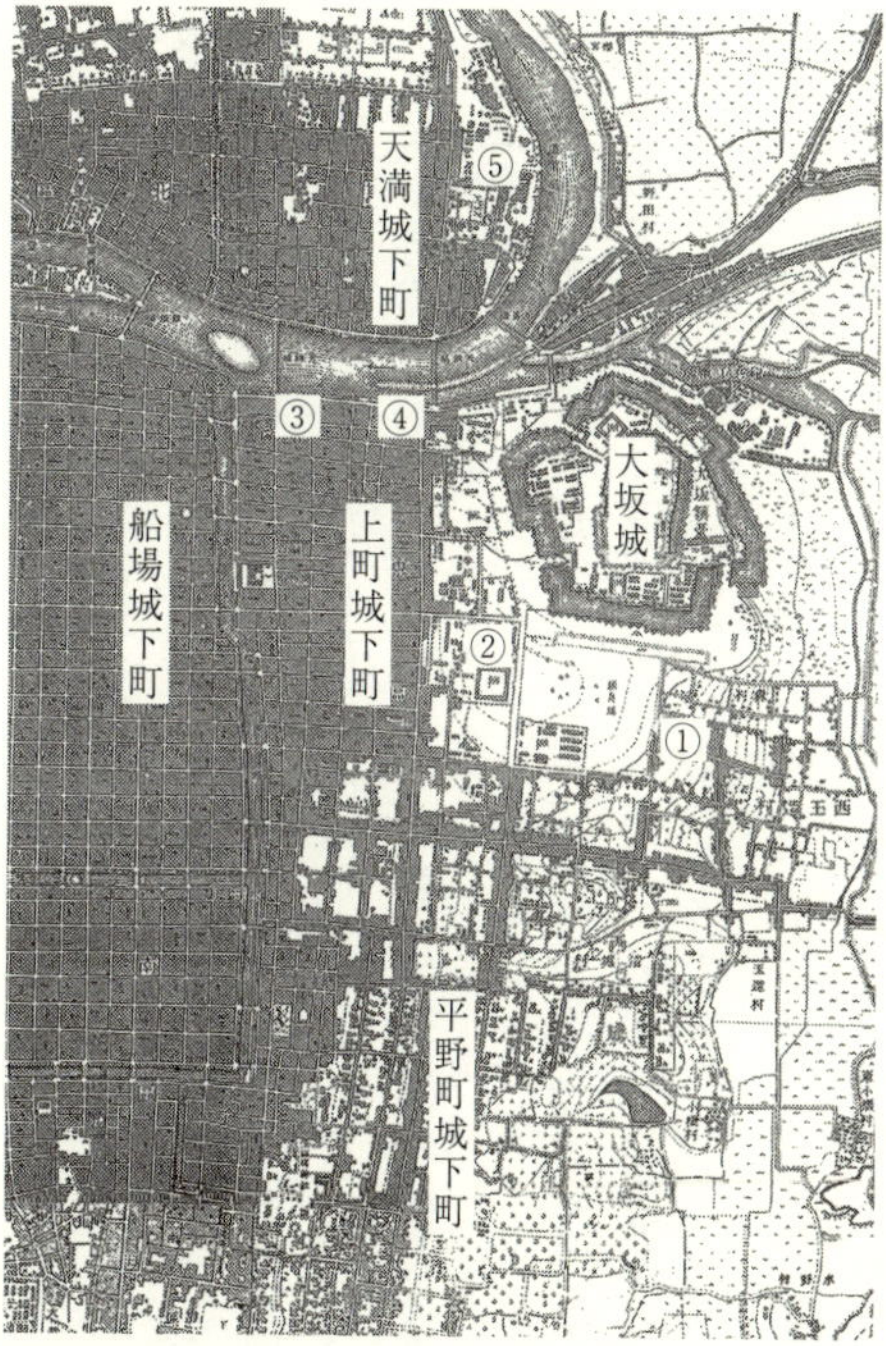

図13　城下町と取り上げた屋敷の位置

長岡越中守とは、その頃まで京都西郊の長岡に所領を持っていた細川忠興《ほそかわただおき》のことである。父の藤孝《ふじたか》は足利将軍家に仕えた幕臣で、後に息子の忠興ともども信長に仕え、本

能寺の変に際しては明智光秀からの誘い（忠興の妻は光秀の娘玉《たま》〔ガラシャ夫人の名で知られる〕であった）に同意せずいち早く秀吉方に付くことを鮮明にした。そのためか、忠興は秀吉の大坂築城と同時に屋敷地を与えられ、自ら大坂屋敷を営むことになった。

兼見の日記によれば、屋敷地を与えられた忠興は、ただちに屋敷の普請に取り掛かり、この日も普請現場で兼見に応接した。既に屋敷地を囲む築地は立派にできあがっていたようだが、当然ながら屋敷の本体はこれからで、忠興は「仮屋」に寝泊まりしながら、工事の指揮を取っていたのである。

細川邸の所在地は、近年まで「越中町《えっちゅうまち》」の名が残されていた大坂城の東南方、中央区玉造の地にあって、付近には今も屋敷の井戸だったという遺構が「越中井《えっちゅうい》」（大阪府指定史跡）として残されている（図13-①）。この細川邸は、関ヶ原合戦が起こった慶長五年の七月に忠興妻の玉が、大坂方の人質となるのを拒んで自ら火を懸けたことで知られるが、その焼け跡は長らくそのまま放置されたらしく、大坂夏の陣に際して城内に攻め込もうとした加賀前田利常《まえだとしつね》の兵が、「越中殿やけ屋敷」あたりを通過している（「大坂夏の陣加賀藩首取状《くびとりじょう》」）。

さて、兼見はこののち、さらに南の天王寺方面に向かうが、そこで諸侍の屋敷築地が広大で、町家が天王寺まで作り続けられている有様を目にしている。この情報は大切で、ここからは秀吉が新たな城下町（「平野町城下町」という。兼見は「大坂平野町」と呼んでいる）を大坂城の南方に位置する四天王寺に拡張しようとしたことが分かる（内田「豊臣秀吉の大坂建設」）。

こうして、城南から天王寺を指して見事な街並みができあがったが、新たな城下町を形成するにあたり、秀吉の採った方法はずいぶん乱暴なものだったようだ。秀吉は、大坂の東南方の環濠集落として著名な平野という町（大阪市平野区）の環濠を埋め立て、周囲の土手の竹木を抜き取ったうえで、住民を強制移住させて新たな町を作り上げた（フロイスの一五八四年一月二十日付書簡）。こうして形成された彼らの新たな移住先には近年まで北平野町・南平野町の名が残されていた（現天王寺区上汐・上本町の一部）。

ここ二十年程、大坂城の周辺地域は「大坂城下町」として埋蔵文化財包蔵地《ほうぞうち》に認定され、ビルの建設工事などに先立って発掘調査が実施される機会が増えることとなった。こうしてあちらこちらから豊臣時代の屋敷跡が見つかったり、使われていた瓦などが発見される機会が増えてきた。特徴的な瓦の発見によって、屋敷の主人の名前が推定できることもある。

✝広大な豊臣秀次邸とその廃絶

一九八七年、NHK大阪放送局の移築と大阪歴史博物館の新設に先立つ発掘調査が行なわれた。場所は大阪府警本部の南隣で、調査の結果、塀と深さ三メートルにも達する堀で囲まれた三つの広大な大名屋敷地（A・B・C）が見つかったが、ここで問題とするのはその最も東寄りで大坂城にも近い一角を占める敷地約八千七百坪（南北二百四十メートル×東西百二十メートル＝二万八千八百平方メートル）もの敷地Aである（図14）。場所的にも屋敷の広さからいっても相当有力な大名の屋敷であることが予想された。

出土した顕著な遺物に「沢潟紋《おもだかもん》金箔飾り瓦」がある（図15）。金箔を押した大きな方形飾り瓦（二十九センチ四方）で、敷地Aからのみ大量に発見されたが、遅くとも天正十四年末までに大坂屋敷を構えていたことが明らかな豊臣秀次（コラム3）が沢潟紋を軍旗の文様に使っていること、同紋様の飾り瓦が天正十三年閏八月に秀次が城主となった近江の八幡山城址から出土していることとの関連が考えられた。これだけでは決め手に欠くが、敷地の井戸から「文禄三年」銘の木簡が発見されたことが示唆をあたえてくれることとなった。というのは、これによって、この屋敷がその後間もない頃に破却されたと推測されるが、翌四年七月、当時関白であった秀次が謀叛の疑いで切腹を命じられていることと符合するからである。こうして、敷地Aの主は豊臣秀次の可能性が高くなった（中村「大坂城と城下町の終焉」）。大坂城の大手口にほど近いこの地は、秀吉後継者が屋敷を営むにふさわしい場所であるといえよう（図13-②）。

†大川端にあった肥後加藤家の大坂屋敷

一九八七年、大川に臨む大阪府立労働センター（中央区北浜）の建て替え工事に伴い、発掘調査が行なわれた。ここでも発見された一枚の家紋瓦が屋敷の持ち主を特定するきっかけとなった。それは、大坂夏の陣後のある時期に、陣前まで屋敷で使われていた屋根瓦を下水溝の蓋に転用したという面白い事例である。この瓦は、「桔梗紋《ききょうもん》鬼瓦」（高さ五百十四センチ）だった

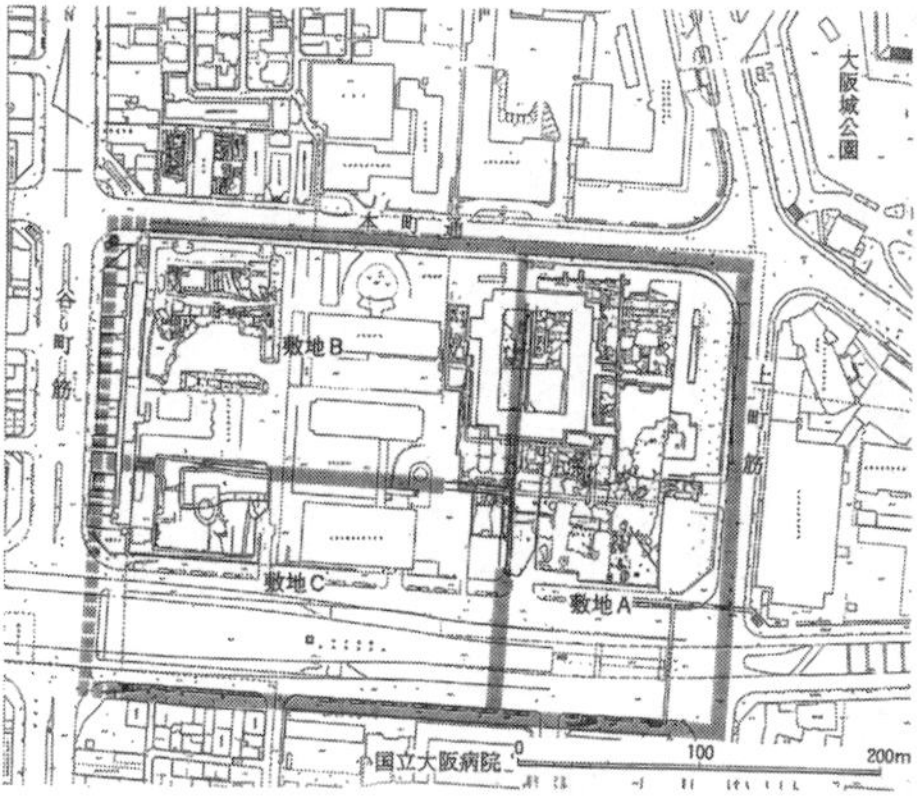

図14　法円坂で発見された広大な屋敷地Ａ（右側の区画）

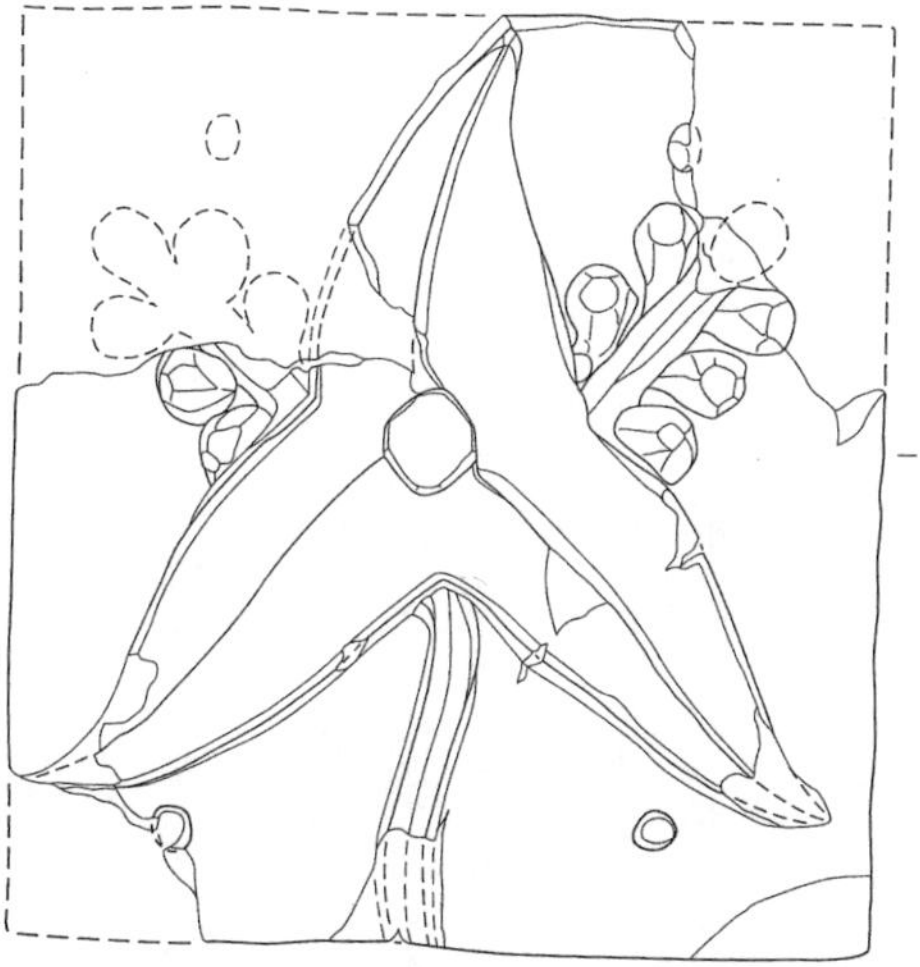
図15　屋敷地Ａで発見された金箔押し方形沢瀉紋飾り瓦

図16　桔梗紋鬼瓦

（図16）が、これだけではなかなか屋敷の主人を特定できない。というのは、桔梗紋を家紋とする大名は加藤清正、加藤嘉明、水野勝成、脇坂安治《やすはる》など多くいるからである。

　ところが、江戸前期に作られた『大坂三郷町絵図』にその謎を解くヒントがあった。この絵図ではこの地を「紀州大納言」と注記しており、徳川御三家の筆頭紀州徳川家の大坂蔵屋敷があったことが分かる。しかし、蔵屋敷の多くがもっと下流の土佐堀川・堂島川方面に設けられたのに、なぜ紀州家はわざわざこの地に蔵屋敷を構えたのか。

　紀州徳川家の初代は、徳川家康の十男の頼宣《よりのぶ》であったが、その頼宣の正室は加藤清正の娘八《や》十《そ》姫《ひめ》（「瑤林《ようりん》院」）だった。彼女は元和三年（一六一七）、当時駿府城主であった頼宣のもとに嫁ぎ、元和五年には夫とともに紀州和歌山に移っている。

　ところが、寛永九年（一六三二）五月、清正の後を継いで肥後一国の国主として長らく熊本城主の地位にあった八十姫の兄加藤忠広《ただひろ》が、幕府から石垣の無断修復を咎められ改易の憂き目に遭ったのだ。その結果、この地はいったん収公されたものの、上記したような加藤家と紀州家との縁から紀州家の獲得するところとなった、というのが私の推定である（図13−③）。

逆にいえば、豊臣時代から江戸初期の寛永年間まで、この場所に肥後一国の太守加藤家の大坂屋敷があったということとなるが、大川沿いに加藤家屋敷があったことについては、それを傍証する次のような興味深い話が舟橋秀賢《ふなばしひでかた》の日記『慶長日件録』に載っている。

慶長九年四月、「秀頼様へ御礼」のため大坂に来た秀賢は、十六日午前十時頃に片桐且元の案内で登城して秀頼との対面を果たした。午後になり大坂での宿所である平野長治《ひらのながはる》の屋敷に戻ったところ、居合わせたその嫡男長時《ながとき》――加藤清正の家臣で大坂の屋敷に住んでいた――から、今度清正が新造した船が「事之外大船」であると聞き、彼を案内者として見物にいったという。日件録によれば、その大船は次のようなものだった。

船之長さ二十間、横五間余り歟、船中の座敷三重、十六畳之間これ有り、御風呂等これ有り、目を驚かす事中々筆舌に尽しがたき者也

長さは約四十メートルで幅は十メートル強、三階建で十六畳敷の部屋や風呂まで備えた豪華な御座船で、秀賢は筆舌に尽くしがたいと絶賛している。それはともかく、この豪華な大船が

加藤家の大坂屋敷に係留されていたというから、その屋敷が大川南岸沿いの③あたりにあったとしてもおかしくないだろう。

続いて秀吉が宗教諸勢力に与えた城下の屋敷について見ていこう。

†キリスト教の教会と上町城下町

豊臣秀吉といえば、天正十五年に発した「バテレン追放令」や慶長二年の二十六聖人殉教事件が有名で、キリスト教弾圧者のイメージが強いが、政権の初期は決してそうではなく、先に見たコエリョ一行に対する歓待のようにかなり宣教師らを優遇した。在日のイエズス会宣教師たちにとっては、本能寺の変で最大の庇護者である織田信長を失ったことで、次の庇護者を確保することが重要案件だったが、そうした宣教師らの思惑と秀吉の既成仏教勢力に対する嫌悪や宣教師らがもたらす西洋の文物に対する渇望が一致して、むしろ両者の関係は良好であった。

秀吉が大坂城の築城を始めると、おそらく当時、都教区《みやこきょうく》の地方長であったと思われる宣教師オルガンティーノは早速、それまで河内国岡山（現在の四条畷《しじょうなわて》市）にあった教会を大坂に移そうと考え、然るべき地所を与えていただきたいと、天正十一年八月十日頃、大坂城の秀吉を訪ねた。次に掲げるのは、フロイスからイエズス会総長に宛てられた『一五八三年日本年報』の一節で、この要望に対する秀吉の歓待の有様を示す部分である（『耶蘇会《やそかい》の日本年報』第一輯）。

パードレ・オルガンチノは昨年（一五八三年のこと――引用者）九月筑前殿を大坂に訪問し、地所を請ひ受け、河内国に在る聖堂を同所に移築することを願った。（中略）是まで多くの人に拒んだが、其目的に適した甚だ善い地所を与へると言ひ、又願った聖堂は何人の妨害も受けず移すことを許した。パードレが辞去した時、筑前殿は態々《わざわざ》城外に出で、自ら我等に与へることに定めた地所に行き、之を測量させた。此地所は幅六十ブラサ（約百二十メートル）奥行五十ブラサで、彼自らイルマン・ロレンソに所有権の書付を渡し、此の如くの広き地所を与へたるはパードレ等が樹木を多く植えることを得ん為であると言った。

この依頼に対して秀吉は大変好意的で、「其目的に適した甚だ善い地所を与へる」と言い、早速自ら選んだ土地に足を運び、百二十メートル×百メートル（約三千六百坪）にも上る敷地の権利書をイルマンのロレンソ了斎に与えた。

この土地はまた、「大坂にある最も好《よ》き地所の一つで、多くの大身などが之を請うたが、嘗《かつ》て与へなかった。地所は一方は川に沿ひ、他の三方は切立って何人も此所より上ることが出来ず、恰《あたか》も城の様である。」（『一五八三年の日本年報』）ともいわれているが、この時イエズス会に与えられた土地がどのあたりだったのかは、次のフロイス『日本史1』第一章の記事によって推測できる。

これがために関白は大坂周辺二十ないし三十里（以内）にいる全領主に対し、おのおの禄高に応じ、毎日しかるべき数の船に石を積み送るようにと命令した（中略）。司祭たちは、高台にあって河（大川のこと）を一望に収め得る我らの修道院から、日々石材を満載して入って来る無数の船舶を目撃した。

これは天正十四年に行なわれた大坂城二ノ丸普請にかかわる記事だが、これによると、天正十一年に与えられた教会の所在地は大坂城より大川（旧淀川本流）の下流域で、しかも大川を眼下に望む上町台地北端の高台ということになるから、現在の大阪市中央区石町《こくまち》一丁目・島町一丁目あたりということとなる。そこは、大川を介して北に天満地域を一望できる高所だった。そして、その敷地が六十ブラサ×五十ブラサであったとされていることは、この時期に秀吉が進めた上町城下町建設との関連をうかがわせて興味深い。

松尾信裕によれば、秀吉は、最も早い時期の城下町整備の一環として大坂城の北西端から西方面へ、古代以来の港湾である渡辺津を志向した町づくり（初期「上町城下町」）を目指していたが、それを構成する台地北端部の石町通り・島町通りは、街区単位が南北二十間（四十メートル）、東西六十間（百二十メートル）だった（松尾「豊臣期大坂城下町の成立と展開」）。とすれば、この時期、秀吉が宣教師に与えたのが百二十メートル幅（四十メートル×三＝六十ブラサ）の土地だったというのは偶然ではない。また、この教会敷地の一方は川に沿い、大川への眺望が開けていたから、石町裏手（北側）で台地が急崖となり落ちていることで、奥行が六十ブラサに達せず五十ブラサとなったのも納得できる。彼らの得た土地は、松尾が示した三つの区画（図17）のどれかに収まる可能性が高い（図13―④）。秀吉は、上町城下町の建設構想の一角を占める形でいち早くイエズス会に教会用地を与えたのである。

図17　上町北端における城下の街区構成（画面上方の3区画のうち、いずれかが教会敷地と推定される）

なお、この大坂上町の教会

こそ、細川忠興の妻玉が天正十五年二月十一日（一五八七年三月十九日）の復活祭《ふっかつさい》の日にひそかに訪れ（図13の①から④へ）、やがて受洗してガラシャ（＝恩寵）の霊名を与えられることとなるカトリックの教会であったことを付記しておく。

✝天満本願寺と天満城下町

随て中嶋普請の儀、由断無く申し付けらるる由尤も候、早々出来の由候、精を入れられ候様喜悦候、やがて下向すべく之条、面時に申し述ぶべく候、恐々謹言

十一月十五日　　秀吉（花押）

羽筑

中川藤兵衛尉殿

（神戸大学文学部『中川家文書』）

これは、天正十一年十一月、秀吉が命じた「中島普請」のなかで茨木城主中川秀政《なかがわひでまさ》の担当箇所がいち早くできあがったのを賞したものである。したがって、中島普請全体の竣工は今少し遅れるものと考えるべきだろうが、それでも年末か遅くとも翌年春にはできあがったと考えられる。このように、秀吉は天満の地（中島は天満を含む地域呼称）でも配下の大名に命じて大規

模な土木工事を行なわせていた。

ところが、この地はその造成以降天正十三年五月に、それまで和泉国貝塚《かいづか》（大阪府貝塚市）にいた本願寺に移転を命ずるまでの少なくとも一年半もの長期間、利用された形跡がないのだが、その理由はなんであろうか。私は次のように考えてみた。

天正十一年七月四日、秀吉の大坂入城（六月下旬）から半月ほど後のこととなるが、それまで紀州鷺ノ森《さぎのもり》にいた本願寺宗主の顕如夫妻やその家族らの一行が、和泉国貝塚御坊《かいづかごぼう》に移った。これまでは、これを貝塚本願寺と称して、顕如らがここを新たな本願寺にしようとしたとも考えられてきた。しかしこの時、秀吉と顕如らとの間で、紀州に居た反秀吉勢力の掃討が完了し次第、本願寺を天満中島に移すという密約がなされ、それを前提として顕如らは当面の御座所として貝塚に居を移したのではないか。

秀吉はその密約を前提に大坂築城と並行して中島普請を行ない、同じ頃雑賀攻めをも計画した。もしこの時雑賀攻めが断行されていたならば、本願寺は中島普請が完成し次第、天満への移転を果たすこととなったが、雑賀攻めは諸種の理由により天正十三年三月まで延期され、そのため本願寺の天満移転もなされなかった。そして、ようやく紀州攻めを果たした秀吉がその直後に本願寺に天満移転を命じたという事情を考えたいのである（中村「本願寺の貝塚・天満移座と羽柴秀吉の紀州攻めについて」）。

秀吉は、紀州平定を成し遂げた天正十三年四月二十八日、大坂への凱旋直後に顕如から派遣されていた使者に対して次のように命じたという（「貝塚御座所日記」）。

今度、門跡寺内に渡辺の在所を仰せ付けらるべき由、秀吉仰せらるゝ也。

そして、五月四日には早速秀吉自らが天満に赴き新しい寺内町の縄打ちを行なった。広さは「貝塚御座所日記」に「七町と五町」（一町は約百九メートル）もある広大なもので、宇野主水が「元の大坂寺内よりも事の外広し」との感慨を漏らしたのはこの時のことだ。こうして天満中島の寺地を得た宗主顕如らの移徙が行なわれたのは同年八月三十日だった。この天満本願寺の所在地については異論もあるが、現在の造幣局敷地とその北側一帯とする案が妥当ではないだろうか（図13-⑤）。

このように、秀吉は大坂築城の開始当初から、城下町経営の一環として天満に本願寺を誘致し、寺内町（「天満城下町」という）も整備させることにより、本願寺の動向に目を光らせつつ、この地域の発展を促そうとしていたと考えられる。もちろん本願寺側からしても、もはや戦国期の大坂本願寺のような自主自立が望めない今、むしろ積極的に武家権力の傘下に入ることで、宗教権門としての発展を遂げようとしたのだろう。こうした両者の思惑の一致が天満地区の発展を促したのであった。

ところで、この天満地域の北端を限るように、本願寺誘致に先立って東西方向の「天満東寺町《てんまひがしてらまち》」が形成されつつあった。今のところ、いずれも天正十二年に創建された龍海寺《りゅうかいじ》（曹洞宗）と蓮興寺《れんこうじ》（日蓮宗）を東西の端としてその間に寺院を建て並べて寺町としたもので、なかには行基や空海の開基と伝える古い寺院もあるが、文禄年間から慶長年間に大いに建立が進んだ。これらの寺院は、寺町形成当初から天満城下町の北辺を守る施設としての役割を担っていたとされ、城下町の端に寺町を配して城と町を守る防御線とするという近世城下町の多くで見られる現象の萌芽がここ大坂天満で見られるのは興味深い。

†城下町の街区構成と住民の出自

ここまで、城の南に天王寺方面へと続く「平野町城下町」、城の西に北浜方面へと延びる「上町城下町」、大川を隔てた城の北方に本願寺を中核とする「天満城下町」が相前後して形成されていく状況を、いくつかの特筆すべき屋敷の紹介とともに概観してきた。

これらの城下町の街区構成には明瞭な特徴がみられる。上町城下町が東西方向の街路を正面として「通り」とし、それに直行する南北方向を側面として「筋」と呼んで主従を区別しているのに対して、平野町・天満では逆に南北通りを主とし、東西通りを従とする街区構成をとっている。いずれも六十間×二十間（ないし三十間）を単位とする街区だが、これは大坂城に向かう「通り」をメインストリートと位置づけているからである。こうした街区割は、秀吉が天正十八年に京都で実施した六十間×三十間の街区（いわゆる「天正地割」）を先取りした、先駆的なものとの評価がある（内田「豊臣秀吉の大坂建設」）。

ところで、平野町城下町の形成に際し、前述のように、大坂の東南方にある自治都市平野の住民を強制的に移住させたことが分かっているが、では、上町・天満両城下町の住民たちの出自はどこに求められるのだろう。彼らがどこからやって来たのかという問題は、関係史料に恵まれないためなかなかの難問で、管見の限りでは確かな答えにも接しないが、これまで述べてきたところを踏まえて私見による見通しを簡単に記しておく。

それを考えるうえでは、やはり天正八年に本願寺が大坂を退去した後もそのまま「立て置かれた寺内町民の動向が気になる。その後彼らがどこかに移住したという記録はないので、おそらく秀吉の大坂築城開始頃までの織田・池田時代を通じて大坂城二ノ丸域にいたと思われるが、秀吉による上町城下町の街区割りの開始（天正十一年八月頃）、あるいは顕如らの天満移住（天正十三年八月）に先立ち、順次二ノ丸から城外に出され、上町あるいは天満の城下町住人（少なくともその中核）となったとは考えられないだろうか。

この問題は、先にも述べたように史料に恵まれないのだが、天満については、伊藤毅が天満寺内の十町の名を挙げたなかに大坂寺内と同じ北町・南町・西町が含まれること、そして、やはり東町がないことに注意していることを指摘しておきたい（伊藤『近世大坂成立史論』）。伊藤は大坂寺内の住民が天満寺内に移住したなどとは述べていないが、新たに形成された天満寺内の住民の出自が明らかでない以上、私はその可能性が高いと思っている。

一方、上町の初期住民の出自については一層はっきりとしない。本願寺時代には上町地域がまだ市街化されておらず、前述したように天正十一年八月頃から秀吉によってその北端部（釣鐘町以北で南北方向の奥行二十間）の町割りと宅地の班給が開始されたことからすれば、それより建設時期が遅れるとされる釣鐘町以南（同奥行十五間）では二ノ丸の築造工事の始まる天正十四年二月頃までに順次、町割りと宅地班給が進められ、二ノ丸住民の移住が進められたのではないだろうか。

【コラム3】山科言経の見た城下町

秀吉が建設した大坂の城下町、その繁栄をうかがわせる史料は、残念ながらあまり残っていない。そうしたなかで、公家の山科言経《やましなときつね》が勅勘《ちょっかん》（天皇の怒り）をこうむり京都を出奔し、天正十三年（一五八五）九月から十九年七月に帰洛するまでの約六年間（といっても、これで勅勘が解けたわけではない。十九年正月、天満本願寺の顕如が秀吉から下京七条に寺地を賜って移転したのに従ったまでである）、大坂の天満に逼塞することとなるが、その日々の出来事を記した言経の日記『言経卿記』が残されている。

山科家は、朝廷の装束調進を家職とする中流公家だが、代々の当主が克明な日記を残したことでも知られる。なかでも、山科言継《ときつぐ》の『言継卿記』は戦国時代の畿内を中心とする公武の様相を詳細に伝えるものとして、当該期研究の根本史料のひとつとなっている。言経はその嫡子だが、その『言経卿記』も、天正四年正月に始まり、慶長三十三年八月に至るまで、断続的ながら三十二年間にわたって書き継がれ、当該期の公武をめぐる政情を知るうえで不可欠の史料である。大部な本だが、そこから少しだけ拾い読みをしてみよう。

天正十三年六月、言経は、所領にかかわることで勅勘をこうむり、家族とともに京都を出奔して堺へ移り、同年九月十三日には堺から大坂の天満に移った。

この年五月、本願寺の宗主顕如は秀吉から天満の地を賜わり、新たな本願寺とすべく、八月に一家一門を率いて、それまでいた和泉の貝塚から天満に移って来たが、一行のなかには長男教如、三男の准如《じゅんによ》光昭とともに、次男の佐超《さちょう》顕尊もいた。言経の室は冷泉為益《れいぜいためます》女であるが、その姉はこの佐超の室だった。そうした姻戚関係から、言経と佐超も入魂《じっこん》だったらしいのでおそらく、自らの将来をも見越して、彼らの移住に従う形で天満に居を移したのだろう。

言経は、早速小さな屋敷を手に入れ、天正十九年の本願寺京都移転後間もなく天満を離れるまでの約六年間、妻子と住むこととなる（ただし、十六年十二月には佐超の援助で天満北町の一角に屋敷を購入するなど、何度も転居している）。

さて言経は、天満で初めて迎える新年（天正十四年）に「中島天神社《てんじんしゃ》」すなわち、現在の大阪天満宮に詣でて「息災帰洛之祈念了、去年九月十三日より当嶋に居住了」などと無事の帰洛を祈った。こうして、言経とともに勅勘をこうむった冷泉為満《れいぜいためみつ》・四条隆昌《しじょうたかまさ》や自分の息子阿茶丸《あちゃまる》（後の言緒《ときお》）らを同行して大坂の町々を「徘徊」する。それは、この年の正月だけでも十七日に及んでいるが、言経だけではなく、奥方も外出好きであったらしく、やはりたびたび「大坂町〻見物」に出向いている。

こうして、言経の日記には様々な大坂城下町見物の有様が記されることとなる。順不同で紹介してみよう。

近所の「本願寺御堂」や「中島天神社」はもとより、「大融寺《たいゆうじ》」（北区太融寺町。左大臣源融ゆかりの古刹で、大坂夏の陣で回禄に遭うもその後度々再建され現在に至る。正しくは「太融寺」）「大坂諸侍家并町〻」「大坂誓願寺《せいがんじ》」（中央区上本町西に現存）、「北ノ水辺」、「東之舟付」、「天王寺トタウ（土塔）会」（四天王寺南大門前の牛頭天王をまつる「土塔宮」で行なわれた祭礼）、「住吉社、浦ノ潮干（潮干狩り）」など、現在の大阪駅近くから住吉大社までの広範囲を徘徊して見物を楽しんでいた。また、「天神社に今日ヤフサメ有之」とあって天神社境内で行なわれた流鏑馬《やぶさめ》を見たり、中島天神社の社僧であった大村由己《おおむらゆうこ》の屋敷で連歌を楽しんだり、人のために平家物語を書写したり、時には難産の妊婦に陣痛を促す「ハヤメ薬」を与えたりと、逼塞の身とはいえ、なかなか大活躍である。

なかでも、近所に住む大村由己（梅庵《ばいあん》と号する）との交流は特筆に値する。というのも由己は当時「げてん（外典）第一」（『川角太閤記』。外典とは仏教以外の教えを記した典籍のこと）と賞された学者で、秀吉伝記である『天正記《てんしょうき》』や秀吉を主人公とする新作能《しんさくのう》の作者として知られる人物だが、天正十六年四月十三〜十七日に行なわれた後陽成《ごようぜい》天皇の聚楽第行幸《じゅらくだいぎょうこう》の次第を書き記した『聚楽行幸記』の作成にあたり、言経にたびたび相談しているからだ。天皇還行後わずか三日目の四月二十日の日記に「梅庵より再三使これ有る間、則ち罷り向ひ了、今度　行幸之儀に付て記六（記録）を書かる、談合共これ有り」とあるのをはじめとして、言経はたびたび、この件で由己からの相談に応じていた。逼塞中の言経が、秀吉一代の盛儀を記した『聚楽行幸記』の成立に大きく関与していたのである。

また、天正十四年六月二十三日の記事によると、この日言経らは、大坂城の座敷とそこで飼われていたであろう孔雀《くじやく》を見物するために大坂城を訪れている（「殿下御城座敷幷孔雀見物」)。どうやらこれが言経にとっては初めての大坂城訪問だったらしいが、十五年二月十六日条では、秀吉は朝廷に対して言継への勅勘を解かれるように斡旋し、それがだめなら自分の家来にするというなどしているから、秀吉との関係も良好であったようだ。そして、その翌月一日条には、島津征討のため大坂城を出立する秀吉の軍勢を息子たちと見物している記事(「関白殿西国へ御出陣也、三四千計これ有り、美麗驚目を尽くす、貴賤群衆也」)もあって、期せずして大きな歴史のうねりの現場に立ち会ってもいるのであった。

ところで、天正十四年十二月から、大坂城の近くにあった豊臣秀次の屋敷を訪れる記事が頻繁に見られる。二十九日には、「羽柴宰相へ御礼申し入れ、(中略)宰相殿へ罷り向」とあるが、次の三十日(晦日)には「羽柴宰相殿へ罷り向、宿り了」とあり、この時言経は秀次の大坂屋敷に泊まって年を越している。翌日元旦の記事には「羽柴宰相殿に夜前より滞留し了」とあってそれが裏付けられるが、その後は大坂城へ向かい、秀吉に謁《えっ》した後、午前十時過ぎ(未下刻)、家に帰っている。

言経と秀次の親交がどのような形で始まったのか、日記からは確かなことが分からないが、『言経卿記』にはこれ以降、頻繁に交流記事があらわれ、天正十四年年末から十五年元旦も前年同様、秀次邸で年を越している。言経は、その後も断続的ながら秀次との交流を続け、秀次が秀吉によって処断される文禄四年の秋まで続く。最後の記事は、文禄四年七月七日のもので、「殿下へ参り了、所労とて誰〻にも御対顔無し」というものだった。この日は、秀次が石田三成らによる尋問を受けるため、伏見へ向かう前日にあたる。

言経が、大坂城をはじめ、秀次邸を含む城下町のあちこちを精力的に歩き回っていた様子を見てきた。秀次邸の件も含め、いずれも断片的な記録だが、冒頭でも述べたように、当該期の大坂城下町の様子を物語る史料がほとんどないことからいえば、言経の見聞記は非常に貴重な記録である。

4　関白任官と二ノ丸の造営

†関白政権への志向と諸国平定

天正十二年（一五八四）三月、秀吉はこの頃紀州の根来・雑賀攻めを予定していたが、六日に織田信雄が三家老を秀吉への内通を疑って謀殺したことを咎め、急遽大軍を率いて尾張に向かった（小牧長久手合戦）。その緒戦である四月九日の合戦で羽柴秀次率いる秀吉方が信雄方の徳川軍に大敗したが、その後はさして大きな戦闘もなく、概ね両軍は睨み合ったままで推移した。合戦も半年を過ぎようとする九月、秀吉は織田・徳川らとの講和を模索し始め、九月六日、信雄・家康らから人質を取る予定であることを報じたのを皮切りに講和に関する記事が散見するようになる。

和睦の交渉は必ずしもスムーズには運ばなかったが、十一月に入ると講和への動きを加速させ、ついに十五日に信雄との間で講和を成立させた。信雄の同盟者である家康も年末には人質として次男義伊《ぎい》を大坂に送った。翌十三年三月二十日、宿願であった紀州の根来・雑賀攻めを断行し、太田の水責めなどで翌月二十三日には征圧。さらに六月中旬からは四国の長宗我部元親攻め、八月上旬には越中の佐々成政《さっさなりまさ》、飛騨の姉小路自綱《あねがこうじよりつな》を攻め、いずれも短期間のうちに平定している。信雄・家康と講和を結ぶことで後顧の憂いを断った秀吉の大攻勢だった。

ところで秀吉は、天正十二年十月二日、従五位下左近衛権少将に叙爵《じょしゃく》された。これはそれまで「平人《へいじん》」（無位無官の者）であった秀吉側から朝廷に申入れがあり実現したものであったという（『貝塚御座所日記』）。次いで十一月二十二日、秀吉は途中の位階を飛ばして一気に従三位権大納言に叙任され、さらに翌十三年三月十日に従二位内大臣、七月十一日には前関白の近衛前久の猶子《ゆうし》となってついに従一位関白という天皇輔弼《ほひつ》の職に就任した。

従五位下権少将任官から関白任官まで僅か八カ月余、異常に早い昇進と言わざるを得ないが、一連の経過からうかがい得るのは、織田・徳川との講和を模索し、実現させていったまさにこの時期に、秀吉はそれまでまったく顧慮しなかった朝廷官位への意欲を示し始め、急速にそれを実現させていったという事実である。

秀吉はこの時、織田・徳川との和平を取り結ぶ一方で、新たな政権構想として、朝廷での官位を高めることに努めて最終的に関白任官を果たし、その権威の下に全国の諸大名を臣従させるという外交的手法が現実的かつ包括的な路線だと自覚し、それに転換したのだろうと考えられる。こうした一連の手続きによって、秀吉の政権は、擬制的とはいえ古代以来の律令的官制にもとづく公的性格を帯びることとなった。なお、翌十四年十一月には太政大臣となり、新姓「豊臣《とよとみ》」を勅許されている。

†大坂城二ノ丸の造営

天正十二年八月に新造なった大坂城本丸に入った秀吉は、引き続き二ノ丸普請に取り組む予定だったようだ。しかし、それは小牧長久手合戦、翌十三年の紀州・四国・北国攻めなどのため延期となった。さらにこれらが片付いた後も、今度は「家康儀成敗」（天正十三年十一月十九日付朱印状）のため、またもや延期となり、秀吉が大坂城普請を再開するのは天正十四年に入ってからのことであった。

次の史料は、阿波の蜂須賀家政《はちすかいえまさ》に宛てて、家康を赦免したことで東国・北国・西国・鎮西まで、すなわち日本国中が自分の存分のままになったと豪語し、来る二月二十三日から大坂城普請を始めるので、それまでに家臣の三分の一を召し連れて、大坂へやって来るようにと命じているものである(『豊臣秀吉文書集』三)。

急度申し遣わし候、仍て家康赦免《しやめん》せしめ候上者、東国・北国・西国・鎮西《ちんぜい》まで存分に任せ候、これに依り大坂普請申し付け候間、其方人数三分一分普請道具用意せしめ、召し連れ罷り上るべく候、来る廿三日より申し付け候間、其以前に参着すべく候、人数共相揃え、材木伐り申し付くべく候間、其意を得べく候也

二月八日(朱印影)

蜂須賀阿波守との

ところで、この大坂普請について『貝塚御座所日記』天正十四年三月三十日条には次のようにある。

京都内野《うちの》辺に、関白殿の御殿たてらるべきに付而、二月下旬より諸大名在京して大普請は

じまる也。大坂には中国之大名のぼりて普請あり。人足七八万、又は拾万人ばかりあるべしと云々。

ここからは、二月下旬から関白公邸としての聚楽第造営が行なわれることとなり、諸大名が在京していること、一方大坂でも中国地方の大名が在坂して普請を行なうことが分かる。すなわち、秀吉は諸国の大名を二分して、京都と大坂の居城普請に携わらせたのであり、ここに関白公権を背景とした全国規模での「際限なき公役」が開始されることとなった。

こうして第二期大坂城普請はスタートした。今度は本丸を囲む二ノ丸の築造である。

この普請の様子を見て記録したのが宣教師フロイスである。先に、天正十四年三月十六日、大坂城に秀吉を訪問したコエリョに随行したフロイスの記録によって、一行の天守拝見の様子を見たが、その時彼は当時、眼下で行なわれていた普請の様子をも詳しく述べている。以下にその要点を摘記してみよう。

①堀は、両側とも石垣で畳まれている。堀の規模は幅が四十間（約七十八メートル）、石垣の高さが十七間（約三十四メートル）であること。
②石を据えるのは、地下水の排水作業と並行して行なわれた。

③石は、高山右近の場合、陸地を一里、海路を三里運ばせた。
④大坂周辺の二十ないし三十里の全領主に対し、毎日しかるべき数の船に石を積んで大坂へ送るよう命じた。堺の市だけでも毎日二百艘の石船が割り当てられた。こうした石材を積んだ船が毎日一千艘、時にはそれ以上淀川をさかのぼってくる有様を彼らの修道院から日々、見ることができた。

以上は、この工事が相当大規模なものだったことをうかがわせるに充分であるが、ここで、これらの記事についていくつか確認しておきたいことがある。

①・②の記事を合わせて評価すると、普請当初のこの段階で既に堀が存在し、石垣を据えるためにその作業と並行して堀から湧き出てくる地下水を排除するとしていることに注意したい。これは工事着手時点で既に何らかの堀が存在した、すなわち、この二ノ丸堀も第一章で述べたような大坂寺内の周囲を限る堀をもとにしてそれを拡幅し、石垣作りに改めた、ということを示唆する。それにしても、二ノ丸の堀幅が約七十八メートル、石垣の高さが約三十四メートルほどもあったとしていることには驚かされる。この堀の幅や石垣の高さは徳川期の（したがって現在の）それにも匹敵する規模だが、大坂寺内の堀がこのような大規模なものだったとは考えにくいから、例えば城内側の堀際はそのままにして石垣作りを実施させ、城外側については、

まず堀幅を広げるための掘削工事を行なわせた、というような事態を想定したい。
③・④の石運びについて、当時の高山右近の領地は明石（船上《ふなげ》城主）であったから、大坂まで石を運ぶには、石を切り出して明石の浜で船に乗せ、明石海峡から大阪湾をわたり、淀川をさかのぼる必要があったが、そのことを記している。また④から、秀吉が大坂近傍の全領主に対して石材搬入を命じ、堺に対しては一日あたり二百艘もの石船が割り当てられたことがわかって興味深いが、その淀川運送の様子を展望した修道院とは、前述したように石町・島町あたりに建設された教会の付属施設であっただろう。

†「大坂普請ようよう周備」

『多聞院日記』天正十六年（一五八八）三月三十日条には「世上花盛り也、大坂普請もやうやう周備《しゅうび》と云々」とあり、二期六年にわたる大坂城普請の完了を告げている。

第二期工事でできあがった二ノ丸のうち、本丸の西に位置する曲輪の一部は、特に「西ノ丸」と呼ばれ、秀吉の側室京極龍子《きょうごくたつこ》らの屋敷があったようだが、それ以外の二ノ丸にも他の側室や重臣たち（例えば、現在の「大阪城梅林」地区には片桐且元の屋敷があった）らの屋敷が構えられていたが、詳細は分かっていない。

ともあれ、春らんまんの季節を迎え、大坂城は関白豊臣秀吉の居城として、ようやく完成した。

従来、この本丸・二ノ丸が完成した後に、更に三ノ丸、惣構などの構築が相次いで行なわれ、最終的に約二・二キロ四方にも及ぶ大城郭が完成したとするのが定説だった。しかし、そうではなく『多聞院日記』の記事にも「周備（完備するの意）」とあるように、この二ノ丸普請の完了をもって城郭としての大坂城も完成したと見なすべきだと考える（このことは更に後述する）。

なお、江戸時代には二ノ丸北東部外側に「北の外曲輪《そとくるわ》」と呼ばれる一画があった。ここは、大和川や大川などの水路を通って運ばれてきた物資を荷上げし貯蔵する曲輪で、絵図にも多くの倉庫が立ち並ぶ様子が描かれている。こうした曲輪は大坂城にとって不可欠であるから、当然豊臣時代にも存在したはずであり、私は遅くとも二ノ丸築造と相前後して整備されたものと考えている。

†秀吉の五畿内支配構想

ところでこの頃、秀吉は五畿内の大部分を、自分と弟の秀長で分有する体制を造り上げていた。摂津・山城・河内は豊臣本宗家たる大坂城主の秀吉が、大和・和泉は豊臣別家たる大和郡山城主の豊臣秀長が支配するという体制である。

秀吉が初めてこの五畿内の支配構想に言及したのは、天正十一年十一月に側近の大村由己に書かせた「柴田退治記」においてである。「柴田退治記」は天正十一年四月の賤ヶ岳合戦の顛末を中心に、その後の論功行賞、さらに九月から始まった大坂築城に言及しているが、そこに次のような記事がある（金沢市立玉川図書館蔵『豊臣記』より。段落分け・傍線・括弧内は引用者による）。

a 秀吉は、河内国大坂において城郭を定む。彼の地は五畿内の中央にして東は大和、西は接津［摂津］、南は和泉、北は山城、四方広大にして中に巍然たる山岳あり。麓を廻る大河は淀川の末に大和川流れ合いて、その水は即ち海に入る。大船小船日々着岸すること、幾千万艘かを知らず。平安城は十余里、南方は平陸にして天王寺、住吉、堺津三里余、皆町店屋辻小路を建て続け、大坂の山下とするなり。

b 五畿内をもって外構へとなす。彼の地の城主をもって警固とするものなり。ゆえに大和には筒井順慶、和泉には中村孫平次、接州［摂州］には三好孫七郎、茨木中川藤兵衛尉、山城の槇島には一柳市介、洛中洛外成敗する所の者は、半夢斎玄以なり。

（中略）

于時天正十一年十一月吉辰　　由己謹誌之

秀吉は、五畿内の中央に位置する河内国大坂の地勢を気に入り居城にとりたて、周囲の四カ国をその「外構え《そとがまえ》」とし、城主を警固役にするというのである。これを図示すると（図18-1）のようになる（半夢斎玄以は省略）。すなわち、河内国大坂を中心に周囲に四カ国が展開している様子がよく分かる。もちろん、大坂は河内国ではなく摂津国であるから、これは秀吉が構想した、畿内中央に位置する大坂城を中心とした理念的な五畿内支配のあり方ではある。しかしここからは、秀吉が大坂城とそれを取り巻くよう畿内諸国に城主を配置する、いわば五畿内を大坂城の「外構へ」――これは「惣構《そうがまえ》」と同義で、都市なり城郭なりを堀や土塁で取り囲む防衛ラインで、その内部領域をも指す語――と位置づけるような構想を持っていたことが読み取れる。これを「大坂城―五畿内外構え体制」と名づけたい（中村「豊臣秀吉と茨木城」）。

ただ、この「柴田退治記」で大坂城を警固する城主とされたメンバーはいささか不審で、三好孫七郎《まごしちろう》（後の豊臣秀次）・中川藤兵衛尉《とうべえのじょう》（中川秀政）はまだ十六歳くらいの青年だし、筒井順慶《じゅんけい》はもともと織田家の同僚で山崎合戦では去就に迷い、戦後秀吉から叱責されたような人物、中村孫平次《まごへいじ》（中村一氏《かずうじ》）は秀吉子飼いだが小身、といった面々である。少々心もとないのは誰の目にも明らかであろう。

そのため、秀吉はこののちあるべき「大坂城―五畿内外構え体制」の実現を目指すこととなった。すなわち、天正十三年七月の関白任官をきっかけに、その翌々月（閏八月）の大規模な

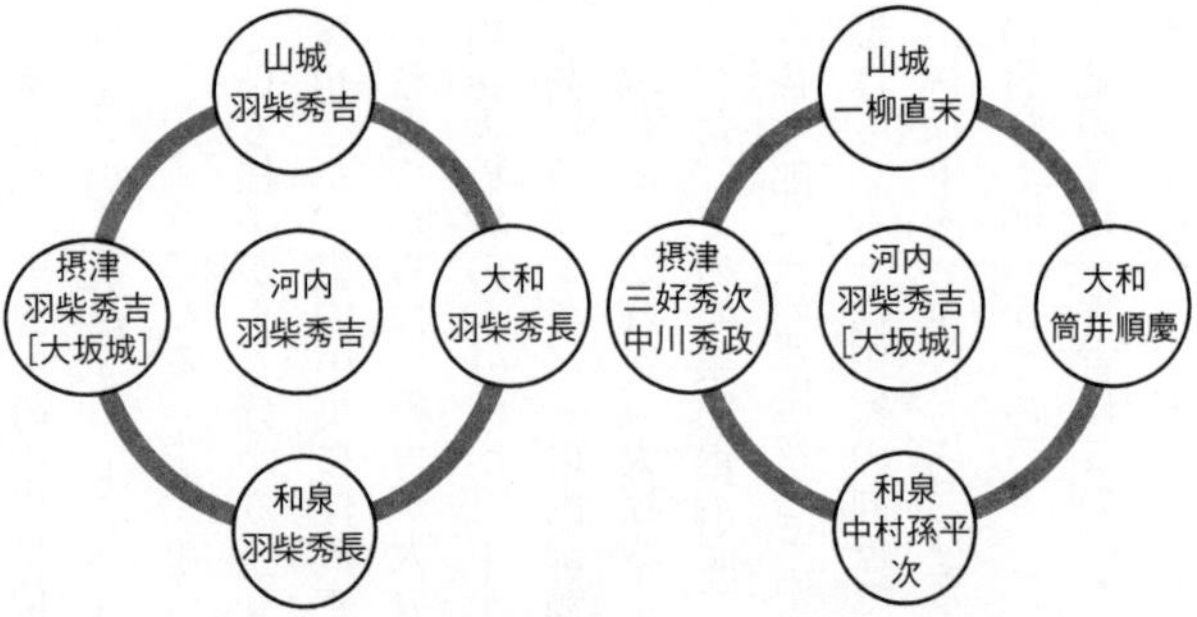

図18-1（右）「大坂城ー五畿内外構え」概念図（天正11年段階）
図18-2（左）「大坂城ー五畿内外構え」概念図（天正13年段階）

配置替えで、秀次・中村を近江へ、中川を播磨へ、筒井定次《さだつぐ》（順慶の継嗣）を伊賀へそれぞれ移封した。その上で、大和を秀長に与え（和泉は既に同年五月、秀長に与えられていた）、摂津の大半を直轄地とすることで、基本的に前記の、山城・河内・摂津は秀吉、大和・和泉は秀長の領国という、秀吉・秀長兄弟による五畿内支配体制が完成した。これを図示すると図18-2となる。実に、大坂城を中心に畿内四カ国をその惣構とする壮大な構想であった（中村『豊臣政権の形成過程と大坂城』）。

秀吉は、基本的にこの体制を維持したまま、天正十八年の小田原攻め・奥羽仕置きをおこない天下統一を成し遂げることとなるのだから、この大坂城を中心とする支配体制こそ、畿内を拠点とする豊臣政権を支える基礎構造だったといえるだろう。

5　秀吉晩年の工事と城下町の変貌

†「惣構堀」の普請と城下町の変貌

天正十八年（一五九〇）、三十万の大軍で小田原城を包囲、関東の覇者北条氏政《うじまさ》・氏直《うじなお》父子をくだした秀吉は、さらに武蔵・下野を経て陸奥の会津黒川城（会津若松城）に入り、ここでいわゆる奥羽仕置《おううしお》きを行なった後、九月一日京都に凱旋、天下統一を果たした。思えばこの頃が秀吉の絶頂期だった。

というのは、翌年、秀吉は相次いで豊臣家の屋台骨を揺るがす事件に見舞われることとなるからである。まず、十九年正月には豊臣別家の当主ともいうべき弟の秀長（大和郡山城主）を失い、翌月にはかつてその秀長が「内々のことは宗易《そうえき》（千利休）、公儀のことは宰相《さいしょう》（秀長）存知候」（大友宗麟《そうりん》書状）と発言するなど、秀長とともに豊臣政権を支える両輪とみなされていた千利休を、その不遜のゆえに断罪するという事態も生じた。さらに決定的だったのは、この年八月五日に自他ともに豊臣本宗家の嗣子と目していただろう長男鶴松をわずか三歳で亡くす悲劇に見舞われたことである。

こうした事態に対して秀吉は、姉とも・三好吉房《よしふさ》夫婦の三男秀保《ひでやす》を新たな大和郡山城主に任じ、同じく彼らの長男秀次を豊臣本宗家の後継者として聚楽第《じゅらくだい》を与え、十二月には関白職をも譲り渡すことで局面を切り開こうとした。

一、羽柴黄門（秀次）関白に任ぜられ、先日内府・左府等拝任也と云々、秀吉公は太閤と申す也、又新関白殿今日禁中に参らる也と云々
（『言経卿記』同月二十七日条）

その際、自らは「太閤」と称して伏見に隠居城としての居城を営むこととなったが、これは現在明治天皇陵などがある桃山丘陵上の伏見城（伏見木幡《こばた》城）ではなく、その西方の宇治川北岸の台地上に営まれた伏見城（伏見指月《しげつ》城）である。

こうして、聚楽第を拠点とする関白秀次を、伏見城を拠点とする太閤秀吉が後見するという中央政権としての新たな連携システムができあがった。

こうした新体制のもと、秀吉は、更なる覇権を大陸に求め、翌文禄元年（一五九二）五月に兵を朝鮮半島に送り込んだこと（文禄の役＝壬辰《じんしん》の倭乱《わらん》）を端緒とし、慶長三年の死に至る（慶長の役＝丁酉《ていゆう》の倭乱）まで続く朝鮮出兵を断行した。

ところが、文禄二年八月三日、秀吉は朝鮮出兵の本営である肥前名護屋城で思いがけず次男

誕生の報に接した。お拾い（後の豊臣秀頼）である。その直後から、秀吉は伏見城の大々的な改造や大坂城との連携強化策に取り組むようになる。その頃、徳川家康の重臣で下総国上代《じょうだい》城主（千葉県香取市）だった松平家忠の日記（『家忠日記』）によると、家忠は文禄二年九月九日に「京都伏見御普請」について江戸の普請奉行から連絡を受けているから、秀吉から家康への動員要請は八月末頃、まさにお拾い誕生の直後であったこととなる。

また、関白秀次の側近駒井《こまい》重勝《しげかつ》の日記『駒井日記』文禄三年正月十九日条にも「伏見之丸之石垣・同総構堀《そうがまえぼり》、大坂惣構堀三ヶ所え三に分て仰せ付けらる由」とあって工事の意図を知ることができる。すなわち、伏見城内での石垣普請と伏見惣構堀および大坂惣構堀普請の三カ所を三組に分けて命ずるというのであるから、秀吉の考えが伏見・大坂両城域の強化策だったことが分かる。

この「大坂惣構堀」普請については、堀普請とあることから、現在の地名にも残る城南の「空堀《からぼり》」（中央区谷町付近。現在、空堀商店街がある）と城西の「横堀《よこぼり》（後の東横堀川）」の開削であった可能性が高い。「大坂陣山口休庵咄《やまぐちきゅうあんばなし》」にも次のような記事がある。

一、惣がまへ、西は高麗橋筋横堀の内、南は八丁目黒門の内、町屋は壱間もこぼち申さず候、諸職人・諸商人にて其儘居り申し候、細工諸商売仕り候

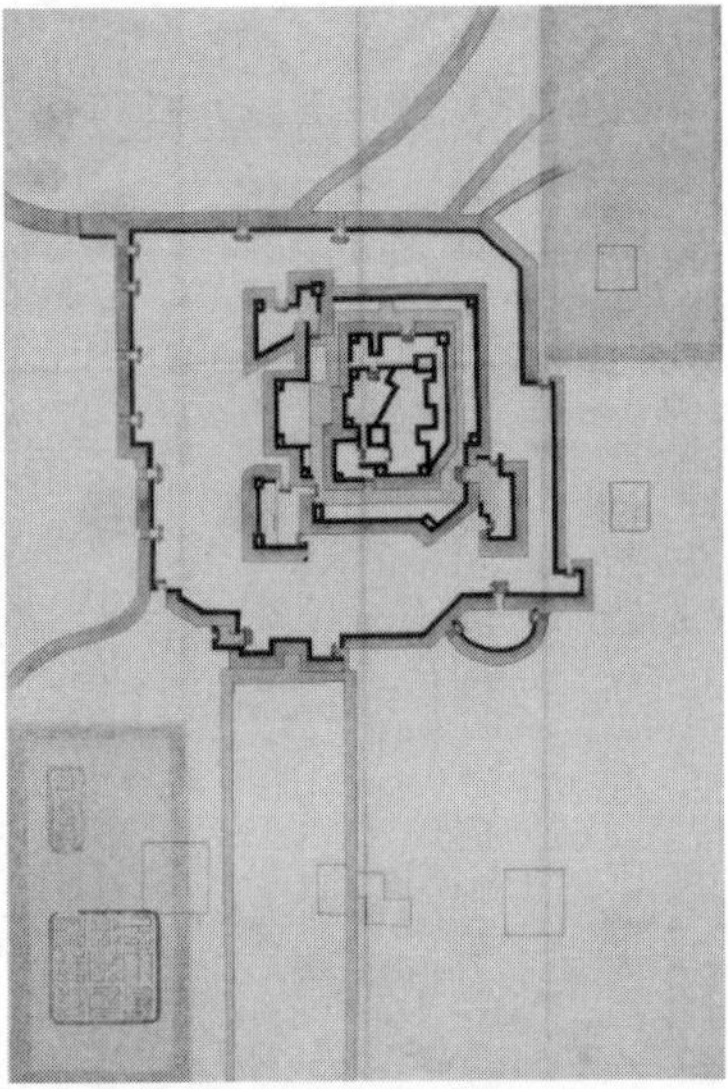

図19　「大坂惣構」（『諸国古城之図』）

山口休庵は、大坂の陣で豊臣方として籠城した武士だが、彼がことさら、「惣がまへ」は高麗《こうらい》橋筋の横堀の内、南は八丁目黒門（空堀にかかっていた城下南端の門）の内だとしているのは、文禄三年に構築された惣構堀がこの城西・城南の二方面だったという認識があったからだろう（北・東は自然河川があり、堀開削の必要はなかった）。

こうして、秀吉は、上町城下町が主として大坂城から見て西・南方面に広がっていることに鑑み、その二方面に堀を構えることで城下町を強化し、防衛ラインともしようとしたのであった。これを「大坂惣構」という（図19）。

実はこれまで、「大坂惣構堀」普請によって、新たに大坂城の三ノ丸が構築され、大坂城の城域は一気に約二・二キロ四方、面積にして四・八平方キロにまで拡大し、日本一の大城郭になったといわれてきた。しかしそうではなく、今まで見てきたように、あくまで大坂城の城郭自体は天正十六年の二ノ丸構築で完成しており、文禄三年に行なわれた工事は、城下町の範囲を画し、その一部を新たに堀で囲うためのものであった。この問題は、「三ノ丸」という用語がいつあらわれるかという問題とからめて改めて取り上げたいが、こうした考えの方が、京都における聚楽第と御土居として知られる惣構との関係性と比較してみても妥当であろう。

こうして上町城下町の南が空堀で囲まれることによって、天正十一年以来、天王寺方面に伸びた平野町城下町は、城下町から除外されることとなった。

†慶長三年に始まった最晩年の工事

慶長三年八月十八日、秀吉は伏見城で亡くなるが、それに先立つ同年三月十五日、秀頼らとともに醍醐寺で花見を楽しんだ秀吉は、間もなく「御不例《ごふれい》」となる。体調を崩したのだ。

そして五月、秀吉はまたもや新たな大坂城普請と伏見城普請を命じる。伏見城普請の内容は不明だが、大坂城の方は詳しく知ることができる。

同年九月、宣教師フランシスコ・パシオがイエズス会総長に宛てた書簡(一五九八年十月三日〔慶長三年九月三日〕付、長崎より発信)によれば、秀吉は次のような命令を発した(a、bの段落分けは引用者)。

a国の統治者が亡くなると戦乱が勃発するのが常であったから、これを未然に防止しようとして、太閤様は（日本中で）もっとも堅固な大坂城に新たな城壁をめぐらして難攻不落のものとし、城内には主要な大名たちが妻子とともに住めるように屋敷を造営させた。太閤様は、諸大名をこうしてまるで檻に閉じこめたように自領の外に置いておくならば、彼らは容易に謀反を起し得まいと考えたのであった。

b（大坂城に新しく）めぐらされた城壁の長さは三里にも及んだ。その労力に対して支払われた賃金は数千金にも達したが、太閤様はこれについてすこしも支払うことはなかった。その区域内には（それまでに）商人や工人の家屋［七万軒以上］があったが、すべて木造だったので、住民自らの手ですべて二、三日中に取り壊されてしまった。

（『一五九八年度イエズス会日本年報』）

工事には、新たに城壁をめぐらして大坂城を強化することと、城内に主な大名が妻子とともに住む屋敷を造営させること、という二つの側面があった（a）。そして、新たな城壁は周囲三里（約十二キロ）におよぶ長大なもので、区域内にあった七万軒もの町家を強制的に立ち退かせて更地となし（b）、そこに大名たちの住むべき屋敷を造営するといったものであった。

さて、これまで、新たな城壁をめぐらす工事と大名屋敷地の造成工事とは、同時に発令されたものと思われてきたが、経過を見ていくとどうも少し違うようだ。

まず秀吉は、同年五月十九日付で諸大名に次のような動員令を出した（大阪城天守閣所蔵文書）。

大坂普請之事

一千人　宮部兵部少輔とのへ（宮部長熙）

一四百五十人　木下備中守とのへ（荒木重堅）

　　　　　磯部

一弐百七十五人　亀井武蔵守とのへ（亀井茲矩）

一弐百人　垣屋常陸介とのへ（垣屋恒総）

合千九百廿五人

右人数召寄自六月十日普請可申付候也

（慶長二年）

五月十七日（秀吉朱印）

宮部兵部少輔とのへ

これは当時鳥取城主だった宮部《みやべ》長熙《ながひろ》に宛てた朱印状で、六月十日から大坂城の普請を始めるにあたり、宮部をはじめ、荒木・亀井ら因幡国の大名らに合計千九百二十五人を割り当てる、と命じたものである。

ところが、伏見城についても、秀吉は同じ五月十七日付で前田利家に対して「伏見石垣普請」への参加を命ずる朱印状を出しているから、この大坂・伏見の両普請は同時に計画されていたこととなる。

つまり、この時点での秀吉は体力の衰えこそ感じていたかもしれないが、死期が迫っているとは認識しておらず、大坂城と伏見城の同時普請を行ない、将来的には秀頼に大坂城を与えて国政を司らせ、自分は伏見城でそれを後見するという体制を構想していただろうことをうかがわせる。

この構想のもと、大坂で行われた普請がパシオのいう「新たに城壁をめぐらす」ものだったが、それは長さ三里にも及ぶ長大なものではなく、次項で述べる大手前での発掘調査の成果を参考にしていえば、大手・玉造・京橋の三口の前面に堀をめぐらして城門を守る「馬出し《うまだし》曲輪《くるわ》」を設置する工事であっただろうと考えられる（そもそも周囲三里＝約十二キロというのは、文禄三年の総構堀普請によって囲われた上町城下町の四周〔八・八キロ〕をもしのぐもので、ありえない数字だが、翌年に行なわれる天満堀川開削による天満城下町の総構化をも示唆した数字なら納得できる)。この「馬出し曲輪」設置工事を第一段階の普請とする。

ところが、六月に入ると、一挙に秀吉の病状が悪化したらしく、六月十七日付の書状では、側室の一人にでもあろうか、次のように訴えている(『豊太閤真蹟集』)。

わづらい心もとなく候まゝ、一ふで申しまいらせ候、われわれ十五日の間めし(飯)を食い申さず候て、めいわくいたし候、昨日気慰みに、ふしんば(普請場)へ出で候てから、なをなをやまい(病)重り侯て、いよいよ次第によわり侯

この頃、本当に自らの死が遠くないことを悟った秀吉は、先の構想を断念するとともに、急きょ、近い将来に大坂城を秀頼に与えることを前提に、諸大名の屋敷を伏見から大坂へ移すための新たな普請を命じた。この、大名屋敷移住にかかわる興味深い史料が、(慶長三年)七月朔日付の伊達政宗書状(『仙台市史』資料編11)である。

一、大坂へ　秀頼様御移徙成され候て、北国・東国之諸大名、悉く罷越《まかりこ》すべく之旨候、之に依り家共の引領とて、銀子・御俵粮、各に下され候、一昨日廿八日、江戸内府へ各召

し集められ、米・銀之御朱印拝領

大坂へ秀頼を移徙させるのに伴い、北国・東国の諸大名らはことごとく大坂に屋敷を移すこと、それにあたって彼らは六月二十八日に伏見の徳川家康邸に集められ、引越料（家の引領）として銀子《ぎんす》・俵粮《ひょうろう》を賜ったことが分かる。

こうした経過を経て、おそらく七月早々には伏見の北国・東国大名の屋敷を大坂に移築させるための宅地造成工事が始まった。これを第二段階の普請とする。

この造成工事を新たな三ノ丸の造営と見なし、百二十万平方メートルにも及ぶものとする見解もあるが、慶長三年当時の普請史料に「三ノ丸普請」と明記したものはなく（城の曲輪として「三ノ丸」の初出は慶長十九年）、いずれも「大坂普請」・「大坂御普請」とのみあることから、城下の一画の住民を立ち退かせて新たに大名屋敷地としたものではあるが、三ノ丸の造成ではなく、面積も大坂城西外堀に接する約二十万平方メートル程度だったと考えている（中村「慶長三〜五年の大坂城普請について」）。

なお、このとき立ち退かされた町人が新たな屋敷地を与えられて営んだのが「船場《せんば》城下町」であるが、この城下町の構造は初期城下町とは違い、四十間×四十間の正方形街区を採るのが特徴である。

†大手前の発掘調査で見つかった巨大な堀

二〇〇二年、大阪府警察本部の建て替え工事に伴う事前調査として、財団法人大阪文化財センターが、豊臣期大坂城の二ノ丸大手口付近（現在の中央区大手前三丁目）で大規模な発掘調査を開始したところ、翌〇三年になって調査地中央から豊臣時代の巨大な堀が発見された（図20）。この堀の発見は、それまでの豊臣期大坂城の構造的理解に大きな変更を迫るものであったので、二〇〇六年に刊行された報告書によってその概要を紹介しておこう。

この堀（堀83）は、現状最大幅二十二・五メートル（上端）、同十二・七メートル（底部）、深さ五・六メートルにも達するものだが、石垣は使用せず、いわゆる素掘りの土手をなしていた。護岸施設として堀の東岸には木杭や梁などを使った土留め、竹しがらみを使った土塁、暗渠、杭列などが検出された他、堀の底には随所に不整形の土坑が掘り込まれた「堀障子《ほりしょうじ》」という特殊な構造になっており、防御性の高い構造だったことが分かる。この「堀障子」は、特に堀の南西から南面では良好な状態を保っていた。

堀の平面形状は「L」字形をなし、南北約百十メートル、東西約五十メートルを計るが、近辺で行なわれた過去の調査結果とも照合した結果、本来、当時の大手前を「匚」形に取り囲む全長約二百四十メートルの堀であることが判明した。開削時期は、埋土の中から発見された木

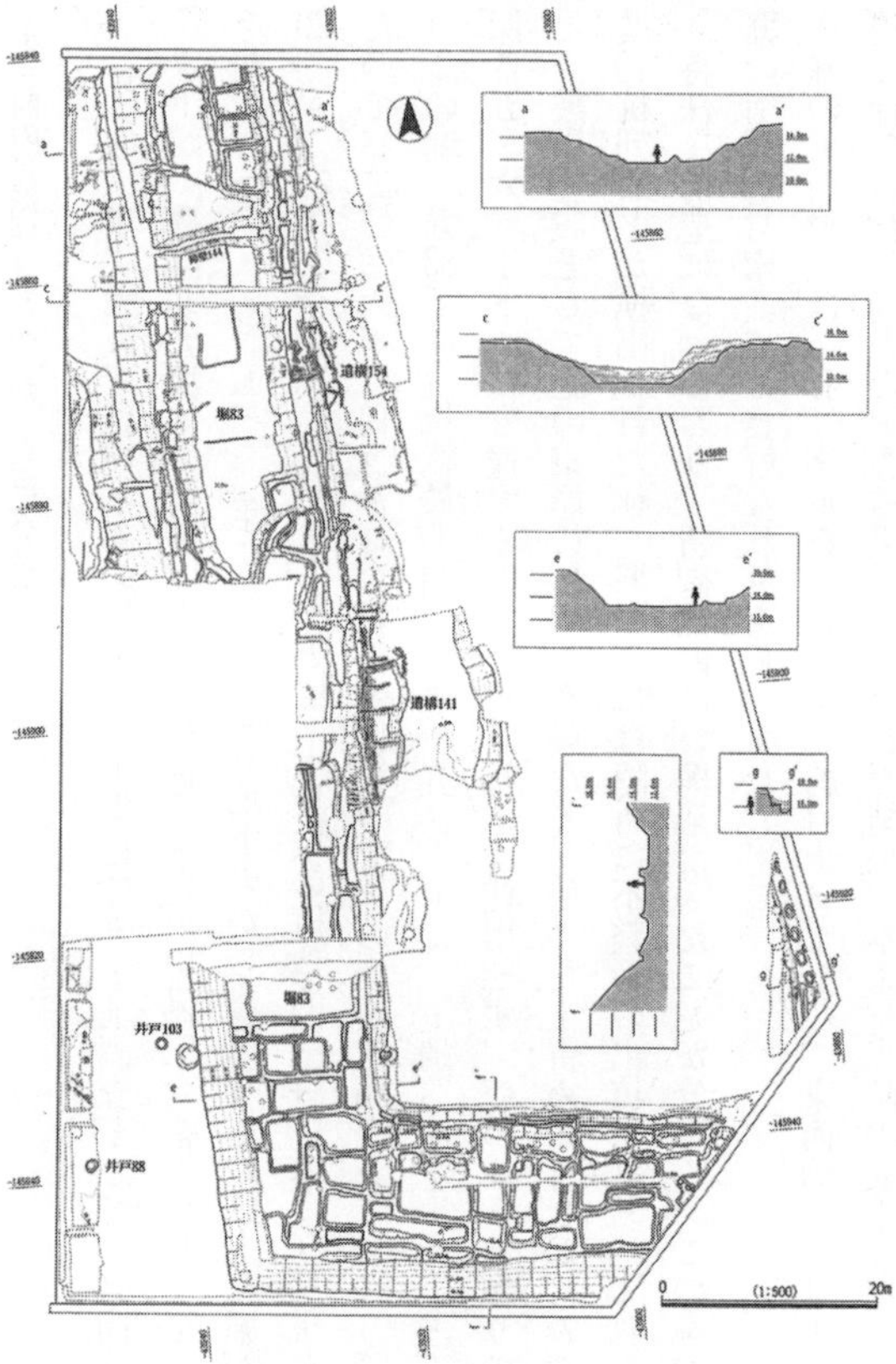

図20　大手前で発見された巨大な堀（堀83）

簡の解読・検討により秀吉没年にあたる慶長三年の可能性が高く、一方、埋め戻されたのは慶長十九年の年末、大坂冬の陣における和睦によってであるとされた。この埋め戻しの時期の確定は、堀の埋土のなかから「菅平右衛門《かんへいえもん》（達長）」宛の荷札木簡が出土したことに依っている。この人物は、藤堂高虎の重臣として大坂冬の陣に参加したものの、堀の埋め戻しを巡って主人と口論となり、慶長十九年十二月二十六日に切腹して果てた人物である（『高山公実録』他）。このことから、埋め戻しが冬の陣後だったことが判明するとしたのである。

調査担当者は、慶長三年開削としたこの堀を、これまで『僊台武鑑《せんだいぶかん》』所収大坂冬の陣配陣図によって二ノ丸西・南部を広く囲いこむ三ノ丸の堀の一部に相当するもの、言いかえれば、三ノ丸の実態はこれまで想定されてきたような大きなものではなく、今回発見された堀に囲まれた大手を守る曲輪がそれではなかったかと主張した。そして、この遺構全体の性格を、大手口に設置された「馬出し曲輪」と見なすのが妥当とした（江浦「堀83をめぐる諸問題」）。

馬出し曲輪は、城郭の出入口の前面に堀で囲われた小曲輪を形成するもので、出陣の際の勢溜《せいだま》りとする一方、「堀障子」の存在に象徴されるように、攻め寄せてくる敵を防ぐ用にも立てた施設である。

豊臣時代の大坂城全体図（図4）を見ると、大手・玉造・京橋の各口に、それを守るように構築された馬出し曲輪が描かれているが、新発見の堀が大手口を守る大手馬出し曲輪だとすれば、以前から玉造口・京橋口で見つかっている同時期の遺構もそれぞれ玉造口馬出し曲輪、京橋口馬出し曲輪に比定できる。秀吉最晩年の大坂城強化工事として、慶長三年、大坂城二ノ丸の各虎口にこれら馬出し曲輪を設置させたのは間違いないと考えられる。

私は以前、いくつかの大坂城図にこの曲輪を指して「織田上野屋舗《やしき》」とあることに注目し、この馬出し曲輪を「織田上野丸《おだこうづけまる》」とでも呼ぶべきだと指摘したことがあるが、元和六年から始まる徳川大坂城再築普請に先立って、幕府の普請奉行衆から出された覚書（元和五年九月二十三日付）のなかに「上野殿丸地形壱間引申事」（上野殿丸の地面を一間削平すること）とある（『毛利家三代実録考証』）ので、この頃まで豊臣期の「上野殿丸《こうづけどのまる》」という曲輪が残されていたことは確かである（中村「大坂城再築の経過と普請参加大名の編成」）。この上野殿丸こそ今回発見された馬出し曲輪だと見て間違いない。

ちなみに、「上野殿丸」の上野殿とは、織田信長の弟の織田信包《のぶかね》（上野介。一五四三／一五四八～一六一四）のことである。早くから信長や秀吉に従い、天正十年には伊勢の津城主になり、後に一時失脚したが、慶長三年六月には丹波柏原《かいばら》城主に返り咲いている（これが、ちょうど馬出し曲輪の構築時期と同時期であるのは興味深い）。一方、信包は、淀殿の叔父（お市の兄弟）にあたることから、秀頼を補佐する立場として大坂城内でも権勢を振るっていたが、十九年七月、城中で吐血して急死した。毒殺の噂もあったらしい（『戦国人名辞典』）。

6　秀頼治世下の大坂とその最期

✝秀吉没後の家康専横と大名屋敷をめぐる攻防

秀吉が慶長三年八月十八日に亡くなり、翌年閏三月三日に五大老の一人前田利家までもが亡くなると、豊臣政権を取り巻く事態は一挙に流動化した。以前にも秀吉が禁止した大名間の婚姻に反して、伊達政宗の娘と五男忠輝《ただてる》の婚約を取り結ぶ（慶長四年一月）など徳川家康の専横ぶりは顕著となっていたが、今や誰はばかることもなくなった家康の態度と、それを「太閤御《たいこうお》置目《おきめ》」に対する不従順だと抗議する残りの三大老（毛利輝元・宇喜多秀家・上杉景勝）との対立があらわになる。

そうしたなかの慶長四年（一五九九）一月十日、六歳になった秀頼が伏見城から大坂城に入り、新たな城主となる。この年も大坂での普請は続けられており、同年二月二十日付溝江《みぞえ》長氏《ながうじ》（越前金津《かなづ》城主）宛て長束《なつか》正家書状（大阪城天守閣所蔵史料）によれば、それは「大坂堀普請」で、秀頼の大坂入城後わずか二カ月足らず後の三月一日開始とされている。

この頃行なわれた堀普請には、従来慶長三年施工とされてきた天満《てんま》堀川《ほりかわ》の開削があるが、私

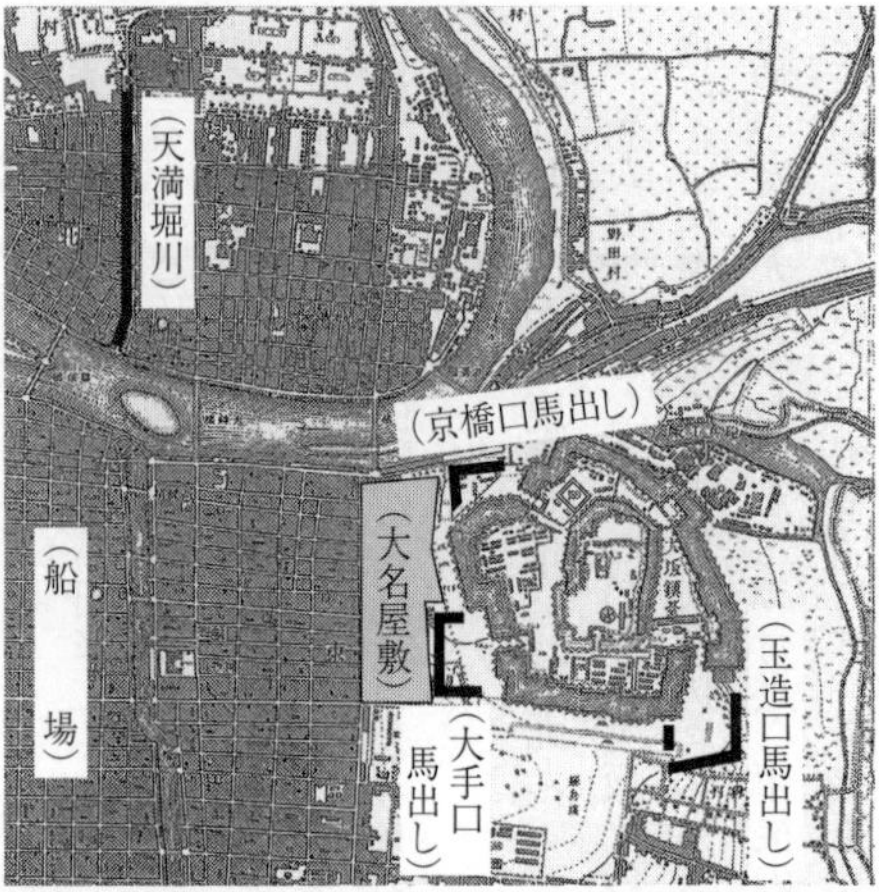

図21　慶長3・4年に行われた「大坂普請」の概念図
網掛けは大名屋敷造成地。なお、これに伴って造成された船場地区は範囲不明につき図示しなかった。

はここでいう「大坂堀普請」こそ、この天満堀普請ではなかったかと考えている。だとすれば、この堀普請は天満の西を画する工事でもあるので、上述した天満の北を限る「天満東寺町」の存在ともあいまって、天満城下町の総構化を完成させる重要な普請であったこととなる（中村「豊臣期大坂の「惣構」をめぐる諸問題」）。

＊

さて、この年九月、秀頼に重陽《ちょうよう》の賀《が》（九月九日の祝）を述べるためと称し、家康が伏見から大坂に下向した。そしてあろうことか、家康は北政所がいた大坂城西ノ丸に入り、そのまま居座ってしまった（これに伴い、北政所は京都に移住した）。さらに、何と西ノ丸に天守をもう一つ作ってしまうのである。この天守は『慶長年中板坂卜斎覚書《いたさかぼくさいおぼえがき》』によれば、慶長五年二、三月頃から藤堂高虎を奉行として作らせたものであるが、こうして、大坂城には本丸と西ノ丸に二つの天守が並び立つという異常事態となった。とはいうものの、家康が大坂にいる間は抗議することもできず、月日が経っていったが、六月に家康が上杉景勝を討つためと称して大坂城を出発し、関東へ下っていくと間もなく、前田玄以・増田《ました》長盛《ながもり》・長束《なづか》正家《まさいえ》の三奉行は家康糾弾の文書を諸大名に送付した。七月十七日付で出された十三カ条にも及ぶ「内府ちかひ（違ひ）の条々」といわれるもので、内府（内大臣）家康の専横ぶりを逐一書きだしている。以下にそのうちの三カ条を紹介しておこう。

一、景勝なにのとか（科）もこれ無きに、誓紙の筈をちか（違）へ又は太閤様御置目に背かれ、今度討果さるべき儀、歎かわしく存じ、種々その理を申し候へ共、終に許容無く、出馬せられ候事
一、政所様御座所（西ノ丸）に居住候事
一、御本丸のことく殿主（天守）を上げられ候事

最初は、五大老の一人上杉景勝には何の落ち度もないのに、大老間の誓紙の趣旨や太閤の置目に背いて一方的に討ち果たすというので、ずいぶん事を分けて止めるよう説得したのに応じず、六月に軍勢を率いて会津へ出馬したことを咎めている。そして、二と三では西ノ丸占拠お

よび天守構築のことを咎めている。

彼ら大坂奉行衆は、こうした糾弾文書を諸大名に送り家康の非を訴え、大坂方への味方をうながしたが、同時に大坂屋敷に住む大名の妻子を城内に拉致し、人質としようとした。この頃の大坂城周辺、特に城南の玉造や天満方面には諸大名が屋敷を並べていたが、そこには家康に従って関東に向かった大名の屋敷もあった。こうした東軍大名の妻子は大坂方から見れば絶好の人質候補というわけである。

こうして細川忠興の屋敷にいた妻玉子を巡る悲劇が起こった。夫忠興は家康に従い関東に向かい、彼女は留守を預かっていたが、先の「内府ちかひの条々」と同じ頃、大坂の奉行から彼女に屋敷を出て城内に入るようにとの命令が来た。それに応じれば、忠興にとって重荷になることは明らかなので、彼女は命令を拒否したが、大坂城からの使者もまた執拗である。窮した彼女は、十七日、屋敷に火を放ち、自らは老臣小笠原少斎《おがさわらしようさい》に胸を突かせて死んだ。次に掲げるのは、この事件を信州上田の真田昌幸父子に報じた石田三成からの書状（『真田家文書』）である。

一、先書にも申す丹後之儀、一国平均に申し付け候、幽斎儀一命をたすけ、高野之住居之分に相済み申し候、長岡越中妻子は人質に召し置くべき之由申し候処、留守居之者聞き

違へ、生害仕ると存じ、刺し殺し、大坂之家に火をかけ相果て候事（中略）

（慶長五年）八月五日　三成（花押）

真田房州（昌幸）・同　豆州（信之）・同左衛門介（信繁）殿

人々御中

前半部分で三成は、ガラシャの舅である細川幽斎《ゆうさい》（藤孝《ふじたか》）の守る丹後田辺城を落城させ、幽斎を高野山に追放したと述べ、後半部分で大坂玉造の細川邸にいた彼女を人質として城内に召し置こうとしたが、留守を守る家臣が生害《しょうがい》させるべきと聞き違え、妻女を刺殺し、屋敷に火を懸けたと言っている。

ちょうど同じ頃、天満に屋敷を構えていた黒田長政の妻と母（孝高の妻）も同じ不安に直面していた。母里《もり》太兵衛ら在坂の黒田家重臣は、家康に従い関東に赴く直前の長政からひそかに彼女らを大坂から脱出させるよう密命を帯びていた。その顚末をつづった『黒田家譜』の紹介はコラム4に譲るが、そのなかでこの細川忠興室の事件が語られている。

かゝる所に、家康公へ同意の諸大名の内室を、大坂の本丸に人質にとり入んとて、七月十七日先細川越中守忠興の屋敷、城辺近き所なればとて、大勢を遣し、人質にとらんとす。

（中略）此戦の時鉄砲の音夥しく聞え、城近く火事出来たるを（以下略）

このように、大坂では大名妻子の去就をめぐるさや当てが演じられていたが、一方、その頃畿内とその周辺各地では、前述した丹後田辺城をはじめ、伏見城、伊勢の安濃津《あのつ》城、近江の大津城をめぐる攻防などが繰り広げられていた。九月十五日の関ヶ原合戦に至るまでのこうした戦いではいずれも大坂方が勝利し、全体としてはむしろ優勢に展開していた。

しかし、関ヶ原での決戦に敗れた大坂方は一挙に壊滅し、二十七日には家康が大坂城に凱旋した、といえば意外に思われるかもしれないが、紛れもない史実である。実は関ヶ原合戦の引き金となった上杉征討も、当時大坂城西ノ丸にいた家康が本丸の秀頼に挨拶し、黄金二万両・米二万石もの軍資金を拝領した（『慶長記』）うえで出発したのだった。つまり、家康は六月に豊臣家の当主秀頼の名代という立場で、逆臣上杉を討つべく大坂城を出発し、この日大坂城に戻って秀頼に戦勝報告をしたのである。

それはともかく、出発前と凱旋時の家康の意識が相当に変化したことが読み取れる史料がある。次に示すのは、大坂凱旋直前の九月二十二日、加賀の前田利長（利家長男）に宛てた家康書状の一部である（前田育徳会所蔵文書）。

大坂も一両日相済み申すべく候、則ち乗り懸け責め崩すべく候と雖も、秀頼様御座所に而候間、遠慮致し候

このまま三奉行のいる大坂城を攻めても落城させるのに三日と掛かるまいが、(大坂城は)秀頼様の御座所なので遠慮する、というのである。傲慢な言い草だが、その通りであろう。大坂を攻め落とすという発想の淵源をここに求めることもできるのかもしれない。

その後の二年半ほどは、実態は別にして家康は秀頼を補佐し推戴《すいたい》する立場にあったが、慶長八年(一六〇三)二月、二条城で将軍宣下《せんげ》を受けて江戸に幕府を開くに及び、その立場を完全に抜け出した。さらにその二年後にはその位を息子秀忠に譲り、将軍の地位が徳川家によって世襲されることをも内外に宣言したのである。

†二条城における秀頼と家康の会見

以降、豊臣・徳川両家の仲はいっそう緊張の度を高めることとなる。慶長十六年(一六一一)三月、後水尾天皇の践祚《せんそ》に立ち会うために上洛した家康は、その機を捉えて、長らく対面していない秀頼と会いたいと言い出した。

この会見は、先に見た慶長五年九月の家康凱旋時の大坂城内での謁見以来なので、実に十一

年ぶりということになる。慶長五年当時八歳だった秀頼は十九歳になっていた。大坂の陣の頃の秀頼を評した史料では「大兵にて御丈六尺五寸」(『明良洪範《めいりょうこうはん》』)、「世に無き御太り也」(『長沢聞書』)などとあり、具体的な数字はともかく、この頃の秀頼も既に堂々たる体軀の青年武将になっていたはずだ。

秀頼は三月二十七日に大坂を出発し、翌日二条城で家康と会見した。『当代記』によれば、この時家康は、まず御成りの間に秀頼を安座させ、そののちに自分が御成りの間に入り秀頼と対座するとの意向を示したが、秀頼は固辞し、まず家康を御成りの間に据えてから自らが着座すると主張した。両者の立場は対等だが、あくまで長幼の序を守ろうとした秀頼の態度は立派なものであったといえよう。

こうした秀頼の成長ぶりを見て、家康がいかなる感慨を抱いたか、直接うかがうことは難しいが、当時、「御所柿はひとり熟して落ちにけり　木の下にいて拾う秀頼」という落首が京都の町中に出回ったというから、既に齢七十に達する大御所家康は遠からず亡くなり、その後天下を手に入れるのは秀頼だ、という世評があったことは確かなようだ。

†大坂冬の陣と巨大な大坂城の出現

その三年後の慶長十九年、東山方広寺《ほうこう》の大仏開眼供養が八月三日に行なわれる運びとなった。

しかしその直前の七月二十一日に突如駿府から、同時に新鋳された大鐘の銘文に「関東不吉の文言」があるとのクレームがついた。幕府の儒官林羅山《はやしらざん》が、銘文中の「国家安康」が家康の名を二分し、「君臣豊楽」が豊臣を君として楽しむ、と読み解いたところ、これを聞いた大御所家康が激怒したというのである（図22）。

家康の機嫌を損ねては豊臣家の存立も危ういと見た秀頼は、開眼供養を延期し、釈明のため側近の片桐東市正且元《いちのかみかつもと》を派遣する。駿府滞在一ヶ月に及んだ且元は、大坂城に帰るや家康の意向を次のように披露した。家康の意向は①秀頼が江戸に参勤するか、②淀殿が人質として江戸に下るか、③豊臣氏が大坂を明け渡して所替えに応じるか、であると。これを聞いた重臣らは激怒し、且元が徳川に内通したのではと疑ったという。身の危険を感じた且元は城内二ノ丸にあった自邸（現城内二ノ丸梅林付近。江戸時代には市正《いちのかみ》曲輪と呼ばれていた）に引き籠もり、秀頼や淀殿からの再三の出仕要請にも応じず、十月一日、弟の貞隆とともに茨木城へ退去した。

その頃家康は少し体調がすぐれなかったらしいが、且元と大坂城本丸衆との確執の報に接するや「御本望と仰せ出だされ、御太刀をがばと御ぬき成され、床へ御飛びあがりなされ」（『見聞書』）て、即座に幕下の諸大名に出陣を命じたという。こうした大坂城内での紛糾こそ家康が待望していたものであったのだろう。程なく家康も秀忠も相次いで駿府と江戸を出発して京都を目指した。

図22　方広寺大鐘の銘文

一方の大坂方は、且元追放直後から惣構の城塞化に取り組み、大川で分断される弱点のある天満城下町を惣構から除外し、上町城下町の四周に塀や櫓をめぐらす工作を開始した。慶長十九年十月十一日付中井正清宛中井利次書状には次のようにある（『大工頭中井家文書』）。

将又、大坂の様子いよいよ惣まわりの川端、塀仕り、天王寺口にも堀を掘り、井楼なとも仕り、事のほか用意つかまつり候躰のよし候

大坂方がそれまでなかった塀や櫓を惣構の堀端に付設して要害化を図る様子がうかがえるが、この大坂籠城の様子を描いたのが「大坂冬の陣両軍配陣図」（江戸東京博物館蔵）である（口絵2）。これは、冬の陣の際、徳川方陣中で販売していたと伝わる瓦版で、最終末期の豊臣大坂

城の全貌を今に伝える貴重なもの。「本丸」のなかに「さくらのもん」（桜の門）や「せんてうしき」（千畳敷）御殿が描かれている（中村「最古の真田丸図補論」）。

こうして「惣構」としての上町城下町を城内に取り込む新たな「三ノ丸」が出現し、大坂城の城域は一気に約二・二キロ四方、四・八平方キロにまで拡大したのである。

十一月十五日、家康は二条城を出ると大和路から大坂に向かい、一方の秀忠は伏見城から八幡を通り、生駒山西麓を南北に走る河内路（東高野街道）を進んで大坂を目指した。その頃には、家康の下知《げち》に応じた諸将も各地から大坂城周辺に到着し、城を取り巻くように布陣していた。

一方の豊臣方はといえば、秀頼の参陣要請に秀吉恩顧の大名たちは一人も応じなかった。代わりに集まった主な連中は、元土佐国主の長宗我部《ちょうそかべ》盛親《もりちか》、元豊前《ぶぜん》小倉《こくら》城主の毛利勝永《かつなが》らを筆頭に、紀州九度山《くどやま》に逼塞していた真田《さなだ》信繁《のぶしげ》、宇喜多家家老の明石全登《たけのり》らのいわゆる関ケ原浪人たち、当主との不仲の故に主家を去った後藤基次《ごとうもとつぐ》（元黒田家）、塙直之《ばんなおゆき》（元加藤嘉明家）らであった。中でも異彩を放ったのは南部家の重臣であったが当主利直と仲が悪く出奔した北信景《きたのぶかげ》で、ド派手な行装で入城し、「南部の光武者」と持てはやされたという（『祐清私記《ゆうせいしき》』）。

冬の陣の戦いは十一月十九日に東軍の蜂須賀・浅野らの兵が西軍の木津川口砦を急襲し奪取したことから始まった。翌月十九日の和睦に至るまでの一カ月に及ぶ合戦で、惣構堀を頼んで大坂城に籠る西軍と、その四周を雲霞《うんか》のように取り巻く東軍という構図が崩れることはなく、おおむね両軍対峙のまま経過した。十一月二十八日の「鴫野《しぎの》今福《いまふく》の戦い」、十二月四日の「真田出丸の戦い」、十二月十七日の「本町橋の夜討ち」などが目立った戦闘であったに過ぎない。

家康は、厳冬における長期の野陣が寄せ手にとって不利なことを充分承知しており、早くから和平を模索した。一方の大坂方も寄せ手の執拗な砲撃に悩まされる有様で、次第に双方に和睦の機運が漂っていった。両者は協議を重ね、年も押し詰まった十二月二十二日に誓書を交換して和解し、徳川方は兵を引き上げることとなった。ただし和睦の条件に、本丸を残し、それを取り巻く曲輪の堀や壁などは破却するというものがあった。『大坂冬陣記』によれば、それは次のようなものであった。

大坂本城のみ、二丸・三丸皆壊平すべし、然らば母儀《ぼぎ》質たるに及ばず（中略）、大御所より本座・新座異儀有るべからずの誓紙下さる

これは二ノ丸、三ノ丸の堀を埋め、堀際にあった櫓や塀などを破却することを意味した。この条件を飲めば、母の淀殿を人質として江戸に送らなくてもよいし、譜代や新参の大坂籠城衆もお構いなし、というのである。

こうして、早くも誓詞交換の翌二十三日には、徳川方の手で三ノ丸の堀を埋める作業が始められたが、一方の二ノ丸の破却は豊臣方の手で行なう、との付帯条件がついていた(『大坂冬陣記』)。ところが、数日で三ノ丸の破却を終えた徳川方は、豊臣方からの再三の抗議を無視して二ノ丸の破却にも取り掛かり、翌年一月十九日までに二ノ丸・三ノ丸破却の作業を完了してしまった。こうして大坂城は内堀に囲まれた本丸ばかりとなったのだが、その姿について南禅寺の金地院《こんちいん》崇伝《すうでん》は次のような感慨を残している(『本光国師日記《ほんこうこくしにっき》』)。

大坂之儀、堀埋まり本丸計《ばか》りにて浅間しくなり、見苦しき体にて御座候

†大坂夏の陣と大坂落城

こうして、ともかくも大坂にはつかの間の平和が訪れたが、一カ月半後の三月五日には京都所司代の板倉勝重《かつしげ》から家康・秀忠の元に、豊臣方が埋められた大坂城の堀を掘り返し始め、既に膝の深さにまでなっているとの情報がもたらされた(〔慶長二十年〕三月五日付両御所宛板倉勝重書状)。

大坂表惣構塀柵を付け申し候事、埋め候堀の土をあけ、浅き所は腰長、深き所は肩を越し

申し候よし

以後、豊臣方再軍備の報が相次いでもたらされるが、これを大坂再征の口実と見た家康は早速諸将に再度の出陣を指示し、四月に入ると自身と秀忠はまたも相次いで上洛した。

五月五日、この時も東軍は河内路方面軍と大和路方面軍に分かれて大坂を目指したが、家康・秀忠の二人は前回とは違ってともに河内路を通った。

こうした東軍の動きに対する大坂方にはもはや拠るべき惣構はない。そこで、やむなく野戦に討って出ることとし、五月六日の払暁、大和から河内平野を目指す徳川勢を後藤基次の軍勢が道明寺辺りで襲った。戦闘は早朝から八時間にも及んだが、結局後藤隊は壊滅する。この合戦には薄田兼相《すすきだかねすけ》・真田信繁らも参加予定だったが、折からの濃霧のため遅参し、彼らが到着したのは後藤らが壊滅した後であったという。何とも統率のとれない豊臣方である。

一方、河内路を南下してくる徳川本隊を側面攻撃すべく、八尾・若江方面では長宗我部盛親・木村重成らが待ち受けていた。彼らは東軍の先鋒藤堂高虎・井伊直孝隊と激突し、一時は多大な犠牲を与えたが、結局衆寡敵《しゅうかてき》せず、木村の討ち死にを機に長宗我部らは城に引き上げた。

こうして、双方多大な犠牲を出しながらも、徳川主力は大坂城の南方天王寺辺に布陣し、迎え撃つ大坂方は城内で明日の決戦に備えることとなった。

五月七日。この日の戦闘は大きく、茶臼山付近を舞台とする「天王寺口の戦い」と玉造《たまつくり》から生野《いくの》方面での「岡山口の戦い」に分けられるが、前者では越前の松平忠直隊と激突した真田隊の働きが抜群で、大阪城天守閣所蔵『大坂夏の陣図屛風』の右隻中央には激突寸前のその雄姿が大きく描かれている。真田隊は、その後三度も家康本陣間近まで攻め寄せたといい、その勇猛な姿を『薩藩旧記《さつぱんきゆうき》』は次のように記す。

五月七日に御所様之御陣へ真田左衛門、仕かかり候て、御陣衆追ちらし討捕り申し候、御陣衆三里ほとつつ逃げ候衆は皆生きのこられ候、三度めに真田も討死にて候、真田日本一之兵、いにしへよりの物語にもこれ無き由、惣別これのみ申す事に候

また同書には「今度大坂御城之衆合戦之様子、扨々《さてさて》昔にも今にも比類無き手柄、筆紙に尽くしがたく候」ともあり、烏合の衆と見られがちな豊臣方将兵の働きぶりが見事であった様子がうかがわれる。

とはいえ結局豊臣方は敗れ、午後二時頃には本丸が焼け始め、夜には天守にも火がかかり一晩中燃え続けたというが、慶長五年に家康が西ノ丸に作らせた天守も夏の陣当時まで残っていたことが分かっている（「二ノ丸てんしゆの下にて、おくより出申者鑓つけ首を取申候」加賀藩大坂

夏の陣首取帳）から、このとき一緒に焼けてしまったのだろう。

さて、この大坂炎上の様子を、京都御所の清涼殿の屋根の上から見物していた男がいた。その日、宿直にあたっていた土御門泰重《つちみかどやすしげ》である。その日記（『土御門泰重卿記』）にいう。

五月七日、晴天、大坂表之御はなし落城之由申し候、火の手あかり申し候を、清涼殿屋根より見物申し候、昼之八時（午後二時前後）より夜半時分まで火焔見申し候

秀吉の築城以来三十三年目にして「三国無双の名城」と謳われた大坂城も落城の憂き目を見たのだった。翌八日未ノ刻（午後二時頃）には焼け残った唐物蔵に潜んでいた秀頼とその母淀殿はじめ主従三十名が蔵に火を懸けて自刃、豊臣家も秀吉―秀頼の二代で滅亡することとなった。

五月二十三日には秀頼の長男国松《くにまつ》（八歳、一六〇八年生）も六条河原で処刑され、その血筋も絶えることとなった。これについて、醍醐寺の義演は次のような感慨を漏らしている（『義演准后日記』）。

太閤様御流、悉《ことごと》く断絶、秦始皇の如し

ここで、義演が「秦始皇の如し」と言うのは、秦《しん》の始皇帝《しこうてい》の没後、二世皇帝胡亥《こがい》は三年後に自殺、わずか二代で秦が滅亡したことを指す。

なお、千姫の嘆願によって処刑を免れた秀頼の長女がいたが（名は不詳、一六〇九年生）、その後まもなく鎌倉の東慶寺に入り、天秀尼《てんしゅうに》と名乗って東慶寺二十世住持となる。そして彼女が正保二年（一六四五）に没したことで、秀吉直系の血筋は最終的に途絶えることとなった。

【コラム4】黒田如水妻らの大坂脱出事件

慶長三年八月に秀吉が死に、翌年閏三月に前田利家も亡くなると、徳川家康の専横が目立つようになり、それを嫌う毛利輝元・宇喜多秀家・上杉景勝らとの対立が露わになった。慶長四年九月に下坂し、そのまま大坂城西ノ丸に入り越年した家康は、慶長五年六月、上杉景勝に謀叛の疑いありとして、将兵を率いて大坂城を出発し会津攻めに赴いた。すると、その隙を突いて、反家康方の総師であった毛利輝元が西ノ丸に入り、同じ頃から豊臣家の奉行たちは、大坂城下の屋敷にいた大名の妻子、特に家康に従って関東に赴いた諸将の妻子を城内に拉致しようとした。それを拒んだ細川忠興の妻が屋敷に火を放ち、家臣に胸を突かせて死んだのは前述のとおりである。
こうした緊迫した情勢のもと、家康に従って関東に赴く黒田長政は、あらかじめ重臣の母《も》里《り》太兵衛（友信。名槍「日本号」の所持で有名）や栗山四郎右衛門（利安）らに命じ、緊急の場合には天満の黒田屋敷から父如水《じょすい》（孝高《よしたか》）室（長政の母）・長政室を大坂から脱出させるよう指示していた。その顚末《てんまつ》を記した記事が『黒田家譜』巻之九にある。

此時如水は豊前にあり。長政は大坂天満の宅に居たまひけるに、（中略）長政大坂天満の宅にて、かねて家臣母里太兵衛、栗山四郎右衛門、宮崎助大夫を近づけてのたまひけるは、内府公（家康のこと）関東へ御下向の跡、もし騒動の事あらば、内府公御身方の大名の屋敷に、定て番をつけ妻子を人質として城中へ取入るべし。いかにもして、我が母上と妻とを、ひそかに恙なく本国へ下すべし。城中に人質にとらるゝ事なかれ。然れとも乱いまた出来ざる内に、母と妻とを本国へ下す事、是又然るべからざる事なれば、時節を考へ、いかにも忍びてひそかに下すべし。

長政は、家康が大坂を去った後、大坂の奉行たちが家康に味方する大名の屋敷に監視を付け、妻子を人質にするべく城内に拉致するだろうことを懸念していた。そこで、そうなる前に自分の母と妻、二人の奥方をひそかに本国豊前に下すようにとの密命を母里・栗山らに与えたが、果たして騒動は勃発した。

長政関東へ下り給ひて後、石田治部少輔乱を起し、大坂ことの外騒動す。長政の家臣母里太兵衛・栗山四郎右衛門相談して、如水・長政の内室此屋敷に其まゝ居給はば、必ず敵の方に人質に取らるべし。敵に取られぬ先に、かねて町屋へ忍て出し置奉りて後、中津へ下し申さんと議定しける。其比《そのころ》天満の町に納屋《なや》小左衛門とて、長政の屋形へ出入する商人あり。（中略）小左衛門たやすく請合、両人の御内室是へ御越あらば、内蔵へ入れ置まいらせ候はんとぞ申ける。（中略）長政の屋形には、既に遠見の番付たりとみえしかば、太兵衛・四郎右衛門相談し、門より忍びて出し申さん事叶はじとおもひければ、屋形のうしろ風呂屋の壁の下をうがち、太兵衛夜にまぎれ身にはあら布のふるきかたびらを着し、商人の姿になり、かねてより商人の売物をいるゝしがかごといふ物を二つもとめ置て、二人の内室を俵につゝみて両方に入れまいらせ、売物を入れたる様にこしらへ、太兵衛棒にて是をになひ、彼壁をうかちたる所より夜中に出しまいらせける。

佐和山城に蟄居していた石田三成が、家康らの東下を聞いて蜂起し、大坂もにわかに騒がしくなってきた。そうした情勢を受け、二人の奥方が人質に取られる事態が間近に迫ったことを察した母里・栗山らは、二人を天満の町人納屋小左衛門の屋敷に移すこととした。ただ、既に長政の屋敷には豊臣方の監視が付いているので普通に外出させることはできない。そこで、天満屋敷の後ろにあった風呂屋の壁の下に穴をあけ、二人をそれぞれ俵に入れ、彼らは商人の姿となって「しがかご」に入れた二つの俵を担い、壁の穴から夜中ひそかに小左衛門の屋敷まで運び入れたのであった。

大坂の城より往来の人を察せんため、福嶋の下伝法河《でんぼうがわ》・木津河《きづかわ》両方へ流るゝ岐《ちまた》に、早船《はやぶね》を浮べ兵具を立並へ、百人余取乗て、小舟をも二艘うかべ置き、非常をとゞめ女を通さざりければ、両人の内室を下すべきやうなし。かゝる所に、家康公へ同意の諸大名の内室を、大坂の本丸に人質にとり入んとて、七月十七日先細川越中守忠興の屋敷、城辺近き所なればとて、大勢を遣し、人質にとらんとす。（中略）此戦の時鉄砲の音夥しく聞え、城近く火事出来たるを、彼番船の者共見て、いそぎ小舟に乗て馳せ行ければ、番所には人ずくなに見えけるか、（中略）其者いそぎ太兵衛が宿所へ行て此由を告ければ、太兵衛よき透間なりと悦て、いそぎ二人の内室に、只今船にのせ申さん由を申しける。

その頃、大坂方は城下への人の出入りを検分するため、福島の下方で伝法川と木津川との合流地点（淀川の河口）に早船や小船を配置し、大坂から脱出しようとする女性を通さないようにしていたので、彼らはどうしたものかと苦慮していた。そうしたなか、七月十七日に玉造の屋敷にいた細川忠興の奥方を強制的に城内に移そうとして騒動が起こった。その時、天満の黒田邸でも鉄砲の音が聞こえたり、城近くで出火するなど大きな騒動が生じていた。番船で出入りを検する兵士の多くがそちらに駆け付けたので、番所を守る者が少なくなった。母里らは、これ幸いと二人の帰国を実行に移すこととし、急いでこれから船にお乗せする旨を言上した。

かねて用意したる大なる箱に、二人の内室をいれ、小左衛門うらの川より小舟にのせ申し、太兵衛是を守護し川口へ下る。（中略）既に番所に着けれは、太兵衛船より飛下り、番所の頭に菅右衛門八といふ者、元来知人なりしが、彼に打向ひて、在所へ用事有て罷下り候。船の中心元なく候はば、御改め候へとて、彼の大身の鎗を自身持て立たりける。（中略）船中を改め申に及ばず。いそぎ御通り候へと申けれは、両人の内室は虎口の難をのがれ、事故なく通りたまひける。かくて伝法に下り、かねて用意したりし梶原太郎左衛門が船に、二人の内室をのせ申し、宮崎助大夫など付したがひて下りける。（中

略）夜を日に続《つい》でゆくほどに、折ふし日和よく順風吹て、大坂を出て四日には豊前中津川にぞ着にける。（以下略）

かねて用意しておいた大きな箱に二人を入れて脱出させようとしたが、既に天満の各口が封鎖されており、彼女らをかくまっていた小左衛門の屋敷裏の川から箱に入れた二人を船に乗せ、大川を下って、大坂方の菅右衛門八《かんえもはち》が守る番所を通過するしかなかった。これには大きな危険が伴ったが、この右衛門八と太兵衛が知人だったため、また「彼の大身の鑓」（日本号の槍のことか）を持って立ち構えたせいもあろうか、船中を改められることもなく、奥方二人はまさに「虎口《ここう》の難」を逃れて別の大きな船に乗り継ぎ、四日目に無事豊前の中津《なかつ》（如水の居城があった）に到着したのであった。

＊

この史料が伝えるのは、東軍諸将の内室らが置かれていた緊迫した状況下で、天満の黒田邸を舞台に繰り広げられた脱出劇である。この頃の、豊臣方と在坂の東軍諸将妻子との間に漂う緊張感や城内拉致の実態を生々しく語る稀有な記録と言えよう。

第四章

松平忠明の時代

1 本丸の石垣撤去と日用普請による修復

†大坂城本丸、破却される

こうして大坂城は落城したが、徳川幕府はその大坂城をどうしたのだろうか。

夏の陣後の一国一城令(慶長二十年閏六月十三日)・武家諸法度《ぶけしょはっと》(同年七月七日)で、幕府は不要な城の破却を押し進め、原則的には大名の居城のみを残し、その他の端城《はじろ》はそれが二度と機能しないように破却、いわゆる「城破《しろわ》り」を行なうように命じた。

ところが、大坂城の場合、冬の陣の和睦後に二ノ丸・三ノ丸(=惣構)が破却され、翌年正月下旬頃には、本丸ばかりの浅ましい姿となっていたが、夏の陣直後にそれがどのように破却されたかはまったく分かっていない。というより、破却されたかさえ不明のままである。

江戸時代金座《きんざ》を支配した後藤家の家伝史料によれば、夏の陣後間もなく、後藤光次《みつつぐ》らに命じて実施された城内に残る金銀の回収作業があり、金二万八千六百枚、銀二万四百枚を京都へ持ち上ったことが分かる(後藤家「家伝史料」)。

また夏の陣遅参の大名に対して、百ヶ日の焼け跡掃除が命ぜられたことも分かっているが、破却についてはやはり不明である。

さて、山口県文書館に「大坂御城御普請ニ付而諸大名衆江地口坪割之図」と題する徳川期の大坂城普請大名丁場割図《ふしんだいみょうちょうばわりず》がある（図23）。これは元和六年に始まった大坂城再築第一期普請の丁場割図（大名の分担区域を示す図）で、本丸が豊臣期のままの姿をとどめているのが大きな特徴である。この図と本丸図（口絵1）を比較してみると、後者にあって前者にはない石垣がある。破線で示したのがその個所である。小さな相違はともかく、注目されるのは本丸の中枢部である詰ノ丸の表門枡形とその東西に連なる石垣、とりわけ西側の石垣では詰ノ丸西北部の裏門付近まで百五十メートル以上が存在しないことだ。つまり、この個所の石垣は撤去されていたのである。これによって、詰ノ丸の表門・裏門ともその機能を果たせない状態になったから、大坂城は城郭としての基本的な性格を失っていたことが分かる。したがって、そこに明瞭な破却の意志が働いていたことは明らかで、これが夏の陣直後に幕府の手で行なわれた大坂城の「城割り」に他ならないと考えられる。

その一方で、天守台や本丸の表・裏門である桜門・極楽橋門の枡形などの要所は手付かずのまま残されているようなので、例えば肥前名護屋《なごや》城における大規模な破却振りと比較すればその不徹底さは免れない。これはなぜだろうか。

このことは、夏の陣後間もない六月八日に大坂城が徳川家康の外孫松平忠明《ただあきら》に与えられて

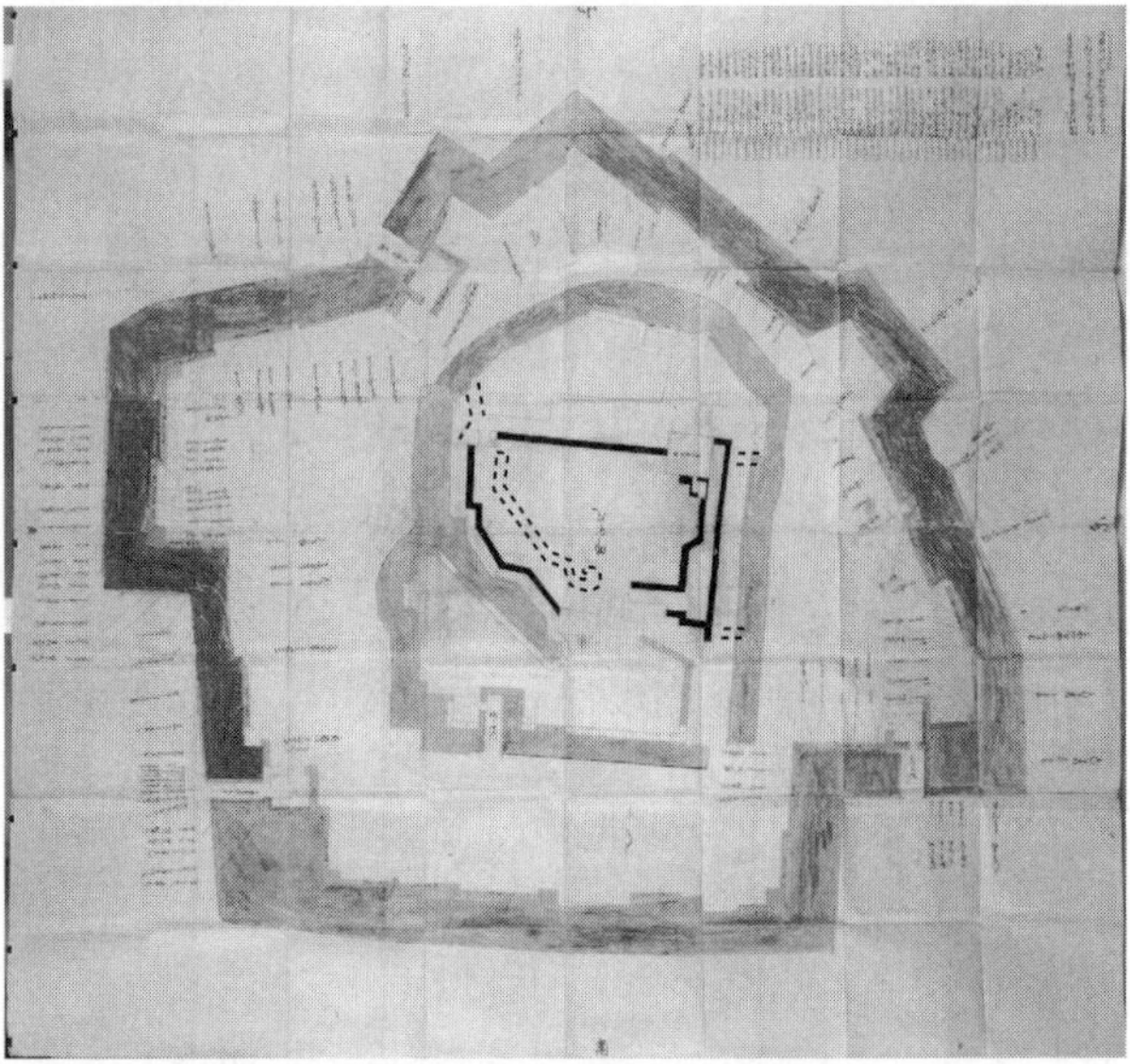

図23　大坂城第一期普請丁場割図（破線は著者による）

いることから説明できるのではないだろうか。幕府としては、豊臣家ゆかりの城としての大坂城は何らかの形で破却せざるを得ないが、新たな城主忠明のためには修復すべき城という矛盾した立場を取らざるを得なかったと。

そこで、次に夏の陣直後に行なわれた大坂城の修復工事について述べておこう。

†本格普請に先立って行なわれた日用普請

徳川幕府の大坂城再築工事については、元和六年三月からの最初の普請に先立ち、夏の陣後間もなく大坂城主となった松平忠明の時代に何らかの普請が行なわれた可能性が指摘されてきた。その根拠のひとつが、次の（元和六年）正月十五日付細川内記《だいき》（忠興三男で、細川家を継いだ忠利のこと）書状（『綿考輯録《めんこうしゅうろく》』）である。

一、大坂御普請、只今迄日雇之仕立分、悉く御築き直し成さるるに付て、坪数まし壱万石二五十坪ほどのあたりにて御座候、昨日右之段仰せ出だされ出候

これまで日雇《ひやと》いによって仕立てられた普請の箇所が、ことごとく築き直しとなったため普請参加の大名の分担が増したというのである。日雇い普請は元和六年三月に始まる普請に先立って行なわれたものだから、その時期を松平時代とした。

この普請は史料に恵まれず、長らく実態が分からないままだったが、近年、これに関する興味深い史料が紹介された。それは延宝三年（一六七五）八月二十八日付の西島八兵衛之友《ゆきとも》（藤堂高虎家臣）書状である。

大坂御普請三度かと御聞き成され候由、其通りに御座候、落城追付て日用普請に仰せ付けられ候、扨元和五年未ノ年台徳院様大坂へ成りなされ、御縄張仰せ付けられ、最初之日用普請打崩し西国大名衆に仰せ付けられ候

（藤堂式部家文書）

ここで之友は、大坂城普請は三度（三期のこと）かとの問いかけにその通りと答え、大坂城は夏の陣の落城後間もなく、一旦日用《ひよう》（日雇い）普請で修復されたが、元和五年秀忠が大坂へ下向して新たな縄張りをさせ、先の日用普請分は崩して西国大名に改めて再築を命ぜられた、と述べている。この日用普請は先の細川内記書状の日雇い仕立分に相当するだろう。

このように、夏の陣で灰燼に帰した大坂城は、その後まもなく日用普請で何らかの修復が加えられている。工事の実態はよく分からないが、元和五年に改めて本格的な縄張りをしていることからも、城郭としての最低の機能を確保するため、冬の陣の和睦で埋められた二ノ丸の堀を掘りかえし、壊された石垣を積みなおすというような部分的修復だったと思われる。この点は先の内記書状に、日雇の仕立て分が築き直しとなった結果各大名の負担が増したとあるから、日雇の仕立てがされなかったところがあり、むしろその部分こそ普請大名による本来の築き直し予定箇所ということになることからもうかがえる。

ただ、この普請がこれまで推定されてきたように、松平忠明によるものかどうかは決めがたい。「落城追付て」という表現からは、夏の陣直後に幕命で行なわれたようにも思われる。むしろ、先に見た本丸内詰ノ丸石垣の一部破却は幕命によると考えられるので、破却と修復は統一した意図のもとに実施された可能性もあるのではないだろうか。

いずれにしろ、夏の陣直後に大坂城の破却と修復がほぼ同時期に行なわれ、その折衷的な姿勢のあらわれが、前述した「城破り」の手法に具現したのであろう。とすれば、先の破却は秀吉夫妻の居所であり、城主が最後に拠るべき詰ノ丸の機能をなくすという意味での儀礼的な「城破り」行為だったと、ここで改めて確認しておきたい。

ところで、新たな城主松平忠明は、意外なことに大坂城内に住むことはなく、「天満橋之南」に屋敷を構えてそこで政務を執ったというが、そうであればこそ、本丸は「城破り」状態のまま元和六年まで残ったともいえるだろう。

2　松平忠明の事績

†大坂城三重構造説と四重構造説

松平忠明は天正十一年（一五八三）、三河新城《しんしろ》城主奥平信昌《おくだいらのぶまさ》と徳川家康の長女亀姫の四男として生まれた。同十六年には早くも外祖父家康の養子となって松平の姓を授けられ、文禄元年（一五九二）には叔父徳川秀忠の偏諱《へんき》を得て忠明と名乗り、慶長十五年には二十七歳で伊勢亀山五万石の城主となった。

そして同二十年（七月に元和《げんな》と改元）六月には大坂の陣における戦功によって豊臣氏滅亡後の大坂城主に抜擢され、十万石を拝領したのである。しかしわずか五年後の元和五年七月、秀忠の意向によって二万石を加増のうえ大和郡山城へ移された。

さて、この五年間に忠明が大坂において行なった事績にはどんなものがあるのか、といえば、大坂城三ノ丸の壊平と市街地開放、伏見町人の大坂移住、墓地・寺院の外郭部への移転と集中、周辺農地の市街地化、道頓堀・江戸堀・京町堀の開削、町割りの実施と水帳《みずちょう》の制定などの諸事業が行なわれたとされてきた（『大阪市史』第一）。

しかし、近年、これらの根拠となった史料の批判的検討が行なわれて、その多くが忠明移封後の幕府直轄時代のものであることが見出されている。そうしたなか、ここで取り上げたいのは「大坂城三ノ丸の壊平《かいへい》と市街地開放」といわれているもので、現在でも忠明の事績と見なす見解が多い。これは豊臣時代の三ノ丸を壊平し、そこを新たに市街地として開放したとされる事業で、『大阪市史』第一には次のようにある（傍線引用者）。

大坂城はもと本丸・二ノ丸・三ノ丸より成りしが、忠明移り住むに及び、本丸二ノ丸を以て城地に当て、三ノ丸を壊平して新たに市街を開かんとせり。

すなわち、豊臣時代大坂城の構造は、本丸・二ノ丸・三ノ丸より成るものであったが、松平忠明が城主となるに及んで、本丸と二ノ丸のみを城地とし、三ノ丸はこれを壊平して新たに市街地を開こうとした、というのである。

豊臣時代大坂城の平面構造についての戦前までの見解は、参謀本部編『日本戦史――大阪《ママ》の役』（一八九七年）の見解に代表されるように、もっぱら本丸・二ノ丸・三ノ丸がほぼ同心円状に配置される輪郭式の三重構造であるとの説を採っていた（以下、この考えを三重構造説とい う）。そのことは、『日本戦史』所載の大坂城全図（図24-1）を見ればよく分かる。ここで三ノ丸の形状・規模について、『大阪市史』第一によって窺うと、

三ノ丸は二ノ丸を囲繞し、東は大和川、北は大川を境とし、西は東横堀川、南は空堀を以て限れり。本丸・二ノ丸・三ノ丸の周囲合計三里八町といふ。大坂城の総構堀は文禄三年正月、伏見城三ノ丸の石垣幷に総構堀の工事と同時に命ぜられたるもの（以下略）

とあり、三ノ丸をもって二ノ丸を囲う最も外側の曲輪とし、その四至は東が大和川（これは誤りで、猫間川が正しい）、南が空堀、西が東横堀川、北が大川であったとする。そして三ノ丸を囲む惣構堀の普請は、文禄三年正月に伏見城の普請と同時に発令され、実施されたとの認識

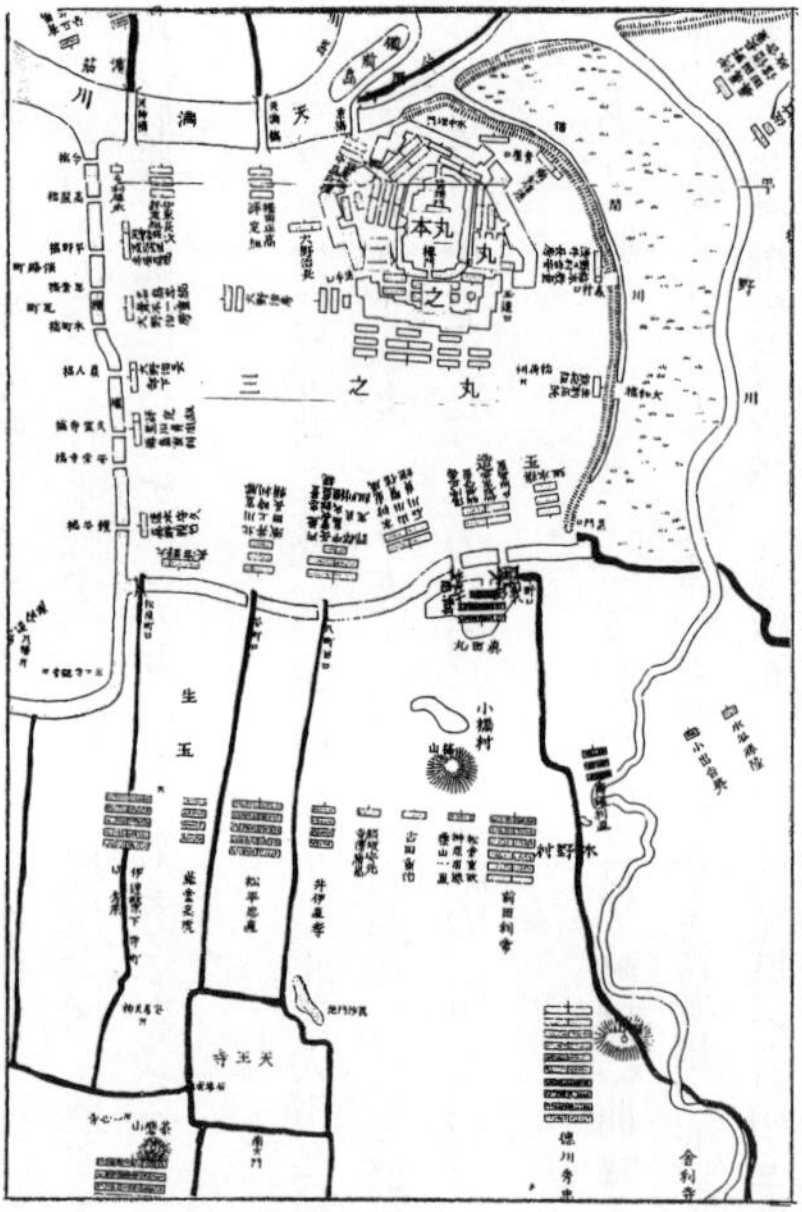

図24-1　『日本戦史　大阪の役』所収の大坂城図にみる大坂城の三重構造

を示している。すなわち市史は、文禄三年の惣構堀開削によって新たに囲い込まれた大坂城の最外郭を三ノ丸だと理解している。

　こうしたいわば明治以来の見解が、戦後十数年頃までは定説とされていたのである。

　ところが一九六〇年、櫻井成広によってまずこの三ノ丸と惣構堀についての異論が出され、さらに一九七〇年以降、櫻井の説を批判的に継承する形で、岡本良一によって大坂城の構造は本丸・二ノ丸・三ノ丸・惣構という四重の輪郭式曲輪から成っていたという説（以下、四重構造説という）が提唱された。すなわち惣構堀は、三ノ丸を囲む堀ではなく惣構というひとつの曲輪を囲む堀であるとの理解である。

以後、四重構造説はさまざまに補強されながら今日に至っているのであるが、それらによれば、文禄三年に惣構堀をめぐらして築かれたのは惣構という大坂城最外郭の曲輪であり、さらに秀吉最晩年の慶長三年になって、大坂城強化の目的で二ノ丸と惣構の中間に、堀をめぐらして成立したのが三ノ丸という新たな曲輪だということになる（図24-2）。

こうして設置された三ノ丸は、それまであった町家を城外に移転させ、その跡地には伏見から移住させた大名の屋敷が建てられて、純粋の武家地になったとされる。すなわち、文禄三年に築かれた惣構内部には、武士と町人の居住区が混在していたが、この工事によって二ノ丸堀に近い区域のみが新たに囲われ、三ノ丸として完全に武家屋敷地化されたとするのである。

以上のように、三ノ丸を壊平したといっても、戦前までの三重構造説と戦後に提唱された四重構造説とでは、三ノ丸の意味内容とそれに伴う具体的な地域比定が大きく異なる。三重構造説に立ってみると、三ノ丸をもって大坂城の最外郭と理解しているから、三ノ丸を壊平することによって二ノ丸を囲む堀の外側の地が市街地として開放されたこととなるが、四重構造説で理解しようとすると、次のように当該地のいささか複雑な変遷過程を想定せざるを得なくなってしまう。

現在知られるもっとも古い寛永八・九年（一六三一・三二年）頃成立の「大坂御城幷町中之図」以来、幕末の絵図にいたるまで、大坂城外堀を半ば取り囲むように、その南・西部に広大

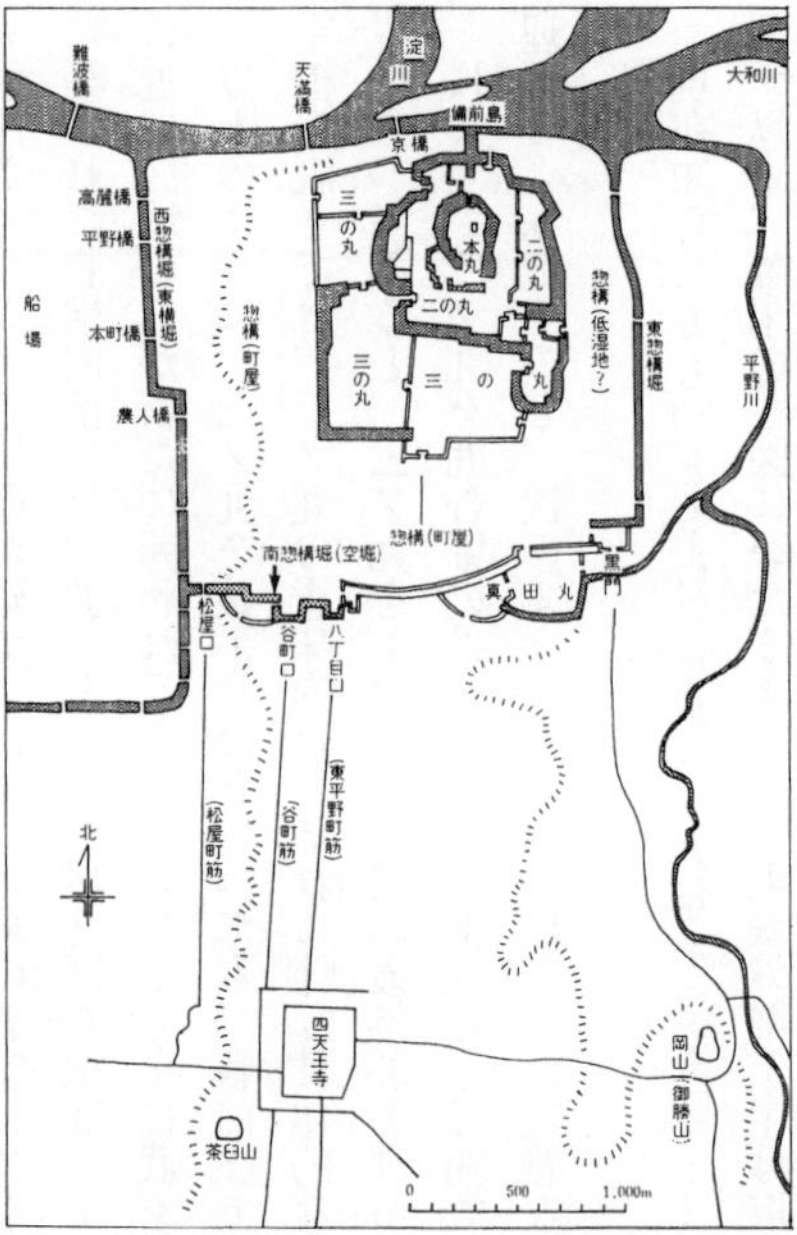

図24-2　『僊台武鑑』所収の大坂城図による大坂城の四重構造

な武家地の広がっている状況が見て取れる（図25）。ここは大坂城代の下屋敷を始めとする大坂在番諸士の屋敷地であるから、城内ではないが、かといって市街地として開放されたともいえない地域である。したがって、四重構造説に立つならば、慶長三年に三ノ丸として武家地となったこの地域は元和元年頃、松平忠明によっていったん「壊平」されて市街地となった後、寛永八年頃までにまたもや住民を他所に追いやって武家地としたという変遷を辿ったと見なさざるを得ない。しかし、この時期に再びそうした住民の移動が行なわれたことを物語る史料は存在しない。四重構造説に立った「三ノ丸壊平・市街地開放」論は成立しがたいのである。

では三重構造説に立ってすべて説明することができるかといえば、残念ながらそうでもない。というのは、四重構造説であっても三重構造説であっても、惣構堀によって囲まれた三ノ丸を純粋な武家地であったと見なしているのは共通しており、それを開いて市街地としたのだと理解しているからである。

ところが、大坂の陣に豊臣方として籠城した山口休庵の『大坂陣山口休庵咄』には、「惣がまへ、西は高麗橋筋横堀の内、南は八丁目黒門の内、町屋は壱間もこぼち申さず候」とあって、三ノ丸内に町屋があったことは明らかである。すなわち、三ノ丸は決して武家専用地ではなく、武家・町人混在地域だった。そ

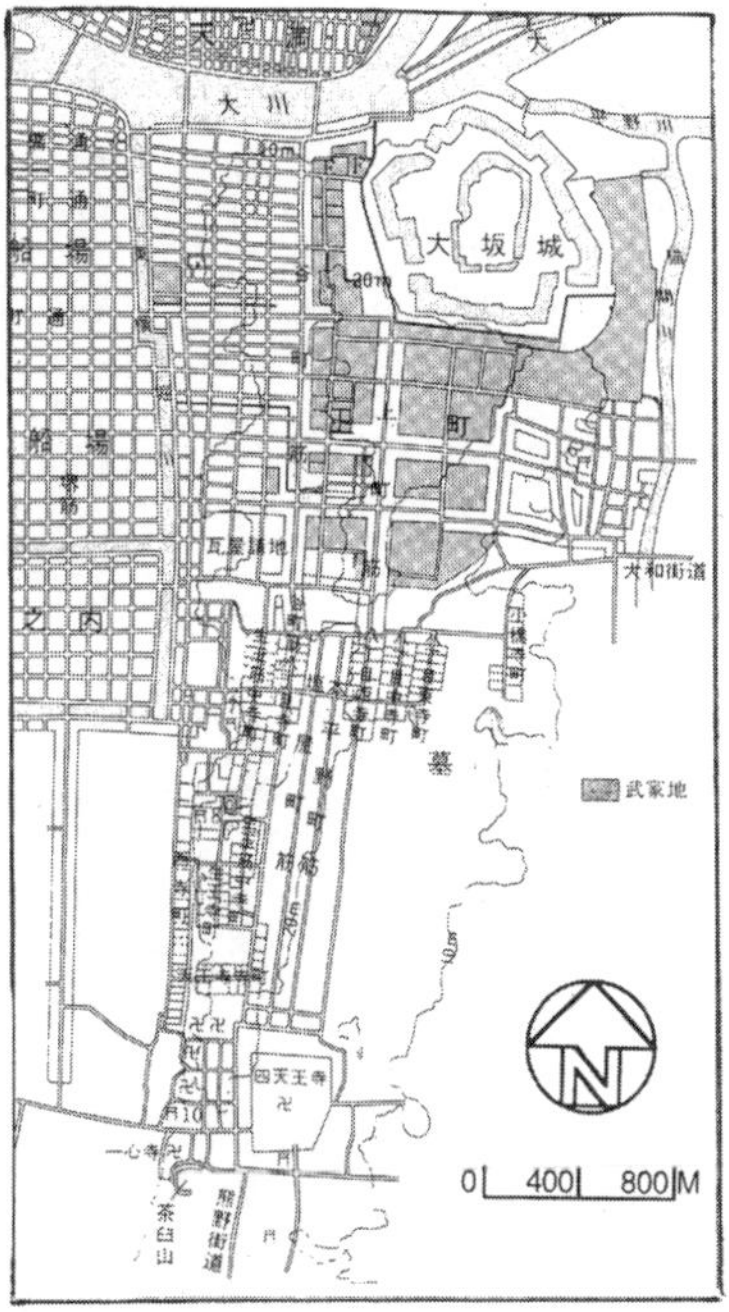

図25　徳川期の大坂城と近傍地（網掛けが武家地）
［明暦元年（1655）の大坂三郷町絵図による］

して、次の記録にあるように、三ノ丸の内部で武家地と町人地との住み分けがなされていた様子がうかがえる（「元和《げんな》大坂役《おおさかのえき》将士《しょうし》自筆軍功文書」前田育徳会尊経閣文庫蔵）。

一昨日七日に城御せめ成され候刻、（中略）それより三のまるのうち侍町大手の筋へ罷越し候へば敵出で申し候て

（「百二十ノ二　佐藤瀬兵衛」）

三ノ丸の内部に「侍町」すなわち武家屋敷街があったというのだから、三ノ丸に町人屋敷街のあったことも間違いないだろう。

†「三ノ丸壊平」の意味するもの

では、そうした三ノ丸を「壊平する」とは、具体的にどのような事業が想定できるのであろうか。「壊平」という語は、大坂冬の陣後の大坂城破却完了を報じた『駿府記《すんぷき》』慶長二十年正月十八日条に「将軍家十九日伏見に到って御帰陣有るべき由言上と云々、大坂城二之丸迄悉く壊平、本城計り相残ると云々」とする用例があって、二ノ丸・三ノ丸の堀を埋め、堀際に建てられていた塀や櫓などを撤去する事業を指す語だと理解できる。

だとすれば、松平忠明によって行なわれたのも、惣構堀の堀際に設けられた塀・櫓などの破

却事業ではなかったか。

前章で述べたように、冬の陣の和睦に伴って、本丸の堀を除く二ノ丸・三ノ丸の堀はすべて埋められ、柵や塀などの防御施設もすべて撤去されたとされてきた。しかし実は、これらの堀の埋め戻しや防御施設の撤去がどの程度のものであったのかは必ずしも明らかではない。図式的には、堀が完全に埋められ柵や塀も撤去された結果、夏の陣では人馬の通いにもまったく支障がなくなったと考えがちであるが、実態はそうでもないようだ。『大坂陣山口休庵咄』には「夏陣には二の丸堀は御座候へども、さくもゆい不申候」とあるし、大坂夏の陣における旧平岩親吉家中の高名書上げ帳である「平岩主計《ひらいわかずえ》殿家中書上分限帳《ぶげんちょう》」（名古屋市蓬左文庫所蔵）にも、「天王寺表惣かまひ尺まへ」（惣構柵前）、「二之丸きハほりはた」（二ノ丸際堀端）といった表現が見出される。

これについて、『大坂御陣覚書』には、板倉勝重が（慶長二十年）三月五日に飛脚をもって両御所に呈した書状のなかで「大坂表惣構塀柵を付け申す事、埋め候堀の土をあげ、浅き所は腰長、深き所は肩を越申候よし」と書き記していることが紹介されており、夏の陣に備えて大坂方の手によって緊急に堀が掘り返され、柵や塀が結い直されたことを示唆している。とすれば、おそらく、こうして掘り返された堀や防御施設の残骸が、夏の陣後も何らかの形で残っていたのではないだろうか。忠明の行なった事業はまさにこうした諸施設の撤去・三ノ丸堀の再埋設という意味であったと考えられる。

要するに、忠明が行なったという「三ノ丸壊平と市街地開放」事業は、武家地であった三ノ丸を市街地に開くということではなく、大坂方によって掘り返された三ノ丸を限る堀を埋め、再設された塀・柵などを撤去することを意味したのである。

なお、念のために申し添えておくと、本節では、豊臣時代大坂城の構造は本丸・二ノ丸・三ノ丸の三重構造、あるいはそれに惣構を加えた四重構造だったという説を前提に検討してきたが、前章で述べたように、私は、大坂城は基本的には本丸・二ノ丸の二重構造であり、文禄三年の惣構堀構築は城下町の四至を固めるためのもので、三重構造となるのは慶長十九年十月頃、すなわち冬の陣勃発直前のことであったと理解している。

†道頓堀開削と松平忠明

以上、大坂城にかかわる忠明の事績を検討したが、もう一つだけ取り上げておきたいのが道《どう》頓堀《とんぼり》にかかわる事績で、日本を代表する歓楽街の命名に忠明がかかわっていた事実である。

道頓堀の開削は慶長十七年（一六一二）、すなわち豊臣秀頼の時代に始まり、忠明治世の元和元年（一六一五）十一月に完成しているが、この開削当初の指導者であった成安道頓《なりやすどうとん》は大坂の陣に際して豊臣方に応じ、大坂城に入って戦死したため、戦後は平野藤次・安井九兵衛らが引き継いで完成させた。しかし、この堀の開削に私財を投じて取り組んだ道頓の名が消えるのを惜しんだ忠明は、それまで「新川」とか「南堀」などと呼ばれていたこの堀を「道頓堀」と名付けることとしたという。次の史料にその経過が語られている。

一、道頓堀川之儀、以前は大坂南堀と申し候えども、松平下総守殿（松平忠明）ゟ《より》道頓儀御尋ね遊ばされ候に付、戦死仕り候段申し上げ候ところ、（中略）道頓儀戦死仕り候段不便《ふびん》に思し召し、後年に至り名之残り候様御意《ぎょい》遊ばされ、右南堀を道頓堀と下総守殿ゟ御附け下され候御儀に御座候

（五代安井九兵衛作成「先祖由緒覚書」『安井家文書』）

江戸時代には道頓堀五座と呼ばれた芝居小屋が立ち並び、現在でも大阪きってての繁華街の代名詞である「道頓堀」の名付け親が、大坂の陣で没落した開削者の功績を称えようとした松平忠明であったというのは、少しほほえましい話である。

第五章

徳川秀忠による大坂城再築工事

1　再築工事の開始に至るまで

†二代将軍徳川秀忠と大坂再編計画

大坂落城後間もない慶長二十年（一六一五。元和元年）六月八日、新たな城主として松平忠明が十万石で入った。夏の陣における忠明の戦功を高く評価した祖父家康の意向が働いたのだろうが、その家康は翌元和二年四月十七日に亡くなる。すると、三年後の元和五年七月、二代将軍秀忠は、大坂が幕府の西国支配にとって大変重要な地だとの認識から、大坂の町と大坂城を直轄化すべく、忠明を大和郡山へ移したうえで、翌八月にはそれまで伏見城代であった内藤信正を初代の大坂城代に任命し、将軍に替わる大坂城守衛の最高責任者とした。

なおこのとき、紀伊和歌山城主の浅野長晟《あさのながあきら》を安芸広島へ移し、新たな和歌山城主には秀忠の弟で家康十男の徳川頼宣《よりのぶ》を入部させたこと、十月には岸和田城主の小出《こいで》吉英《よしひで》を但馬出石《いずし》に移し、後には譜代の松平康重《やすしげ》を入れていることにも注意したい。大坂直轄化の意図が、有力な旧豊臣系大名（外様《とざま》大名）を畿内から遠ざけ、代わりに徳川の親藩・譜代大名を配置したうえで、大坂を幕府による西国支配の拠点とすることにあったのは疑いない。

九月には秀忠自ら大坂に下向し、十四日には大坂町中を預かる東西の両町奉行を任命した。こうした大坂支配の体制整備と並行し、秀忠は九月十六日に大坂普請を発令、翌元和六年三月を期して大規模な大坂城再築の工を起こすこととした。これにはもちろん、西国支配の拠点である大坂城を堅固に修築したうえで、信頼できる徳川譜代の大名に守衛させることが大きな眼目としてあった。

この将軍秀忠による大坂再編計画はいつごろから、どのようなかたちで抱かれたものだろうか。

そのヒントとなるのは、秀忠が父家康の死の翌年（元和三年七月）、新たな尼崎藩を起こし、初代藩主として戸田氏鉄《うじかね》を五万石で入部させたことだ。戸田氏は徳川譜代の重臣で、関ヶ原直後の慶長六年には、家康の意を受けて戸田一西《かずあき》が新たに天下普請で新たに築かれた膳所《ぜぜ》城の城主に抜擢されたが、その嫡男である氏鉄が尼崎に入部するに伴って新たな尼崎藩の領域が定められた。その結果、戸田の所領は摂津国川辺・武庫・兎原《うばら》・八部《やたべ》・有馬の五郡（現在の尼崎市・宝塚市・西宮市・芦屋市・神戸市など）に及んだが、川辺・武庫・兎原・八部郡域に含まれる東六甲地域は花崗岩の産地として著名であり、豊臣期の大坂城採石地として知られる芦屋郷・本庄・山路庄などはいずれもこの時、幕領から尼崎藩領に編入されている。

そして、この戸田氏鉄こそ、元和六年から始まる大坂城再築に際して「大坂城御普請惣奉行」に抜擢される人物であることを考えると、私は秀忠が元和三年時点で既に、近い将来の大坂直轄化と大坂城再築事業を目論み、あらかじめ膳所で居城普請経験のある戸田を尼崎藩主とし、上記採石地を含む諸村を新たな尼崎藩領とした可能性があるのではないかと思う。この経緯に言及した史料は管見に触れないが、実際、こうした周到な布石を打ったうえでなければ、以後十年にも及ぶ幕府主導の再築事業のスムーズな進展は難しかったのではないだろうか。

以上のような経緯から見て、家康存命中に既に大坂と大坂城の再編計画を抱きながらも、父家康に頭があがらずその方針をあからさまにできなかった秀忠が、家康の死をきっかけに早速再編への布石を打ち始めたのだと考えたい。私は、元和三年の尼崎立藩と同六年に始まる大坂再築事業とは深く連動していたと見ている。

†「旧城」に倍増あって

大坂城再築にあたり、普請総指図役《そうさしずやく》となった藤堂高虎の事績を記した『藤家忠勤録《とうけちゆうきんろく》』からは、秀忠と高虎が、秀吉の作った大坂城(「旧城」)を意識して、それに倍増する規模での大坂城再築を目指したことが読み取れる(読み下し、傍線引用者)。

元和六年(五年の誤り)、秀忠公、密かに高虎公へ御密談あって、大阪《ママ》故墟の城郭同元年

> 五月兵乱の廃跡御取立て、古跡を改紀され、御縄張、一二三《ひふみ》隍池《こうち》之深さ、石岸《いしぎし》之高さ、旧城に倍増あって、此御普請、高虎公に仰付けられ、併に大普請故、天下の国主、城主、諸侯に尊命あって、其の分限に応じ、丁場割付あり、石垣、隍池、殿主、櫓、多聞、塀、二重門おびただしき御造営、数十万の人力をもって成功也

ここにはまた、全国の大名に命じて、それぞれの分限に応じて「丁場割付《ちょうばわりつけ》」をしたとの記事もある。この「丁場割付」というのは、城郭構築などの大規模な普請の場合、いくつかの分担区域に分け、それぞれを担当するグループ（「組」という）に同時並行的に進行させることがある（「割普請」という）が、その際の各組の持ち場のことを「丁場」といい、それを割り当てる（割り付け）ことを意味する。

大坂城再築工事は、櫓・御殿や門の構築を目指す作事（建築工事）が幕府直営事業であるのに対し、石垣・堀の構築を目指す普請（土木工事）は主として北国・西国の大名六十数家に軍役並の負担を課して行なう、いわゆる「天下普請《てんかぶしん》」として実施されたが、『藤家忠勤録』からはこの天下普請において、「割普請」方式が大規模に採用されたことが分かる。

元和五年九月七日、大坂へ下向した秀忠は、藤堂高虎とともに大坂城を見廻り、新たな大坂城の縄張りを相談した。これを受けて十六日には老中奉書の形で主として諸大名に大坂普請参

加への発令がなされたが、そこで、「従来年三月朔日、大坂御城石垣之普請」(「大村家覚書」)と述べており、普請の開始は翌元和六年三月朔日と決定された。

＊

土佐山内家の「集書」や鍋島家の「鍋嶋勝茂《なべしまかつしげ》譜考補」によれば、普請の指導体制は次のようなものであった。

・御見合縄張＝藤堂和泉守高虎〔伊勢津城主〕
・御名代奉行＝井上主計頭正就・水野監物忠元・青山大蔵幸成・永井信濃守尚政
・御普請物奉行＝戸田左門氏鉄〔摂津尼崎城主〕
・御普請奉行＝花房志摩守正成・渡邊筑後守勝・村田権右衛門守次・長谷川式部少輔守知・日部五郎八宗好
・御横目＝渡邊半四郎宗綱・牧野清兵衛正成・小栗又市政信・清水権之助政吉・朝比奈源六正重・花井勝〈庄〉右衛門吉高

ここで、御見合縄張《おみあいなわばり》として大坂城の構造設計を仰せつけられたのが、築城の巧者として知られた藤堂高虎だった。彼が、いわば普請の顧問格として秀忠とともに城内を見て回り、縄張りを確定するとともに普請総指図役にも任命されている。

御名代《ごみょうだい》奉行は、将軍の名代としての奉行で、井上、水野、青山、永井の四名が交替で任じられた。井上と永井はいずれも元和九年に、青山は寛永五年に老中となっている。

御普請惣奉行の戸田氏鉄については既述の通りで、そのもとに五名の普請奉行がいる。彼らの多くは織田・豊臣氏に仕え、転じて徳川氏に仕えることとなった者たちである。

最後の「横目《よこめ》」とは監察役のこと。普請の進行状況全般を管理・監督し、普請が適切に執行されているかを検分する役である。

こうした幕府から付けられた奉行たちに対し、普請参加を命ぜられた大名たちは、それぞれ藩内に大坂普請の担当奉行を任じて大坂に派遣し、彼らを自らの名代として幕府奉行衆の指示のもとで普請の実際を担当させた。豊臣期は大名自らが大坂城にやってきて普請の陣頭指揮を執ることが求められたが、徳川期にはこのように大坂御普請奉行を任じて名代として参加させ、自らが現地に赴くことは原則としてなくなった。

2　再築工事の経過

†普請に参加した担当大名

先に大坂直轄化と大坂城再築の意義について、畿内から豊臣恩顧の大名を遠ざけ、幕府の西国支配の拠点としての大坂城を修築して、信頼できる徳川譜代の大名に守衛させることにあることを指摘したが、修築を担ったのは他ならぬ豊臣恩顧の諸大名が中心だった。

三期にわたる石垣と堀の築造を担当したのは、加賀・美濃・伊勢以西の、六十三藩六十四家である。そこには徳川親藩の越前松平家、徳川譜代の美濃遠藤・豊後石川の二家が含まれているが、この三家を除けばすべて豊臣家恩顧の大名、すなわち、徳川家からみれば外様《とざま》大名であった。

こうして、元和六年の第一期普請とその補修、元和十（寛永元）・寛永二年の第二期工事とその補修、寛永五年の第三期工事とその補修に至る、前後三期十一年間にもわたる大工事が始まった。この三期というのは、前章で触れた通り、西島之友が「大坂御普請三度かと御聞き成され候由、其通りに御座候」と答えた「三度」のことである。

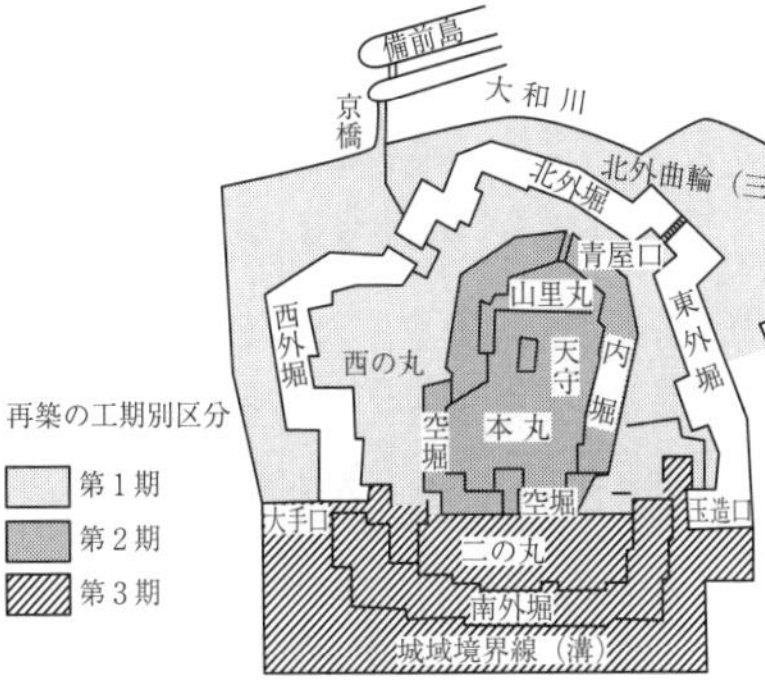

図26　大坂城再築工事の工期と箇所

以下、普請参加大名一覧表（表3）と工期・工事個所の図（図26）を見ながら石垣普請の概要を説明していくこととするが、併せて幕府直轄で行なわれた作事（建築工事）についても簡単に見ておこう。

第一期普請

元和六年（一六二〇）三月に始まった第一期普請では、西・北・東の外堀（二ノ丸を囲む堀）および北外曲輪の石垣構築が目指され、加賀・越前・若狭など北陸、伊勢・大和の他、丹波・丹後・但馬以西の中国・四国・九州の大名四十七名が六組に編成されて参加した（表3-1）。彼らはそれぞれ、一組加藤忠広、二組池田光政、三組鍋島勝茂、四組田中忠政、五組前田利常、六組藤堂高虎を組頭とした。また「割普請」により各大名が分担した区域は、「大坂御城御普請ニ付而諸大名衆江地口坪割之図」図23で具体的に知ることが

組	大名	人数
1組	生駒 正俊（讃岐）、○加藤 忠広（肥後）、細川 忠興（豊前）、稲葉 典通（豊後）、木下 延俊（豊後）、毛利 高政（豊後）、有馬 直純（日向）	7名
2組	桑山 元晴（大和）、○池田 光政（因幡）、池田 輝澄（播磨）、池田 政綱（播磨）、森 忠政（美作）、池田 忠雄（備前）、池田 長幸（備中）、山崎 家治（備中）、戸川 逵安（備中）、中川 久盛（豊後）	10名
3組	織田 信則（丹波）、堀尾 忠晴（出雲）、亀井 茲政（石見）、毛利 秀就（長門）、伊達 秀宗（伊予）、山内 忠義（土佐）、○鍋島 勝茂（肥前）、石川 忠総（豊後）、伊東 祐慶（日向）、島津 忠興（日向）	10名
4組	本多 政武（大和）、片桐 孝利（大和）、土方 雄氏（伊勢）、有馬 豊氏（丹波）、杉原 長房（但馬）、加藤 嘉明（伊予）、加藤 貞泰（伊予）、黒田 長政（筑前）、○田中 忠政（筑後）、寺沢 広高（肥前）、松浦 隆信（肥前）、大村 純頼（肥前）、久留島通春（豊後）、秋月 種春（日向）	14名
5組	一柳 直盛（伊勢）、京極 忠高（若狭）、松平 忠直（越前）、○前田 利常（加賀）、京極 高知（丹後）	5名
6組	○藤堂 高虎（伊勢）	1名
総領知高	七八五・〇一万石	47名

表3-1　第1期普請参加大名表（○は組頭）

できる。

普請開始日の元和六年三月一日は、鍬始めの日であって、実際の普請開始は大名家によって様々だった。例えば京極家の場合、御普請之肝煎《きもいり》や大石奉行らの奉行衆が三月十五日までに大坂へ到着するように幕府より指示されている（申三月五日付、多賀越中守ら連署状「京極文書」）し、山内家の場合は、「則ち（四月）十一日より石垣に取懸り、裏栗石・裏土取退き候尤」（四月二十五付忠義書状「渋谷文書」）とあり、普請着手は四月に入ってからだ。

一方、普請の終了時期は明確でないが、二ノ丸千貫櫓の立柱を示す墨書「元和六年御はしら立　九月十三日」があることから、石垣普請はおそらく八月末頃までに完了していたと考えられる。十一月二十一日には秀忠から普請大名に感状が出されている。

さて、普請参加の命を受けた大名たちは、分限に応じて幕府から課せられた軍役に準ずる負担基準にしたがい、石垣積みの担当区域を割り当てられたが、使用する石材の調達も基本的には彼ら自身の責任でなされた。

そのため、大名たちは石取り場を確保すべく様々な労苦を費やすことになるが、当時、豊前・豊後二郡で三十九万九千石余を領し、小倉城を居城としていた細川忠興もそうした大名の一人だった。元和五年十月十一日付の息子内記（忠利）宛ての自筆書状には次のようにある。

上方より大坂御普請来春早々より仰せ付けられ候、其について津の国御影・飯盛辺へ石場とりに明日十二より神木左衛門・西久左衛門上げ申し候、淡路の石は大坂へはよく候間、その方たしか成る阿州のおとな衆へ遣、よき所見はからい、とりをき候やうに申付けられ、この状参著次第はや舟にて上げらるべく候、内々行き候まじく候、あわちにての石は肝要にて候間、よき所見はからい候て遣はさるべく候、則ち徒歩《かち》の者両人ほど石ばに来年までつけをかるべく候

（『細川家史料』1）

大坂城の石垣用材はほぼ百パーセントが花崗岩であり、この書状にもあるように六甲山東南麓一帯（御影など）、大坂城に近い生駒山西麓をはじめ、京都府南部の加茂付近、小豆島・豊島、牛窓沖の犬島・前島など瀬戸内の島嶼からの採石が知られている。本状で忠興は、明日御

影・飯盛などでの石場確保のため、神木・西の二名の奉行を派遣すること、また阿波藩領であった淡路島の石が大坂へ運ぶのに便利だとの認識から、蜂須賀家の重臣と相談し石場を確保するようにと命じている。さらに、石場に徒士の者を来年まで張り付けておくようにというのである。採石地の探索・確保も大名の裁量にゆだねられているのがよく分かる。

ところで、元和六年四月、忠興が大坂に派遣していた長岡右馬助（三渕重政）他四名の重臣に宛てて出し、採石にかかる次のような三通の書状がある。

①（元和六年）四月十八日付

一、[redacted]《くつほ》にて切せ候大角五つ、上ぐべく之由申し越し候、他所へ舟を調ひに遣はし、其
上塩時（潮時）を待ち、上せ申すに付て手間入り候を、漸く此比申し越し候、事之外
遅く候

②（元和六年）四月二十七日付

一、此方にて拵へ候大角は、廿六日より舟に□乗せ申し、来る朔日塩に出し申すに、大
略役に立つべくと存候事

②（元和六年）五月二十八日付

（前略）

一、沓尾より之大角、其地へ着く之由、弥重候事
（いずれも『松井文庫所蔵古文書調査報告書』七）

忠興はこの時小倉におり、長岡らは普請奉行として大坂にいたが、それを前提としてこの三通の書状を見てみると、石材調達の興味深い実像が垣間見える。

①小倉領内の沓尾《くつお》（現・福岡県行橋市。最初、漢字で書こうとして間違えたらしく、消してその右横にひらがなで「くつほ」と書いている）から切り出した大角《おおすみ》すなわち「大角石《おおすみいし》」五個を大坂へ回漕してほしい旨、在坂の奉行衆から（小倉の忠興に）申してきたが、石の運搬には船の調達や潮待ちの関係で時間がかかることは分かっているのに、今頃申してきたのは遅過ぎるではないかと叱責している［四月十八日段階］。

②その後、沓尾で調達した五つの角石は、二十六日から石積み船に載せはじめ、五月一日には満潮を利用して出発の予定としたらしく、もう少し待つようにと指示している［四月二十七日段階］。

③その後、これらの五石は五月二十日頃には無事大坂に到着したらしく、その報告が奉行衆からあり、忠興が安堵した様子がうかがえる［五月二十八日段階］。

ここで角石とは、石垣の出角の算木積みに使う直方体に加工された大ぶりの石材のこと、ま

た沓尾とは現・福岡県行橋市内の周防灘《すおうなだ》を望む海際にある山の名である。この山中には近世初期のものと見られる切り出し痕跡を残した花崗岩が今も散在しており、忠興がここから切り出した角石用の花崗岩五個を直下の祓川《はらいがわ》から船に載せ、満潮の日に周防灘へと漕ぎ出し、瀬戸内海を横断して大坂へ送らせたことは間違いない。運送には約二十日間を要したが、途中、備後灘、燧灘《ひうち》などの難所があり、その苦労が思いやられる（コラム5）。

では細川家は、沓尾から切り出した角石を大坂城のどこに使うつもりだったのだろうか。

元和六年の石垣普請で、細川忠興は幕府の奉行衆に対し「晴れがましい」場所の石積みの担当を希望した。その結果、西ノ丸西北の出角を担当することとなったが、忠興はその間の事情を忠利に宛てて次のように述べている（元和六年三月二十九日付書状、傍線は引用者）。

今度御石垣之内はれかましき所望申さるる衆御座候に付き、我等も一ヶ所望み申し、御普請奉行まて申遣候処に（中略）所は西之御丸北之大角にて御座候事　（『細川家史料 二』）

どうせ苦労して石を運ぶなら、目立つ場所（はれかましき所）を担当したいという大名がいたので、ぜひ私どもにも晴れがましい場所を一カ所、と所望したところ、「西之御丸北之大角」を割り当てられた、というのである。確かに西ノ丸西北隅の乾櫓のある角地は、高麗橋を

図27　西ノ丸の乾櫓とその大角石垣
［角石の上から４・５・７・８・９石が沓尾産の石材］

基点とする京街道が西の外堀に突き当たる地点で、大坂・京都往還の旅人が必ず目にする大坂城で最も「晴れがましい」場所のひとつであった（図27）。

　元和六年の普請で細川家は二カ所の丁場を担当したが、角石を要する石垣の出角は西ノ丸のこの場所だけなので、沓尾から運ばれた「大角五つ」がここに使われることとなっていたのはまず間違いない。そこで、大阪産業大学工学部都市創造工学科（玉野富雄教授）の指導のもと、梅崎《うめさき》恵司・唐木《からき》田《だ》芳文氏らの協力を得て二〇〇六年に乾櫓直下の石垣調査を行ない、出隅部の上から四、五、七、八、九の、まさに五石が沓尾から搬入された石材だと確認された（中村『天下統一の城　大坂城』）。

　これは、大坂城への石材採取と運搬、大坂

城での石材使用との関係が具体的に特定できる初の事例として大坂築城史の研究上、いや近世城郭における石垣普請の実像の一端を解き明かした大変貴重な成果だった。

それにしても、そもそも細川家は、前述したように元和五年から大坂に程近い生駒山西麓や六甲山麓、淡路島などで採石地を確保しようとしていた。それは大坂までの巨石運搬の便を考慮したためだろう。にもかかわらず、リスクの高い四百二十キロもの海路を運ばせた理由はなんだったのか。興味深い問題だが、今のところ明らかではない。

なお、この大坂城への石材搬出について、現地には興味深い伝承が残されていた。幕末から明治にかけての豊後の漢詩人村上佛山《ぶつざん》の「霊石詩并序」(『佛山堂詩抄 二編』安政四年成立)の序には、次のようにある(原漢文)。

守田氏の園中に一巨石有り　上に鑿の痕を存す　伝へて云ふ　天正年中豊太閤まさに石山城を築かんとし　石を諸州に採る　此石霊異を現し　役徒ついに棄て去るのみ　主人霊石詩を請ふ

守田氏とは沓尾山を差配した旧家だが、その庭園中にノミ痕のある巨石があり、これを秀吉が大坂城(石山城はその別名)を築くにあたり採取させようとしたところ、石が霊異を現したので石取り人足もついに採るのを諦めたというのである。そこで幕末の守田家の主人が佛山に霊石を称える詩を請うたという。

実は今も沓尾山麓には守田家の邸宅が残り、庭先には巨石が残されている。石の表面には矢穴の痕跡（霊石詩序には「鑿の痕」とある）も認められるので、この石こそ彼の霊石かもしれないのだが、この石材採取が秀吉の大坂築城に帰されていることが注目される。こうした事例は、小豆島の丁場や尾道市の残石群などの評価でも見られることで、大坂城といえば豊太閤秀吉、という観念が広く江戸時代を通じて浸透し、そこから江戸幕府による再築事業も秀吉に帰されたという事情がうかがわれる。

さて、この沓尾からの採石・運搬は、九州からの運搬を示す事例として最初のものだったが、その後、玄界灘を超えた佐賀県唐津市内の谷口丁場からも、近世初期の矢穴痕跡をもつ石材が発見された（当時の唐津城主は寺沢広高）。これについては、関連する次の史料が残されている。豊後岡の中川氏が九州の諸大名の動向を探るために派遣した間諜《かんちょう》による寛永十年頃の報告書（「隣国様子聞合帳」『中川家文書』）である。

一、入り口海手に見事なるわり石御座候を、宿主に尋ね申し候へは、大坂普請之時割り申
候へ共、いり申さず候由申し候

唐津《からつ》湾の海際で見事な割石を見つけ、宿の主人に尋ねたところ、これは大坂普請のとき割ったものだが、不要になって置いてあるというのである。沓尾からの大坂搬入さえ大変な苦労があったのに、なぜ唐津からわざわざ玄界灘を超えて大坂まで運ぼうとしたのだろうかと、こちらは一層不審である。

†櫓の建築

石垣の構築が完了して間もなく、櫓の建築に着手したようで、現在西外堀に面して残っている千貫櫓・乾櫓（いずれも重要文化財）からは、元和六年九月に上棟されたことを示す棟札（千貫櫓＝「元和六年御はしら立　九月十三日」）や瓦へら書銘（乾櫓＝「元和六年申ノ九月吉日　ふかくさ作十郎」）が残されている。千貫櫓は、第一章で述べたように、本願寺時代の名称を引き継いだ櫓で、ここでも大手口を攻めのぼってくる敵に横矢を懸けるのに適した二層櫓となっている。乾櫓は、一層と二層の平面形・面積が同じ「総二階造り」で、くの字形をした二層櫓だが、「三方正面の櫓」といわれる特異な櫓である。ここは、細川忠興が所望した「はれかましき場所」で、京街道の正面に位置する。宮本雅明のいうように、街道→乾櫓→天守は一直線となるので、天守が完成する寛永三年までは、この特異な櫓が天守的な位置づけを与えられていたのではないだろうか。

その他、二ノ丸北部には、伏見城から移築したといわれ、二ノ丸唯一の三層櫓だった伏見櫓が京橋口の脇にそびえていたが、一九四五年八月十四日（終戦前日）の米軍空襲で、近くの京橋口多門櫓とともに焼失してしまったのは返す返すも惜しまれる。

翌元和七年には補修普請が実施された。豊後の中川家では、担当丁場（東外堀南端部）の石垣が崩れ幕府から築きなおしを命ぜられており（『中川史料集』）、その修復普請は三月に始まり、五月頃に完了した。実はこの普請については同時に隣接する日向伊東家の持ち場も崩れており、二家の共働普請であったと考えられる。

＊

元和九年六月に秀忠・家光父子の上洛・来坂が予定されていたが、しかるべき殿舎がまだなかったので、伏見城の本丸御殿の一部を移築することとした旨が、次の元和九年卯月十六日付中井正侶《まさとも》宛山口直堅《なおかた》（伏見定番）・春日家吉連署状に見えている。

大坂御城に仮殿御立て成され候由にて、当御本丸之御殿其地へ御引き成さるべき御諚之旨仰せ越され候、御書中に任せ大工与介・庄二郎方両人へ御殿見せ申し候移築のために伏見の御殿を下見することとなった二人の大工のうち「与介」とはのちに「大坂御大工」となり大坂城の作事（建築工事）に携わることとなる山村家の初代である。

†第二期普請

元和九年（一六二三）七月六日、六月に上洛していた秀忠が来坂して大坂城を巡検し、その後間もなく再上洛して十三日に将軍職を家光に譲った。新将軍となった家光も八月十九日に来坂して大坂城に入り、数日逗留した。いずれも伏見城から移築した仮御殿で過ごしたものだろうが、この頃に第二期普請の発令もなされたものと思われる。

第二期では、本丸を囲む内堀の石垣と天守台の構築が、寛永元（元和十）・二年の二カ年度に分けて行なわれた（図26）。第一期の大名に加え、新たに美濃・近江の大名六名が参加したが、若干の変動もあり全体では五十九家の参加となっている。この期では細川忠利（一組）、前田利常（二組）、池田光政（三組）、黒田忠之（四組）を組頭とする四組に編成されているが、これとは別に加藤忠広のみ天守台普請担当として別扱いとしている（表3-2）。

この第二期の普請大名の分担区域を示した丁場割図としては「大坂城普請丁場割図」と題する絵図が名古屋市蓬左《ほうさ》文庫に残されている（図28）。ここに描かれた南外堀は、いまだ豊臣期の石垣を残し、南外堀を囲むように「是より南古石垣《ふるいしがき》」との注記が四隅にある。

1組	2組	3組	4組		
本多政武（大和） 藤堂高虎（伊勢） 公部光信（近江） 遠藤慶隆（美濃） 織田信則（丹波） 古田重恒（石見） 生駒高俊（讃岐） 立花宗茂（筑後） 立花種次（筑後） 鍋島勝茂（肥前） ○細川忠利（豊前） 稲葉典通（豊後） 木下延俊（豊後） 久留島通春（豊後） 有馬直純（日向） 秋月種春（日向） 島津忠興（日向）	○前田利常（加賀） 京極忠高（若狭）	桑山貞晴（大和） 桑山一直（大和） 一柳直盛（伊勢） 平岡頼資（美濃） 稲葉紀通（丹波） 京極高広（丹後） 京極高三（丹後） ○池田光政（因幡） 池田輝澄（播磨） 池田政綱（播磨） 池田輝興（播磨） 森忠政（美作） 池田忠雄（備前） 池田長幸（備中） 山崎家治（備中） 戸川達安（備中） 蜂須賀忠英（阿波） 伊達秀宗（伊予） 中川久盛（豊後） 毛利高政（豊後）	片桐孝利（大和） 土方雄次（伊勢） 市橋長政（近江） 徳永昌重（美濃） 織田長則（美濃） 小出吉親（丹波） 小出吉英（但馬） 杉原長房（但馬） 堀尾忠晴（出雲） 毛利秀就（長門） 加藤嘉明（伊予） 加藤泰興（伊予） ○黒田忠之（筑前） 寺沢広高（肥前） 松浦隆信（肥前） 松倉重政（肥前） 大村純信（肥前） 石川忠総（豊後） 伊東祐慶（豊後）	加藤忠広（肥後）	総領知高　七一九・九二万石
17名	2名	20名	19名	1名	59名

表3-2　第2期普請参加大名表（○は組頭）

寛永元年度の工期について、前年の元和九年八月に諸大名に発令されたが、普請の開始は元和十年二月一日である。一方、終了時期については、同年九月十一日付老中奉書が出され、この日までに完了している。

　翌二年度の普請の概要を示すものに、次の寛永二年正月晦日付の各大名家からの普請請書がある。

　大坂御本丸西東之御堀、去年掘り残し候所掘り申す之儀幷玉作口申之《さるの》年《とし》之御石垣損じ申し候所、築き直し申す之儀、（中略）四月十一日より取懸り候様に各申し候（毛利家史料）

　この年、前年の掘り残しの本丸堀普請と元和六年（申之年）の玉造口普請に際して崩れた石垣を再築する工事が行なわれたが、堀普請は、前年の継続としての事業なので、本普請の一環として位置づけるべきで、ここからも第二期普請は

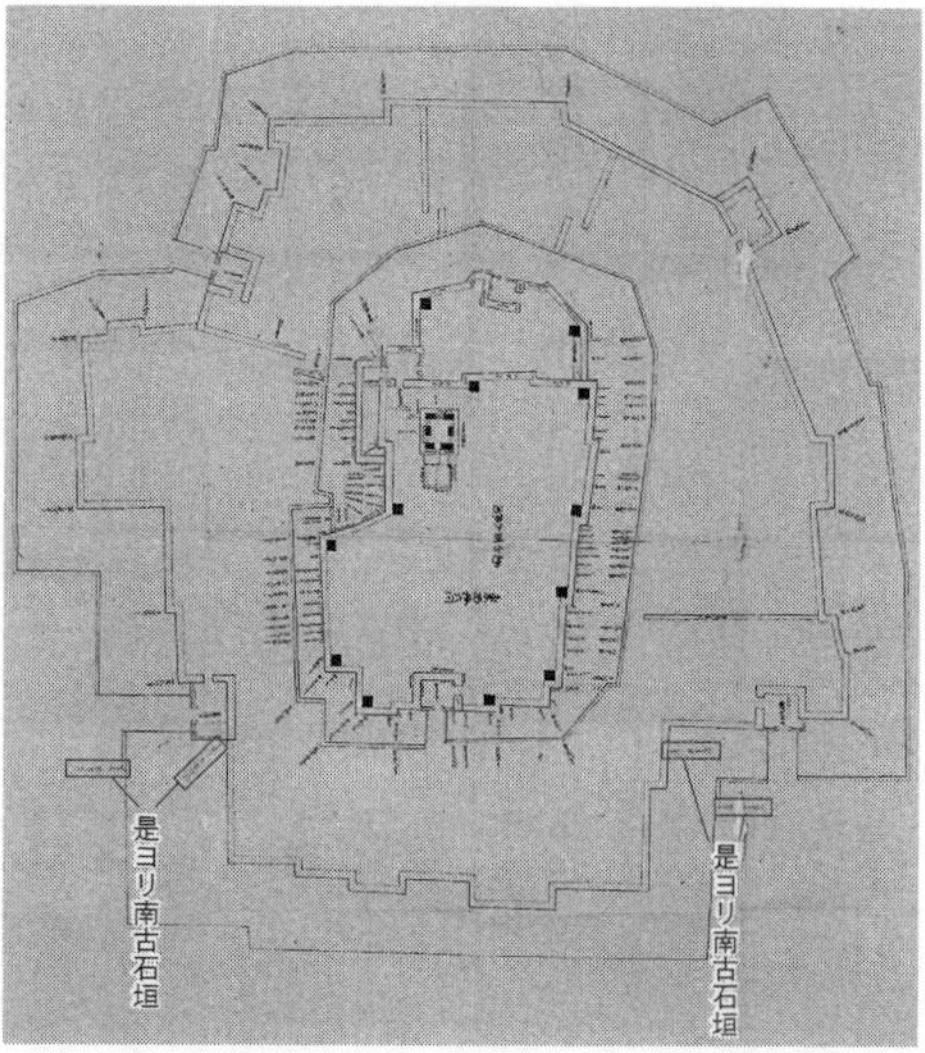

図28　第二期大坂城普請丁場割図（注記は図中文字を拡大したもの）

二カ年度にわたるものだと分かる。

天守台石垣の構築を担当したのは肥後熊本城主の加藤忠広とされているが、実際には毛利、鍋島、大村家などが石を献上している。佐賀藩主鍋島勝茂の年譜「勝茂《かつしげ》公譜《こうふ》考補《こうほ》」には次のようにある。

> 今年（寛永元年）春より大坂御城の石垣御普請これ有り、天守石垣十九間御請取なり、（中略）福地六郎右衛門・園田利兵衛は、先達て罷り立ち、戸田左門殿領内広田《ひろた》山《やま》へ取置きたる三間角石幷石垣石、石船にて段々大坂へ運送致し

鍋島家が天守台石垣のうち十九間分を担当することとなったので、福地・園田の二名が先発

して尼崎藩領の西宮に至り、広田山に取り置いてあった角石と平石《ひらいし》（角石以外の大多数の石）を石船で大坂へ運んだ。佐賀藩の天守台石垣担当は明らかであるのに、なぜ丁場割図では加藤家だけが担当したようにあるのだろうか、いささか不審である。

この天守は、本丸の中央やや北に独立して築かれた独立式天守である。建築工事は寛永三年に行なわれ（立柱は同年五月十八日）、形式は層塔式《そうとうしき》で江戸城の天守に匹敵する巨大な建物であった。外観五層に対し、内部は六階だが、うち一階は地階なので、内外の階数は一致する。

豊臣の天守が天守台の石垣を含めて約三十九メートルの高さだったのに対し、徳川期のそれは高さ五十八メートルに復元され、天守台初重の面積も約五百三十平方メートルから千二百平方メートルに拡大しているから、体積・ボリューム感の増加も圧倒的である。豊臣天守の焼失からわずか九年後に建設された、この巨大な徳川製の天守を仰ぎ見た大坂の人たちは、新たな時代の到来を実感したことだろう。

寛永三年九月十六日に来坂した新将軍家光は大坂城を検分しているので、新造の大天守にも登り親しく城下を見物しただろうが、残念ながら、この大天守は竣工僅か三十九年後の寛文五年（一六六五）正月二日に雷火のために焼失してしまう運命にあったのである（ただ、不思議なことに同時に建設された小天守台上の金名水井戸屋形《きんめいすいいどやかた》〔重要文化財〕は焼失を免れ、今も寛永三年築造当初の姿を留めている）。

本丸には五層の大天守の他、十一棟もの三層隅櫓が築かれた。地方の城郭では、城内唯一の三層櫓が天守に相当する「御三階櫓《おさんがいやぐら》」と認識されるところもあったのに比べると何とも贅沢だが、早くに天守を失った大坂城にとってはこの三層櫓こそ、大坂城の雄姿を象徴する建物だったのだろう。しかし残念ながら、この十一棟にものぼる本丸三層櫓も、鳥羽伏見の戦い後の城中大火（明治元年一月九日）によりすべて焼けてしまい、今は幕末に撮られた写真でその雄姿を偲ぶことしかできない（図29）。

この第二期普請でも多くの石が運び込まれているが、なかでも本丸正門である桜門の枡形見《ますがたみ》付石《つけいし》として積まれた城内第一の巨石「蛸石《たこいし》」の存在感は圧倒的で、天守閣を目指す観光客の大半が目を丸くし、その前で記念撮影に興じる。おそらく国内で最も有名な城郭石材だろう。この「蛸石」は、岡山の池田《いけだ》忠雄《ただかつ》が運ばせた巨石で、『寛永諸家系図伝』池田忠雄の項に「寛永元年、大坂桜の門の石垣を築く。一の大石あり。たて四間、よこ八間也」とあるのがそれと思われ、据え付け当初から特筆される巨石だった。大きさは、表面積五十九・四三平方メートル（三六畳敷き）、推定重量百十トンである。

「蛸石」という名の由来は、表面左端部に鉄分の沈着で蛸の頭を思わせる模様が浮き出ており、八本（?）の足のような痕跡もあることからとされているが、幕末に著された『金城聞見録《きんじょうぶんけんろく》』には、石の正面右寄りに大きく蛸の模様が描かれており、今は見えなくなっているが、こちら

図29　本丸東内堀に臨む三層櫓［幕末古写真］

を名の由来とする見解もある。

城内にはこの蛸石を筆頭に、巨石がいくつもある（コラム6）が、それらをランキングにした渡辺武《たける》による十位までの一覧表を示しておこう（表4）。

*

第二期の補修普請として、寛永二年に本普請である堀普請と並行して石垣補修が行なわれた。これには、越前松平家の丁場（東外堀）が含まれており、本来ならば同家が補修すべきだったが、元和九年二月十日に除封となったため、筑後久留米の有馬《ありま》豊氏《とようじ》が担当することとなった。これについては、次の細川忠利書状［寛永元年十一月二十九日付有吉頼母《ありよしたのも》他宛］に述べられている（尚書のみ掲出）。

順位	石　名	位　置	高（最高部）（m）	横（最長部）（m）	表面露出実面積（㎡）	推定石の産地	担当大名
1	蛸　石	桜門桝形	5.5	11.7	59.43	備前犬島	岡山池田忠雄
2	肥後石	京橋門桝形	5.5	14.0	54.17	讃岐小豆島	岡山池田忠雄
3	振袖石	桜門桝形	4.2	13.5	53.85	備前犬島	岡山池田忠雄
4	大手見付石	大手門桝形	5.1	11.0	47.98	讃岐小豆島（千家）	熊本加藤忠広
5	大手二番石	大手門桝形	5.3	8.0	37.90	讃岐小豆島（千家）	熊本加藤忠広
6	碁盤石	桜門桝形	5.7	6.5	36.50	備前沖ノ島（北木島）？	岡山池田忠雄
7	京橋口二番石	京橋門桝形	3.8	11.5	36.00	讃岐小豆島	岡山池田忠雄
8	大手三番石	大手門桝形	4.9	7.9	35.82	讃岐小豆島？	熊本加藤忠広
9	桜門四番石	桜門桝形	6.0	5.0	26.90		岡山池田忠雄
10	竜　石	桜門桝形	3.4	6.9	約23.0	備前沖ノ島	岡山池田忠雄

表4　大阪城巨石ベスト10（表面露出実面積の順位）

尚と、大坂崩石垣之儀、面々手前手前の主築き直し申し候（筈にて候）、越前丁場は、有馬玄蕃望み候て築き候由に候、以上

有馬豊氏がなぜ越前丁場の「崩石《くずれいし》垣《がき》」の補修担当を志願したのか、ここからは分からないが、有馬が第一期には参加しながら第二期普請の参加を免れていることと関係があるかもしれない。

なお、後述するように、この年にはこれまで寛永六年実施とされてきた、玉造口枡形の東側に帯曲輪を設置する工事も行なわれていた。

組	大名	人数
1組	本多政武（大和）、藤堂高虎（伊勢）、分部光信（近江）、遠藤慶隆（美濃）、織田信則（丹波）、古田重恒（石見）、生駒高俊（讃岐）、○鍋島勝茂（肥前）、細川忠利（豊前）、稲葉典通（豊後）、木下延俊（豊後）、久留島通春（豊後）、秋月種春（豊後）、島津忠興（豊後）	14名
2組	織田長則（美濃）、○前田利常（加賀）、京極忠高（若狭）、有馬豊氏（筑後）	4名
3組	桑山貞晴（大和）、桑山一直（大和）、一柳直盛（伊勢）、平岡頼資（美濃）、稲葉紀通（丹波）、京極高広（丹後）、京極高三（丹後）、○池田光政（因幡）、池田輝澄（播磨）、池田政綱（播磨）、池田輝興（播磨）、森忠政（美作）、池田忠雄（備前）、池田長幸（備中）、山崎家治（備中）、戸川正安（備中）、蜂須賀忠英（阿波）、伊達秀宗（伊予）、立花宗茂（筑後）、立花種次（筑後）、中川久盛（豊後）、毛利高政（豊後）、有馬康純（日向）	23名
4組	片桐孝利（大和）、土方雄次（伊勢）、市橋長政（近江）、小出吉親（丹波）、小出吉英（但馬）、杉原長房（但馬）、堀尾忠晴（出雲）、毛利秀就（長門）、加藤泰興（伊予）、○黒田忠之（筑前）、寺沢広高（肥前）、松浦隆信（肥前）、松倉重政（肥前）、大村純信（肥前）、石川忠総（豊後）、伊東祐慶（豊後）	16名
総領知高　六六五・八三万石		57名

表3－3　第3期普請参加大名表（○は組頭）

†第三期普請

第三期普請は、残る南外堀の石垣普請を主に、大手・玉造口の土橋整備が寛永五年（一六二八）に実施された（図26）。この期単独の丁場割絵図は残されていないが、大阪府立中之島図書館や国立国会図書館に全工期にわたる大名丁場割の様子を描いた「大坂城普請丁場割図」があり、各大名の具体的な丁場を知ることができる。参加大名は、若干の変動はあるが基本的に第二期の大名編成を踏襲し、五十七家がやはり四組に編成されて参加した（表3-3。一組の組頭のみ、細川忠利から鍋島勝茂に変更）。

秀忠は二月二日付で普請の「定」を発した。終了時期については多くの藩が八月中に完了しているようだ。

寛永五年といえば、再築普請が始まった元和六年から八年も経っており、この間の採石・石積み技術の進展を反映して、南外堀に面する石垣は城内で最も整った優美な姿をしている。

この期には二ノ丸南面に合計七棟の隅櫓が建てられたが、そのうち、現存するのは一番櫓・六番櫓の二棟の櫓（いずれも重要文化財）に過ぎない。鳥羽伏見戦い後の城中大火（一八六八年）と太平洋戦争の米軍による空襲（一九四五年）で大半が失われてしまったのだ。戦前まで存在した二番・三番・五番の櫓は、いずれも米軍空襲によって焼失したが、イギリスの探険家イザベラ・バードが明治二十八年（一八九五）頃に写した貴重な写真が残っている（『イザベラ・バード　極東の旅2』）。

＊

第三期の補修普請については、長らく『大坂城誌』の記事をもとに、寛永六年に玉造口枡形東側に帯曲輪が設置されたとし、この年を大坂城再築の完了年と見なしてきた。しかし、渡辺武は、「大坂城築城丁場割図」の当該箇所に「丑年築直シ」との書き込みがあることから、これは丑年＝寛永二年（乙丑）に行なわれた補修であることを見出した。

ところで、大坂城外堀には一九六五年（昭和四十）頃から数年間、堀が干上がって底を露出する個所があり、なかでも南外堀の底には崩落したと思われる石垣の残骸が何カ所か見えていた。こうした残骸のうち、二番櫓下付近の堀底に姿をあらわした石垣の残骸（図30）を実地測量した志村《しむら》清から図面の提供を受けて考察した結果、寛永七年（一六三〇）に大規模な補修工事が行なわれたことが明らかになった（中村「大坂城南外濠々底に眠る石垣遺構について」）。

寛永七年、二年前に築いたばかりの南外堀の石垣のうち、二番櫓と三番櫓の向かい側に位置する百三十八間（約二百七十六メートル）にも及ぶ水敲《みずたた》き石垣（城外側の石垣）の中央部が崩落し、寛永五年の普請担当大名がこぞって修復していた。崩落の原因はおそらく、三百メートル近い長さの石垣を直線状に構築したせいで中央部が孕《はら》んだためと思われ、修復に際しては再度の崩落を防ぐため、この長大な石垣を二分割して中央に折れを設けることとしている。

図30　二ノ丸南面石垣の堀底から姿を現した石垣基底部
［図の上方奥が発見された石垣残骸、手前は米軍空襲による崩落箇所］

この石垣線の改変を含む大規模な補修は、南外堀普請参加大名のうち、前年に死没した桑山貞晴を除く全大名が参加して、この年十一月までに完了した。こうして現在まで続く大坂城の石垣線が確定したが、同時に前後十一年にも及んだ大坂城再築工事もようやく竣工を迎えた（『厳有院殿御実紀』には「寛永五年十月二ノ丸南側諸櫓、大手、玉造両口の整備に着手、寛永七年十一月工事完了す」とある由である――松岡『大坂城の歴史と構造』)。

なお、同年十月、大坂城再築工事の普請惣指図役として当初から深くかかわってきた藤堂高虎が病没した。偶然とはいえ、再築大坂城の完成を人一倍心待ちにしていただろう高虎が、竣工と相前後して没したのは象徴的な出来事のように思われてならない。

ところで、寛永八、九年にも、西外堀と本丸の水敲き石垣が崩れ、修復工事が実施されたが、これらは第一期普請(西外堀)、第二期普請(本丸)にかかわる補修であり、いったん竣工を見た上での追加補修と位置づけたい。

†再築工事の発令・褒賞など

元和六年から寛永九年に至る工事をその発令・褒賞や普請条目などとともに一覧にしたのが表5だが、注意したいのは、普請にかかわる普請条目の提示・褒賞などが、いずれも秀忠から出されていることである。秀忠は、既に元和九年七月に将軍職を退いており、その後は大御所と呼ばれる存在となっているが、大坂城普請についてはその後も一貫して秀忠が普請条目を提示し、褒賞主体者となるなど、前面に立っていた。その理由は必ずしも判然としないが、築城の相談に与かった藤堂高虎が「とかく 上様御覧成され、おこのみの所少しも相違御座無く、」(「元和六年案紙」)と述べているように、秀忠が大坂城を自分の意向に沿う形で作り上げ

工期	発令・褒賞等（○）の年月日、普請箇所と期間（●）
第一期	○発令（幕府年寄→普請大名）＝元和五年（一六一九）九月十六日 ○普請条目の提示（秀忠→普請奉行）＝元和六年正月二十三日 ●元和六年三月一日＝鍬始め ●元和六年三月～九月頃＝東・北・西の外堀および北の外曲輪、大手・玉造の仮橋 ○褒賞（秀忠→普請大名）＝十一月二十一日付
同補修	●元和七年三月～五月頃＝東外堀（中川・伊東丁場）の築き直し〈両家〉、東外堀（越前松平家丁場）の仮補修〈同家〉
第二期	○発令＝元和九年（一六二三）八月中旬 ○普請条目の提示（秀忠→普請奉行カ）＝元和十年（＝寛永元年）正月五日 ●元和十年二月一日＝鍬始め ●元和十年二月～七月頃＝天守台・南の空堀を含む東西の内堀 ○褒賞（秀忠→普請大名）＝九月三日付
同補修	●寛永二年四月十一日～六月中＝東西内堀の掘り残し分 ●寛永二年四月十一日～六月中旬＝東外堀（越前松平家丁場）の補修〈有馬豊氏〉、玉造口東手に帯曲輪設置
第三期	○発令＝寛永三年（一六二六）八月中 ○普請条目の提示（秀忠→普請奉行カ）＝寛永五年二月二日 ●寛永五年三月五日～八月頃＝南外堀、大手土橋・玉造土橋 ○褒賞（秀忠→普請大名）＝九月十一日付
同補修	●寛永七年（一六三〇）、南外堀水敲き石垣修復〈第三期担当大名〉 ●寛永八年、西外堀水敲き石垣（加藤嘉明丁場）補修〈西国衆〉 ●寛永九年、本丸水敲き石垣補修

表5　大坂城普請各工期の発令・開始・終了・褒賞時期

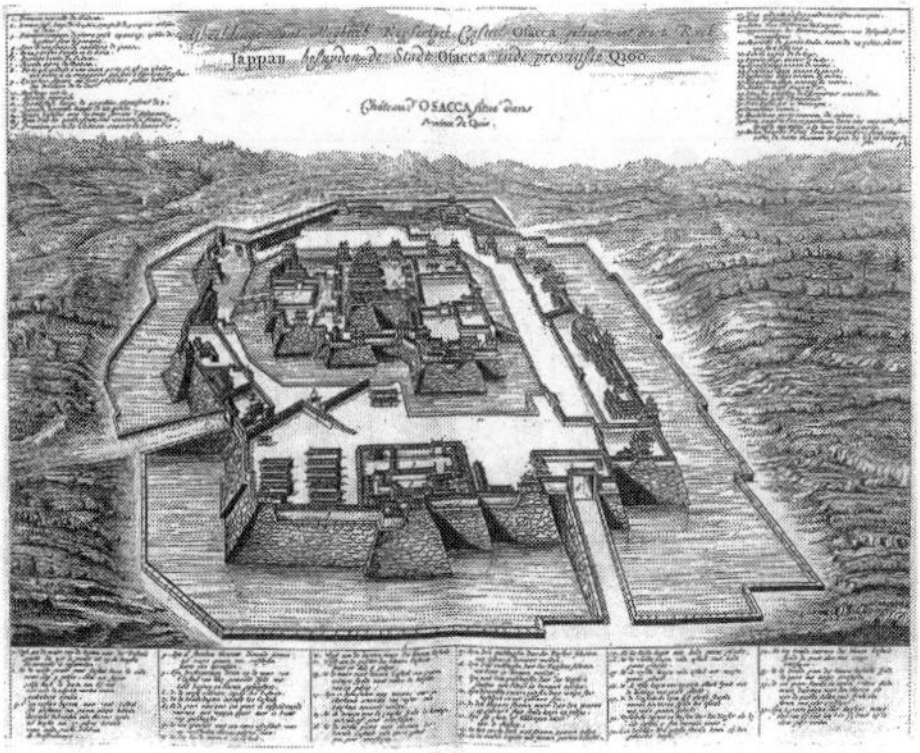

図31　モンタヌス『日本誌』に掲載された大坂城図

ようとし、完成まで自分の監督下におきたかった可能性はあろう。また、将軍になったばかりの家光に、大坂築城にまで携わらせることへの負担を慮った側面もあったかもしれない。

こうして完成した本丸・二ノ丸からなる輪郭式の大坂城について、通説では豊臣時代の本丸・二ノ丸および上町城下町を囲む三ノ丸（＝惣構）からなる大坂城のうち、三ノ丸（＝惣構）を除外したもの、すなわち、平面規模は豊臣期に比べて著しく縮小されたと見なされてきた。しかし、上述したように、慶長十九年十月に三ノ丸（＝惣構）が構築されるまでの豊臣時代の大部分を通じて、大坂城は本丸・二ノ丸からなるものと考えられるので、徳川期の城域は豊臣期のそれをほぼそのまま引き継いだということになる。

図31は、オランダ人モンタヌス（一六二五～八三）の『日本誌』に掲載された完成間もない頃の大坂城図である。これは城を西から見た鳥瞰図で、右下の大手門、その左の一画にある城

代屋敷、内堀に囲まれた本丸など、何に拠ったかは明らかでないが、城の全貌をおおむね正確に描いている。

【コラム5】鳥取藩池田家の巨石運び

大坂再築工事における大きな謎に、蛸石や肥後石をはじめとする重さ百トンもの巨石をどうやって大坂まで回漕したのか、ということがある。そこで、寛政年間に岡山藩士大沢惟貞《おおさわこれさだ》が著した『吉備温故秘録《きびおんこひろく》』に収められた鳥取藩による巨石運びの記事を紹介しよう。

これは、元和六年の第一期石垣普請にあたり、当時鳥取藩主であった池田光政が岡山県犬島《いぬじま》から採石・運搬した記録である（括弧のなかの注は引用者）。

元和六年、庚申、大坂城壁修築あるへき旨命ぜられ（中略）、烈公《れっこう》（光政のこと）初ての御手伝なり。（中略）此役に烈公より石を大坂に上せ給ふへきなれとも、因伯（因幡と伯耆。光政の領地）よりは不便利なれは、此比、備前を忠雄卿（池田忠雄。光政の叔父）領し給ふ時なれは、同国犬島の石を御もらひありて、御普請奉行、御船手、其外役人を因州より犬島へ遣されて、直に大坂ニ上させ給ふ、忠雄卿の御普請奉行佐橋三郎兵衛、丸山四兵衛も犬島へ渡りて指図せり。
然るに長三間四尺、横九尺、厚さ□尺の大石を掘出したり、されど中々船に積むべきとは見えず、烈公御普請奉行湯浅次郎右衛門見て、船に積まん事を図る。三郎兵衛、四兵衛は、かやうなる大石何とて船積なるべきや、早々切分けて積むべしといふ。これによりて既に切分けて積むべきに極まりしが、次郎右衛門、御船手《おんふなて》梶原五郎右衛門を呼んでいふよう、めつらしき大石、切り砕かんはいかにも残念なり、此石を大坂へ廻さば、希代の事なるべし、何卒積まれまじくやと。五郎右衛門聞て此節順風ニ而候得ば、積て見候はんとて、彼の石を段平《だんぺい》（石を積むための平たい船。平田船《ひらたぶね》とも）に積み、大船に牽かせて乗出たり
彼の石を積たる段平、水上わづかに五六寸あらわれたり、五郎右衛門は海上大事あらば切腹する迄よと覚悟を極めて赴くに、次第に追手つよく、翌日大坂へ無事に着船したり、其節諸国献上の石多き中、第一番の大石なりしとぞ

大意は次の通り。

鳥取藩のある山陰地方からは石の運搬が不便であるので、当時岡山藩主であった叔父池田忠雄に頼んで同藩領であった犬島（現・岡山市犬島）から採石させてもらうこととなった。

鳥取から普請奉行、船手（石船の管理・保全にあたる役）などを派遣して切り出し作業を行なっている中で、長さ三間四尺、横九尺（厚さは不明）の大石を見出したというのである。同行していた岡山藩の奉行らは分割して船に積むよう主張したが、鳥取藩の普請奉行であった湯浅次郎右衛門は、船手の梶原五郎右衛門に対して「このめずらしい大石を切り砕くのはいかにも残念である、此石を大坂へ廻したなら、珍しい事なので、何とか積んでくれないか」と、この巨石を大きなまま大坂まで回漕してほしいと頼んだところ、じゃあやってみましょうと段平船《だんぺいせん》に積み込み、さらにそれを大きな船に曳かせて犬島を出航した。しかし、なにしろ石が重たいので喫水までわずか五、六寸、つまり十五〜十八センチほどしかなかったというのであるから、少し強い波がくればただちに沈没するという有様であった。しかし、この五郎右衛門は剛の者で、もし大事があったら切腹するまでよ、と心を励まして瀬戸内海を走らせたところ、幸い追手風が吹き、早くも翌日には大坂へ着船したというのである。

この話は、大坂築城の巨石運搬の実情を示す興味深い事例で、叔父の池田忠雄が兄池田利隆《とした》の嫡子光政に対して石を融通してやっていること、鳥取藩からは普請奉行や船手などが派遣されているが、加えて岡山藩からも普請奉行がやってきて指図していることなど、また追手風に乗れば岡山から大坂までわずか一日の行程であったことなど巨石運搬の興味深い実態を垣間見させるものであるが、ここで何より心打たれるのは、船が沈みかけるほどの大きな石を何としてでも大坂へ回漕しようという船手梶原五郎右衛門の心意気ではないだろうか。おそらく、大坂城に今も残る巨石の回漕事業の裏には何人もの五郎右衛門がいたことと思われる。

＊

それはともかく、船は無事大坂に着いた。「其節諸国献上の石多き中、第一番の大石なりしとぞ」とあって、めでたしめでたしとなるはずだが、実はこの記事、少しおかしいところがある。

今一度石の大きさを確認すると「長三間四尺、横九尺」すなわち七・一メートル×二・七メートル（一間＝六尺五寸換算）であるから表面積約十九・二平方メートルとなる。一方、この第一期普請で運ばれてきた石のなかで最も大きなものは京橋口枡形正面に据えられた肥《ひ》後石《ごいし》であるが、これは十四・〇メートル×五・五メートルで表面積は約五十四平方メートルと言われている（表4）。つまり、池田光政が運ばせた石も巨石であることは間違いないだろうが、肥後石と比べると問題にならないのである。「第一番の大石」どころか、ベストテンにすら入らないであろう。

今ひとつは、この元和六年度の普請で池田光政が担当した箇所にはこうした巨石を使うところがなかったということがある。『吉備温故秘録』の記事からは、石の厚さこそ分からないが、縦七・一メートル×横二・七メートルという数値は、通常の平石数個分に達する大きさである。したがって、これは再度分割して使わない限り（それでは苦労して運んできた甲斐がない）、枡形の見付石などとして使われるべき巨石であったことは間違いないところであるが、鳥取藩の担当箇所はいずれも水堀に面した平石垣で、こうした巨石を使う必要のあるところはまったくないのである。

どうも、当時、諸国から献上された石の中で第一番の大石であったとされるこの石の正体については、もう少し検討する余地がありそうだ。

3　大坂城石垣用石材のふるさと

元和六年に始まり、寛永七年に至る三期十一年をかけて完成した大坂城再築工事だが、石垣普請に伴う石垣用石材の確保・切り出し・運搬は、先述のように、担当大名の裁量に任された部分が大きかった。その労苦をしのばせる石丁場が、今も京都府加茂町や大阪府下生駒山麓、兵庫県西宮市・芦屋市・神戸市などの六甲山東南麓、香川県小豆島《しょうどしま》をはじめとする瀬戸内の

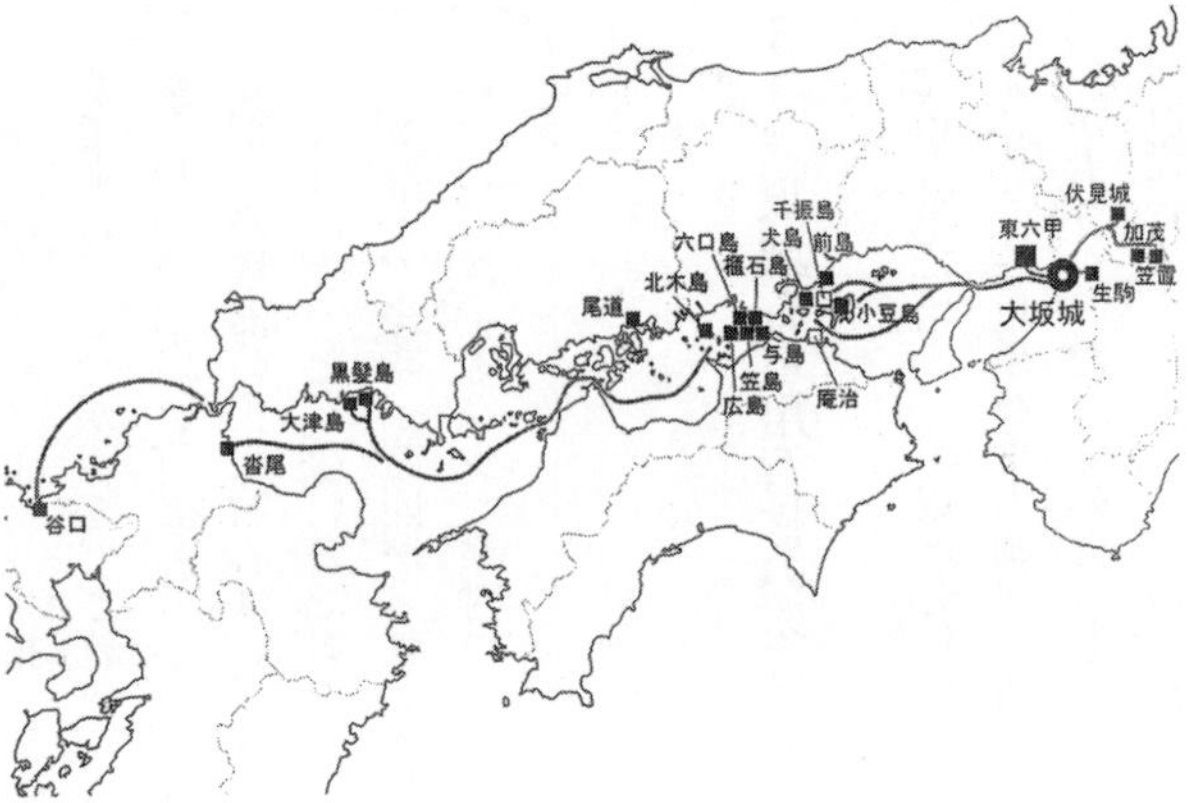

図32　大坂城石材のふるさと

島々、遠く九州の福岡県行橋市・佐賀県唐津市などに残されている（図32）。

ここでは、各地の石丁場のうち、古くから大坂城の石丁場として著名な小豆島（小豆郡土庄町・小豆島町）と長らく未知の丁場だった前島《まえじま》（岡山県瀬戸内市牛窓町）の事例を紹介しておきたい。

†小豆島石丁場

小豆島は、大坂まで直線距離で約百十キロ、切り出した石を運ぶのに、早ければ二、三日の海上輸送で行けるという絶好の地である。したがって、ここには国史跡の岩谷《いわがたに》丁場をはじめとして、島の周囲をめぐる海岸沿いに合計七家の大名によって営まれた十八カ所もの丁場が確認され、大坂城の石丁場の実態を知るうえでの第一級の貴重な遺跡となっている。

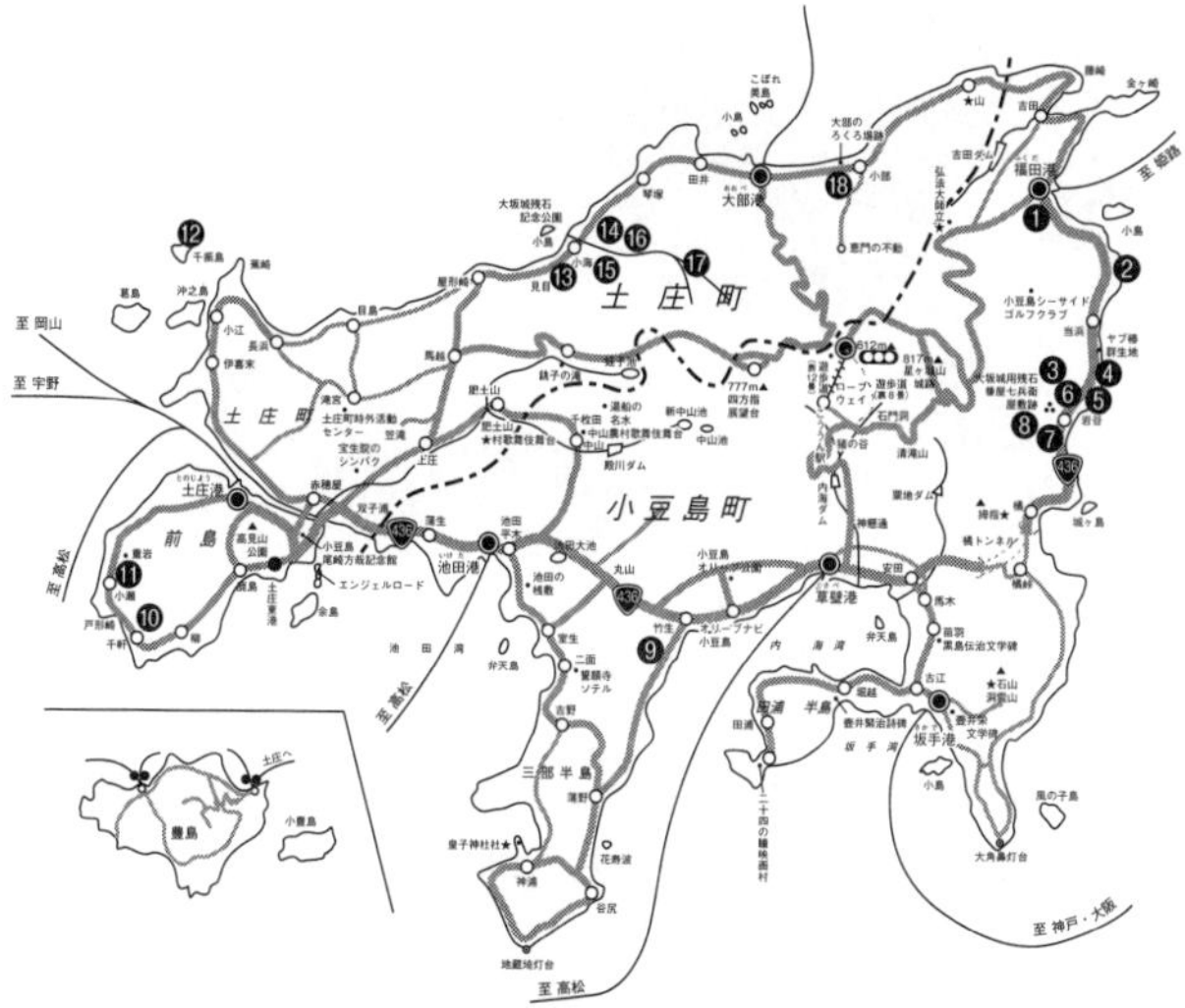

番号	石切丁場名	文化財指定区分	藩主	藩名	石高
①	福田石切丁場	町指定史跡	藤堂和泉守高虎	伊勢津藩	32万3900石
②	当浜石切丁場		藤堂和泉守高虎	伊勢津藩	32万3900石
③	豆腐石石切丁場	国指定史跡（岩谷丁場）	黒田筑前守長政 松平右衛門佐忠之	筑前福岡藩	52万2000石
④	八人石石切丁場				
⑤	亀崎石石切丁場				
⑥	天狗岩石切丁場				
⑦	南谷石切丁場				
⑧	しいの木石切丁場				
⑨	石場石切丁場	町指定史跡	田中筑後守忠政	筑後柳川藩	32万石
⑩	千軒石切丁場	県指定史跡	加藤肥後守忠広	肥後熊本藩	73万1800石
⑪	小瀬原石切丁場	県指定史跡			
⑫	千振石切丁場		松平右衛門佐忠之	筑前福岡藩	52万2000石
⑬	目（女）風呂石切丁場		中川内膳正久盛	豊後竹田藩	7万400石
⑭	とび越え石切丁場	県指定史跡	細川越中守忠興／忠利	豊前小倉藩	39万9000石
⑮	宮ノ上石切丁場	町指定史跡			
⑯	北山石切丁場	町指定史跡			
⑰	とびがらす石切丁場	町指定史跡			
⑱	大部石切り丁場	町指定史跡	中川内膳正久盛	豊後竹田藩	7万400石
			堀尾山城守忠晴	出雲松江藩	23万5000石

図33　小豆島の石丁場一覧

図34　香川県小豆島町岩谷の「八人石」丁場跡
この巨石がずれて八人の石工が下敷きになったという。左にその慰霊塔が見える。

大坂に近い島の東部から時計回りに、伊勢藤堂家の福田丁場、筑前黒田家の岩谷丁場、筑後田中家の石場丁場、肥後加藤家の千軒・小瀬原丁場、豊後中川家の目風呂丁場、豊前細川家のとび越え・宮ノ上・北山・とびがらす丁場、中川家・出雲堀尾家の大部丁場などがそれぞれ営まれている（図33）。矢穴《やあな》を残す残石（後述）が多数残されているが、とりわけ「大坂城石垣石丁場跡」として国史跡に指定されている黒田家の岩谷丁場群（小豆島町）は、「豆腐石《とうふ》」「八人石」「天狗岩」など五カ所の丁場（図33の③〜⑦）の総称で、規模も大きく（残石数千六百十二個に達する）、近年通路整備もされており、大坂城研究者・城郭愛好者は元より、近世石垣に興味を抱く者必見の遺跡である（図34）。

石材の切り出しにあたっては、石目《いしめ》（一直線に割れやすい方向）に沿ってノミ（石工用語で「矢」）で長さ約四寸×幅約二、三寸×深さ三寸程度の四角い穴（「矢穴」）を一直線にあけ、矢穴にクサビを打ち込んで二分割する技法＝「矢穴技法」で行なった。現地には、こうして割られた痕跡である矢穴痕を残す石が多数残されている。

矢穴技法の出現は、天文五年頃に築かれたといわれる近江六角氏の居城観音寺城の石垣に見られるのが早い事例だが、その後も長い間、例えば豊臣大坂城では部分的に見られることはあっても、自然のままの石やそれを玄能で二、三に割った粗割石《あらわりいし》と呼ばれる石材が主流だった。ところが、徳川期大坂城に代表される十七世紀前半の城郭では、矢穴技法が全面的に採用され、規格化された直方体の石材を計画的に調達できるようになり、それを布積みと呼ばれる横方向に一直線に整然と積み上げていく技法によって、整美で堅牢な石垣が出現することとなった。

ところで、小豆《しょうず》郡土庄《とのしょう》町の小海《おみ》の海岸には、今も潮待ちをしているかのように海岸に整然と並べられた加工石材が残されており（ただし、並べられたのは明治以降のこと）、大坂城残石公園として整備されている（香川県指定史跡）。この小海には細川家の石切丁場があることから、これらの石も細川家が切り出したものと思われるが、なかに「八百九ノ内」と刻まれた石がある。これについては、北垣聰一郎が公表した「元和七年塩飽《しあく》・小豆嶋御仕置石数之覚」（永青文庫所蔵文書）との関連性が考えられる（北垣「石切丁場の実際」）。

石高八百八十一　　　　　　　　　　小豆嶋

内　一ツハ　　三間角　但あらハリ（粗割り）竹内吉兵衛・沢形右衛門切り

出し申し候

九ツハ　　二間角ノあらハリ同人きらせ申し候

三ツハ　　二間角ノ角わきあらハリ同人きらせ申し候

五十九ツハ　築石同人きらせ申し候

八百九ツハ　築石嶋又左衛門・佐藤安右衛門きらせ申す分

右之請石何も能見帰り申し候

（以下、塩飽のことにつき略——引用者）

これは、小豆島に存置されている大坂城用の八百八十一個の石について、角石《すみいし》・角脇石《すみわきいし》・築石《つきいし》（平石のこと）の三種類に分類してそれぞれの内訳数を挙げたものである。角石・角脇石は石垣出角部の算木積みを構成する直方体に切り出された大形の規格石のこと、また築石はそれ以外の平たい石垣に使われた、やはり直方体の規格石のことである。ここから、この段階（一六二〇年代）では既に城郭の石垣用材は、基本的にこれら三種類の規格石に統一されており、それが一個一個切出した者の名を明記して管理されていたことが分かるが、こうして築き上げられたのが例えば（図27）の石垣（西外堀）であり、出角部の仕様を豊臣期のもの（図11）と比較すれば、わずか四十年の間に石の規格化や石積み技術の長足の進歩のあったことは明らかだ。その画期を明確にすることはいまだ難しいとしても、私としては関ヶ原合戦後に徳川家康によって進められた一連の天下普請が大きな役割を果したのではないかと考えている。

この史料のなかに「八百九ツハ　築石嶋又左衛門・佐藤安右衛門きらせ申す分」とあるが、海岸に残された石に刻まれた「八百九ノ内」はこの嶋・佐藤両名に切らせた「築石」のことを指すのだろう。とすれば、これらは八百九個の石の一つとして切り出され、海岸まで運ばれたものの、何らかの事情によって大坂まで運ばれることなく、四百年間をむなしく小海の海岸で過ごした石ということになる。

こうしてついに大坂城の石垣石になれなかった石の気持ちを忖度して、私たちはこれらを「大坂城残念石《おおさかじょうざんねんいし》」と呼んだりもするのである。

†前島石丁場

小豆島や東六甲の石丁場は、かねてから世間に知られた遺跡だったが、近年に至るまでまったく存在が知られなかった石丁場もある。

瀬戸内沿岸の潮待ち港として、また朝鮮通信使の寄港地として著名な牛窓《うしまど》の町から狭い海峡（牛窓瀬戸）を隔てた岡山県瀬戸内市前島《まえじま》、そこからは大坂城への石材供給地として名高い犬島も見えるが、実はこの前島にも大坂城石丁場があったのである。それが判明したのは、僅か四十年ほど前、一九七七年（昭和五十二）のことであった。

その前年、地元の方から刻印石発見の通報を受け、大阪城天守閣の学芸員二名が前島東半部の小高い東山地区に足を踏み入れたのは、一九七七年十二月のことだった。そして、地区四カ所の地点で今も矢穴痕跡を残す加工石材や、その巨大な母岩が至るところで大量に残っていることを見出し、これらが石を切り出す丁場であることを確認した。通報された刻印は、A地区の長方形に切り出された巨石の小口にあり、大坂城石垣の松江藩主堀尾家《ほりおけ》の丁場に残されている刻印と同形・同大の「分銅刻印《ぶんどうこくいん》」を彫り込んである。このことから堀尾家の採石は間違いないと判断された。ただ、ここは岡山藩池田家領なので、堀尾家がいかなる交渉の末、ここから採石したのか気になるが、今のところその事情は確認できない。その後、鳥取藩のものと見られる刻印も見つかり、鳥取池田家の採石も行なわれていたことが判明したが、藩主の光政が岡山藩主池田忠雄の甥であるから、こちらはその事情が推測できる（コラム5）。

その二十年後（一九九七年）、文部省の科学研究費（代表は京都大学名誉教授天野光三《あまのこうぞう》氏）を得てA地区の詳しい調査を再開し、地元の方々に下草を刈ってもらったところ、四百年前の石切

図35　岡山県瀬戸内市前島の東山石丁場跡
直方体に切出された石材が整然と並んでいる。正面奥の斜面から海岸へ運び出す直前の状態のままで放置されていた。

丁場の跡が忽然と姿をあらわした。五小グループに細分できる約九十メートル×六十メートルの作業場に母岩を小割りした石材が整然と一直線に並べられ、あたかもそれまで石を割り、並べていた石工たちが、昼食をとるため現場を一時離れているかのような、臨場感あふれる遺跡だった（図35）。

こうした前島や犬島での採石の様子が、第三回朝鮮通信使の副使、姜弘重《カンホンジュン》が著わした『東槎《とうさ》録《ろく》』（若松《わかまつ》實《みのる》訳）に綴られている。これは寛永元年から二年にかけて朝鮮王朝の使者として来日・滞在し、前年に三代将軍に就任したばかりの徳川家光に拝謁して国書を呈した通信使一行が、往路・復路ともに牛窓に立ち寄り、本蓮寺で宿泊した際に採石の様子を書き留めた大変貴重な実録である。

往路　寛永元年十一月八日

牛窓から隔たること一里余り、一つの孤島があるが、皆はこれを石山という。日本人が家を造って住んでいた。石を切って海岸に下して山のように積まれており、一固まりの岩の大きさが家のようであった。尋ねると、大坂で今ちょうど城を築くことがあって、ここから持っていったという。

（『牛窓町史』民俗編より）

復路　寛永二年二月一日

牛窓から来た時、海中を望見すると、点々と小島があるので、近づいてみると、往路に見た浮き石を船に積んでいるのであった。一つの船にわずか一石を載せるだけで、屹然として山岳のようであった。このような船で、海がおおわれており、物力の豊富な事と、工事の巨大な事を知ることができる。

（『牛窓町史』民俗編より）

これは、寛永元年から始まる第二期の本丸普請の時の石材切り出しと運搬にかかわる記事で、犬島や前島などから採石されていた様子が驚きをもって記されている。

ところで、調査に携わった私たちは、四百年前の石丁場の状況を生々しく今にとどめる前島丁場が、別荘開発のため消滅の危機にあることを憂い、近世初期石材切り出し工事の実態を伝える産業遺産として国史跡級の貴重なものであると訴えたが、諸般の事情によりいまだ地元岡山県や瀬戸内市の文化財にも指定されていないのは残念というほかない。

以上、瀬戸内海沿岸の二カ所の石丁場を紹介したが、前節の沓尾丁場も含めれば、京都南部・大坂東部、瀬戸内沿岸のほぼ全域をカバーする形で、再築大坂城への採石がなされていた様相をうかがうことができる。

こうして積み上げられた大坂城の石垣は総延長十二キロ余（六千八百八十二間）、石垣の最高値約三十四メートル（南外堀石垣に「十七間」という石垣の高さを示す間数刻印がある。また本丸を囲む内堀の石垣の高さを示す「高十七ケン二尺」という絵図もある）、石の総個数は、村川行弘の算出によると約百万個とされている。三期にわたる工事の総経費は、銀約十万貫、米にして四百三十四万八千石という試算がある（村川『大坂城の謎』）。すなわち、一千億円にも達する巨額となるようだ（銀一貫を十万円と換算）。なお、二〇一八年二月、西宮市内に残されている肥前鍋島家の石丁場が「大坂城石垣石丁場跡　東六甲《ひがしろっこう》石丁場跡」として国の史跡に指定されたことを付記しておきたい。

【コラム6】新「肥後石考」

江戸時代の大坂城図には様々なものがあるが、関西学院大学所蔵の大坂城絵図は極細の墨書と朱書で書き込まれた多くの注記によって特異な位置を占める。成立は嘉永元年（一八四八）以降に下るが、墨書注記には各門口や諸施設を紹介するものが多いのに対し、朱書注記には施設の管理状況や変遷を示すものが多く、今後の全面的な解読が待たれる好史料である。

ところで、この図の本丸桜門枡形部分に注目すると、次のような墨書注記がある。

袖石トテ振袖ノ如ク、鮹石トテ鮹形、鶏石トテ鶏ノ形

袖石とは本丸の正面桜門枡形にある巨石で、今「振袖石《ふりそで》」と呼ばれている城内第三位の巨石のこと、鮹石とは、その隣にある城内一の巨石「蛸石」であるが、鶏石という石はこれまで知られていない。新しい知見だが、蛸石の右隣にある烏帽子《えぼし》石のことかもしれない。いずれにしろ、これらは岡山藩の池田忠雄が領内から運び込ませた巨石である。

ところで、次に掲げる表6は岡本良一が「肥後石考」（日本城郭協会編『大阪城とその周辺』）のなかでこれら大坂城の巨石の愛称がいつ頃から史料にあらわれるかを示した表を一

文献名	著作年代	蛸石	振袖石	竜虎石	肥後石
金城聞見録	文化初年頃	あり	あり	あり（図のみ）	なし
摂営秘録	文政７年	あり	あり	あり	あり（京橋門・本丸桜門など複数ありとする）
大坂城中秘見写	嘉永元年	あり	あり	あり	なし
山里の塵	嘉永２・３年頃	あり	あり	なし	あり（「肥後石とか唱ふる」大石あり）
大坂城誌	明治32年	あり	あり	あり	なし

表６　大坂城巨石の愛称と掲載文献
＊岡本良一「肥後石考」（日本城郭協会編刊『大阪城とその周辺』1962）を一部改訂

部改めたものである。

　岡本はそこで、肥後石という巨石は、実際は岡山の池田忠雄が運ばせてきたが、秀吉股肱《ここう》の臣である加藤肥後守清正が伝説的な築城の名手であり、丁度都合よく息子の加藤肥後守忠広がこの大坂城普請に参加していたためにかく名づけられた、つまり二重に誤った命名だと説明した。しかし、これは少々うがち過ぎた考えではないだろうか。

　池田忠雄が京橋口や桜門の超巨石を運んできたように、忠広もそれに劣らぬ巨石（城内第四位の巨石を含む大手枡形の石垣）を運んできているからだ（表4）。


池田宮内《くない》殿（忠雄のこと）、長さ七間、横三間之石此《この》比《ごろ》引かれ候に付き、加藤肥後守殿（忠広のこと）九間半之石引かるるの由候、ケ様《かような》成る石世上《せじょう》にこれ有る物にて候哉と申す事、何も太鼓、鼓、笛、女人な

とはやし候由候

（「薩藩旧記増補」）

これは、薩摩島津家の家臣が目にした大坂普請の様子を国許に伝えた書状だが、池田忠雄（宮内少輔）と競うように加藤忠広も賑々しく巨石を城内に搬入してきた様子が記されている。当時はその盛儀がずいぶん話題となったものであろう。

ところで、両者について気になる記事が『金城聞見録』にある。蛸石の解説のなかに「左の角に加藤侯の紋を鐫《えり》たり」とあるもので、加藤侯すなわち肥後加藤家の家紋が蛸石の左角に彫ってあるという。加藤家の紋所といえば桔梗紋か蛇の目紋だろうが、どうして池田忠雄が引いてきた蛸石に加藤家の紋所が彫ってあるというのだろう。

そこで改めて注目されるのが、肥後石が京橋口の他本丸桜門や城内諸所にもあるとした『摂営秘録』のなかの次の記事である。

此外肥後殿と名付候大名石《だいめいせき》いろ〳〵有之候得共、繁候《ママ》なれば之を略す。

（中村勝利校注『摂営秘録』）

肥後殿（石）と名づけられた巨石は色々あると言う。とすれば、ここで蛸石も数ある肥後石のひとつではなかったかと思い至る。もちろん、池田忠雄が運んできた蛸石に加藤家の紋など見当たらない。その意味ではこの記事は誤りだが、蛸石や振袖石というのが石自体に即した愛称であるのに対して肥後石の方は大名の名にちなむものであることに注意すれば、表6で蛸石・振袖石・竜虎石があり、肥後石がない（あっても不安定）のも、両者の愛称の次元が異なっていたからだと推定できる。少なくとも『大坂城中秘見写《ひけんうつし》』が書かれた嘉永元年（一八四八）頃までは、肥後石とは特定の個体石をあらわすのではなく城内にある複数の巨石の代名詞だったのではないだろうか。

では、こうした城内諸所に肥後石ありとする所説はどうして生まれたのだろうか。その背景を考える上で注目されるのが、藤井重夫が指摘するように（藤井「大坂城石垣符号について」）、大手枡形内や千貫櫓付近、内堀の石垣などに加藤忠広の運搬・据付を証拠立てる刻印「加（藤）肥後守内」のある巨石がいくつも残されている事実だ。つまり江戸時代、大坂勤番の役人は城内の各所で加藤忠広の名を刻んだ巨石を目にすることがあったと思われ、それが度重なるうちに、大坂城の巨石はすべて加藤肥後守忠広が運ばせた肥後石だという伝説を生ぜしめたのではないか。とすれば、肥後石の由来を清正に求めずとも、実際に巨石を運ばせた息子の忠広に帰せしめることに問題はないこととなる。

第六章

徳川時代の大坂城と城下町

1 徳川幕府と大坂支配の構造

†二百六十年続いた「徳川の平和」と大坂城

江戸時代の始まりをどこに置くのかという問題は、よく俎上《そじょう》にのぼる。これまで、家康の覇権を決定づけた関ヶ原合戦勃発の慶長五年（一六〇〇）、家康が江戸に幕府を開いた慶長八年、大坂夏の陣で大坂城が落城して豊臣氏が滅亡し、文字通り徳川氏の覇権が確立した慶長二十年など、様々である。

ここでは深く立ち入らないが、いずれにしてもその後、慶応三年（一八六七）の大政奉還・王政復古による崩壊まで、約二百六十年の間徳川幕府が安定した政権を維持し、国内を二分するような大規模で深刻な国内戦争がなかったことで民衆の生活も安定し、京都・大坂・江戸のいわゆる三都を中心に元禄・享保・文化文政期などを中心として、華やかで多彩な庶民文化が花開いた。この江戸時代を指して、Pax Romana（ローマの平和）にならい、Pax Tokugawana（徳川の平和）と呼ぶ研究者のいることには妥当性がある。

そうした徳川の時代に、大坂でも人形浄瑠璃・歌舞伎・俳諧などに代表される芸術・文化が花開いたことは周知に属するのだが、では、大坂の文化的特徴と大坂城のあり方とはどんな関連性があるのだろう。少し変わった事例だが、江戸時代の大坂で作られた刀をもとに上方文化の特徴について見ておきたい。

平安時代にいわゆる外反《そとぞ》りを持った湾刀が確立し、今日にまでつながる日本刀が出現したとされる。その長い日本刀の歴史は、豊臣秀吉晩年の慶長期を境として、それ以前を古刀、以後を新刀と呼んで区分している。こうして江戸時代を通じて各地で新刀が作り続けられるが、それらは主として都市で作られたため、その都市の性格なり好みがかなり反映したとされる。長曽禰《ながそね》虎徹《こてつ》に代表される江戸の刀（江戸新刀と呼ばれる）が概して「いかにも武士の町らしい力強い作風」だったのに対して、大坂のそれ（大坂新刀と呼ばれる）は、越前守助広や井上真改《しんかい》に代表される「優しみのある姿」といわれるようなものが主流である。そこに見られる「うるおいのある肌、細かな沸《にえ》と匂につつまれた華やかな刃文」などの優美な作風は、「猛々しさ、いかつさというものを極度に嫌った大坂人の生活感覚のなかにあって、はじめて完成されたもの」との評価がある（『桃山・江戸の町人文化』）。

これは、歌舞伎の世界でいう江戸の「荒事《あらごと》」と上方の「世話物・和事《わごと》」を対比させればよく分かるように、武骨な江戸に対する優美な上方といった特性なのである。とすれば、いささかステレオタイプではあるが、そこには江戸の武家文化に対する大坂の町人文化の特徴が浮かびあがってくる。ではこうした違いは、何に起因するのだろうか。もちろん様々な原因が複合的に影響しているだろうが、次のような事情も一役買っているのではないか。

内藤昌《あきら》によれば、人口約百三十万人とされる江戸のうち武士が五割を占めるのに対し、藪田《やぶた》貫《ゆたか》の試算では人口四十万人の大坂では武士は二パーセント、実数でも江戸の六十五万人に対して大坂は約八千四百人（最大一万人）となるようだ。内訳は、大坂城勤番の武士が三千八百人、東西の町奉行や六役《ろくやく》奉行など七百人、大坂町中を支配する与力・同心が三千人、それに主として堂島《どうじま》川・土佐堀《とさぼり》川に沿って展開した諸藩の蔵屋敷に勤める武士九百人である。もちろん、こうした数値は年代や数え方によっても違うだろうが、それにしても、大坂の全住民のなかで武士の占める割合が、多く見積もっても二・五パーセントほどに過ぎないことは注目すべき事実であり、大坂では町人に対して武士の影が薄かったことは動かないと思われる。

さらに、大坂が幕府の直轄地で、大坂城は将軍の別邸（「持ち城」）だったことから、大坂城と大坂の町は普通の城下町のような、城主の住まいする城郭とそのもとで生活する城下町の住民という関係性は希薄だった。そのため、江戸時代の大坂城は、普通の城郭が持っている城主の居城に収斂《しゅうれん》される求心力を持たなかったといえよう。後にも言及するが、一九三一年（昭和六）、大阪市が天守閣を復興しようとした時、徳川期の天守を復元しようという発想はそもそもなかったようで、どうせ再建するなら太閤さんの天守を、というのが大阪市の当初からの一貫した方針であり、市民も大いにそれを迎えたことを想起してよいだろう。江戸時代の大坂城は大坂町民にとって「オラが殿様」の住むお城ではなかった。しかも、将軍名代である大坂城代《じょうだい》は幕末までに七十代を数えた。なかには二十年を超える在任期間の者もいたが、平均すれば四年弱の任期に過ぎず、町民との交歓・交流もほとんどなかったであろう。

こうしたことから、城代に代表される徳川期大坂城守衛の武士と大坂町民との関係性はかなり希薄だったと考えられ、こうした事実こそが好くも悪くも大坂城と大坂町人とを規定することとなったのではないか。

✝大坂城守衛の構造

まず確認しておきたいのは、前述のように、徳川期の大坂城は将軍の別邸のような存在であり、城主は徳川の歴代将軍であったことだ。大坂城再建に取り組んだ二代秀忠から十五代慶喜まで、十四名の将軍がこの間の大坂城主だった。とはいえ、彼らは圧倒的な長期間江戸在府であり、実は十四名の将軍のうち、完成した大坂城にやってきたのはわずか三名だった。大坂城は、このように城主不在の城だったが、その一方、初代の内藤信正《ないとうのぶまさ》以降、最後の牧野貞明《まきのさだあき》まで実に七十代六十六名もの城代が将軍名代として来坂し、大坂城守衛の最高責任者としての任にあたったのである。以下、この城代をはじめとする大坂城守衛の概要を見ていこう。

城代

城代は、大坂城守衛の最高責任者であり、信頼に足る譜代大名の二万石から十万石クラスから任じられた。期間は不定期で平均三、四年の者が多かったが、まれに二十年を超える者もいた。役料（職務に伴う手当）は一万石で、二ノ丸大手口・西ノ丸の南北両仕切を守備し、西ノ丸に城代上屋敷を構えた他、城外の城近くにも下屋敷を構えた。城代の権限は強大で、西国で争乱が起きると将軍の許可を待たずに諸藩に出兵の命令をくだせることで、城内の武器弾薬の使用や、諸大名の軍船を自由に動かすこともできた。一方、大坂や堺の町奉行、大坂船手奉行なども監督した。

初代の大坂城代は、元和五年（一六一九）に伏見奉行から転じた内藤信正、最後の城代は元治元年（一八六四）に任じられた牧野貞明だがこの間、七十代六十六名もの大名が城代に任じられている。なかでも著名なのは、「天保《てんぽう》の改革」で有名な水野忠邦《みずのただくに》である。水野は文政八年（一八二五）五月から翌九年十一月までの一年半、大坂城代の任についたが、その後、京都所司代を経て老中へと進み、「天保の改革」に着手するのは、老中首座だった天保十二年（一八四一）のことである。このように、大坂城代に任じられることは一般的には出世コースだったと言われている。

定番

大坂城二ノ丸に四カ所ある門口のうち、正面である大手口は城代の守備範囲だったが、残る三ヶ所のうち、搦《から》め手口である玉造口と京橋口にはそれぞれ定番《じょうばん》が置かれた。いずれも二、三万石程度の譜代大名が任命される。守備範囲は玉造口と京橋口一帯だったが、御蔵奉行を除く五奉行（後述）の指揮監督も担当した。玉造御門内と京橋口御門内に上屋敷があった他、城外にも下屋敷があった。役料三千俵である。

元和九年に任命された稲垣重綱（玉造口定番）、高木正次（京橋口定番）を最初として、幕末まで三十人近くが赴任した。

大番

本丸は将軍の御座所として別格で、城代といえどもしかるべき理由がなければ簡単に入ることができない領域だった。本丸の守衛（ただし、北部の山里丸は除く）を担ったのは、将軍直属の軍事組織である旗本だった。彼らの職名を大番《おおばん》という。大番は、組ごとに一名の大番頭、四名の組頭、四十六名の組衆（合計五十一名）、与力十騎、同心二十人で編成され、合計十二組の大番が編成された。そのうち八組が江戸城を守備し、残る四組が二組ずつ大坂城と二条城の守衛を勤めた。

大坂城では、東西二組に分かれた大番士が月交代で本丸を守備した。役宅（小屋と呼ばれた）は、本丸南部の二ノ丸一帯（現在、修道館や豊国神社のあるところ）にあり、桜門の前を境として東西に置かれた。大番士をまとめた大番頭は、五千石ほどの上級旗本から任じられた（五千石に足りないときは差額の「足高」を給せられた）が、時には小身の大名が任じられることもあった。東大番頭は南二ノ丸東端、西大番頭は南二ノ丸西端に屋敷があった。任期は一年で、原則としてこの間は城内から他出することはできなかった。

加番

加番《かばん》とは大番を補佐する意で、四名が置かれた。山里加番・青屋口《あおやぐち》加番、中小屋《なかごや》加番、雁木《がんぎ》坂《ざか》加番である。本丸北部の山里丸に置かれた山里加番（一加番ともいう）の格式が一番高く、三万石級の譜代大名が任じられた。守備範囲は山里曲輪と極楽橋を挟む二ノ丸北部の東西仕切門内である。残りの三名の加番は、一～二万石クラスの譜代大名が任じられた。不浄口として普段は締切りの青屋口および二ノ丸北東部を守備した青屋口加番（二加番）、二ノ丸東部の雁木坂を交代で守備した中小屋加番（三加番）・雁木坂加番（四加番）とから成る。山里・青屋口加番は東大番の、中小屋加番と雁木坂加番は西大番の加勢として、月交代で本丸北部の山里丸から二ノ丸北ないし東部を守った。任期は一年で、役料一万石が与えられた。

城代以下、大番に至る大坂城守衛の武士には役料や合力米などと称する手当が支給されたので、希望する者が多かった。

なおその他、江戸から一年あたり二名（半年交代）で、大坂目付《おおさかめつけ》といわれる「目付」、すなわち老中の命を受けて監察の業務に携わる者が派遣された。

六役奉行

以上の者たちは、中央から任命され派遣されてきた面々だったが、大坂在住の地役人からなる役職もあった。

城代以下の守衛活動の実務を支える吏僚集団である六名の奉行が置かれた。蔵・鉄砲・弓・具足・御金・材木の六奉行で、大坂六役ともいう。蔵奉行は、城内で保管される米・味噌・塩など兵糧の管理で定数四名。続く鉄砲奉行は、文字通り城内の鉄砲や石火矢・焔硝《えんしょう》（火薬のこと）などの管理で三名。弓奉行は、城内で保管される弓矢の管理で二名。具足奉行は、城内保管の甲冑《かっちゅう》・旗幟《きし》の管理で二名。金奉行は、城内の金蔵で保管される金銀の管理で二名。材木（のちに御破損《ごはそん》）奉行は、大坂城の営繕《えいぜん》担当で二名。ただし、定数は時代によって変動があった。

これら六奉行のうち、御蔵奉行が始めは町奉行支配、後に勘定奉行支配となったのを除き、残りの五奉行は定番支配だった。

町奉行

大坂町奉行は、幕府が設置した遠国《おんごく》奉行のひとつで、大坂城代のもとで町方の支配にあたる役職。警察・検察・裁判・消防などを管轄した市政の最高責任者である。東西の町奉行が毎月交替で担当し、奉行には千五百石程度の旗本が任じられ、役料六百石が与えられた。また、与力三十騎、同心五十人が付けられた。元和五年に東町奉行として久貝《くがい》正俊、西町奉行として嶋田直時が任命されたのが最初とされ、幕末までそれぞれ約五十人位を数える。

奉行所は、当初西ノ丸西北隅にある乾櫓のすぐ外側、現在、国の合同庁舎一号館のある場所(天満橋南詰西側)にあった。享保九年(一七二四)の妙知焼けと呼ばれる大火で両奉行所とも焼失し、東町奉行所は旧地に再建されたが、西町奉行所は本町橋東詰の内本町橋詰に移転して再建された。

2 大坂城で起こったことあれこれ

†大坂を訪れた三人の城主

ここでは、城主として大坂城を訪れた家光・家茂・慶喜三人の将軍を見ておこう。

大坂城再築工事の開始以降、一貫して工事を指揮したのは、二代将軍秀忠だった。秀忠は、第二期工事が始まる元和九年七月六日にも来城したが、直後の七月二十七日に将軍職を家光に譲り、大御所となってからの寛永三年七月に来坂して「大坂巡検」してはいるものの、以降寛永九年に没するまでの間の来坂はない。つまり、寛永七年に再築なった大坂城への秀忠の入城は、将軍としてはもちろん、大御所としてもなかったのである。

現職将軍として、再築された大坂城に最初に入ったのは、三代徳川家光だ。家光は、元和九年七月二十七日に伏見城で父秀忠から将軍職を譲られた後、八月十九日に伏見城から大坂城に入り、二十三日まで居た。次いで、寛永十一年（一六三四）には、閏七月十一日に上洛した後、二十五日に淀川を船で下って来坂・入城し、兼ねて要望のあった大坂・奈良・堺の地子銀《じしぎん》（一種の不動産税）免除の布令を出した。『大阪市史』第一などによれば、布令のあるとされる日、町役一同は正装のうえで大手門外の芝生に集まり、布告を今か今かと待っていた。やがて、西ノ丸の乾櫓の窓から免除を意味する金麾《きんまとい》（金の旗）がサッと差し出されると、歓呼の声を挙げたという。

なお、この家光の恩沢を子々孫々に残し伝えるために、当時の町人が作らせたのが「仁政の鐘」といわれる梵鐘で、同時に建てられた釣鐘屋敷で毎日二時間（一時《いっとき》）ごとに打ち鳴らすこととしたという。しかし、明治の初めに鐘楼は壊され、鐘も長らく大阪府庁舎に保管されたままになっていたが、一九八五年（昭和六十）、地元有志の尽力によってゆかりの中央区釣鐘町に戻され、新設された鐘堂で、毎年六月十日の「時の記念日」に鳴らされている。

さてその後、実に二百三十年もの間、将軍の入城はなく、ようやく文久三年（一八六三）四月二十一日、十四代将軍徳川家茂《いえもち》（室は孝明《こうめい》天皇の妹和宮《かずのみや》）が、来坂・入城した。外国船打ち払いを主張する攘夷の声が高まる中、この年三月に二百三十年ぶりの上洛を果たした家茂が、義兄にあたる孝明天皇に譲位を約束した後、摂海《せっかい》（摂津の海、すなわち大阪湾のこと）防備巡検のためとして下坂したものである。

家茂は、翌元治元年一月に再び上洛した後に大坂入城を果たすが、同七月には禁門の変（蛤《はまぐり》御門の変とも）が勃発した。これを受けて、朝廷から幕府に長州征討の勅許が出た。幕府は前尾張藩主徳川慶勝《よしかつ》を征長総督とする幕府軍を編成し、十月二十五日、本営としての津村坊舎（後の津村別院）に入った。戦況については後述するが、翌二年（慶応元）閏五月二十二日、長州再征のため三度目の上洛を果たした家茂は、二十五日、十一万の兵を率いて本営である大坂城に入った。しかし、もともと病弱だった家茂は、幕府軍の敗報が続く中で心労のため城内で発病し、七月二十日、本丸内の銅《あかがね》御殿で病没した。わずか二十一歳であった。

後を継いだのは、十五代徳川慶喜《よしのぶ》（徳川斉昭の七男。一橋徳川家の養子となり、一橋慶喜とも呼ばれた）である。慶喜は慶応二年十二月に家茂の跡を継ぎ将軍になり、幕府を頂点とする中央集権国家への変革を目指す「慶応の改革」を推し進めるが、薩長の討幕計画があらわになると、翌三年十月大政奉還を奏上して将軍職を辞し、翌年正月三、四日の鳥羽伏見の戦いで官軍に敗れ、大坂城を脱出して江戸に逃げ帰った。

†大天守への落雷一件

寛永三年（一六二六）に建造された大天守は、高さ五十八メートル、江戸城の天守に匹敵する高さを誇った。しかしこの天守は、先にも見たように寛文五年正月二日の夜中に発生した落雷で炎上し焼失した。時の大坂城代は、寛文二年から延宝六年までの足掛け十七年間にわたってその地位にいた青山宗俊《あおやまむねとし》である。

大阪城天守閣では一九九七年から『徳川時代大坂城関係史料集』の翻刻作業を続けているが、その一環として青山宗俊の日録が「大坂城代記録」として翻刻され、（一）～（八）として刊行された。これにより、これまでほとんど知られることのなかった大坂城代の日常生活が明らかになってきたが、その（四）に収められた寛文五年の記録からうかがえる、同年正月二日夜中に起こった天守炎上・焼失への対処の経過を、同書の解説を参照しながら垣間見ることとしよう。なお、嘉永三年から安政五年（一八五八）まで城代を勤めた土屋寅直の関係史料のなかに、この件について大坂から江戸の幕閣に出した報告の写本があるので、それをも必要に応じて引用しながら見ていきたい（内田「寛文五年 天守炎上一件」一・二）。

一月一日（元旦）、西ノ丸上屋敷の御座間で年頭祝儀を行なった城代青山宗俊は二日、江戸の将軍（四代家綱）へ年始のご機嫌伺いを継飛脚に持たせた。ところが、この日の夜中、大事件が起こる。記録には、

一、戌上刻《いのじょうこく》より雷電、亥之刻御天守え雷落ち焼き上がり、子下《ねのげ》刻《こく》江戸へ継飛脚《つぎびきゃく》を以て御注進、糒《ほしいい》蔵・御多門等焼け候に付き、追々次飛脚遣わさる

とあり、午後七〜八時頃から雷雨となり、十時頃に天守へ落雷して炎上したことが分かる。早速城代以下が集まって協議し「子下刻」（午前零時過ぎ）には筆頭老中酒井忠清以下の江戸幕閣に宛てて事件後初の飛脚を派遣した。

最初の状況報告（第一便）の内容は、内田によれば次のようなものである。

急度《きつと》啓上つかまつり候、然らば、今二日の夜戌上刻より当地ことの外雷雨、亥下刻御天守上《かみ》の重え雷火落ち、早速焼けあがり、只今子ノ下刻御天守上より二重目焼け申し候、雨土風打吹き申し候、まず注進申し上げ候、相替る儀ござなく候、恐惶謹言

（差出者六名略）

正月二日

御城代　青山因幡守（宗俊）

酒井雅楽頭様（忠清）

阿部豊後守

稲葉美濃守様

久世大和守様

参る人々御中

（猶書略）

「天守上の重」とは天守最上階、五階のこと、「上より二重目」は同じく四階のことである。午前一時頃までに火が下に燃え広がっていく様子がうかがえる。

三日には、城代以下要職の面々が本丸に詰めて対策を協議し、江戸へ状況報告のため、大番士二名（榊原源兵衛政信と竹内三郎兵衛信就）を派遣することとした。

一昨夜ノ雷火ニテ御天守炎上ニ付御□丸へ何茂《いずれも》御詰、此□江節々御寄合、段々江戸［江以次飛脚御焼失之様子］御注進、辰ノ中刻江戸次飛脚出立、［巳ノ中刻次飛脚御出立］節御注進ニ大御番衆之内豊前守組榊原［源兵衛、丹波］守組竹内三郎兵衛へ二人押付差下、委細可注進由言上

この辰ノ中刻（午前八時頃）に出された状況報告（第二便）と巳ノ中刻（午前十時頃）に出された報告（第三便）も土屋の写本にあり、矢継ぎ早に江戸に飛脚を立てていることが分かる。

其以後、御天守残らず炎上、ならびに御天守の下大番衆の奥御番（所）残らず焼け、次いで御天守の下東の方、糒《ほしいい》入置候多門え火移り候に付き、その続御多門《つづきごたもん》の埋め門取り壊し候、風も止み申し候あいだ、おおかた消し申すべくと存じたてまつり候、（中略）火しずまり次第、御番衆二人差し下し、委細申しあぐべく候、御城外相かわる儀ござなく候、町中静かにござ候

正月三日辰中刻

この第二便からは、天守周辺建物の類焼状況を詳しく記すとともに、風が静まってきたとして少し落ち着いた様子がうかがえる。そして、鎮火を見届けたら、その時点で大番士の二人(榊原と竹内)を江戸へ派遣して詳細を報告するという。

第二便の飛脚は六日に江戸に到着したようで、『徳川実紀』(「厳有院殿御実紀」)同日条には「けふ大坂より参脚をはせて、この二日坂城《はんじょう》(大坂城のこと)の天守へ雷震し、天守ことごとく焼亡し、番士の直廬《ちょくろ》および糒蔵類焼せし旨注進あり」とあり内容が符合する。ここで直廬とは番士の詰所のことで、引用文中の「御天守の下大番衆の奥御番所」を指す(第一便の江戸到着には触れるところがないが、第二便と相前後して到着していただろうことは容易に想像できる)。

続く第三便には「御加番衆は消火活動に大奮闘され、火は天守東側の多門で消し止めました。御殿その外櫓・多門・金蔵まで異状はありません。もう安心してよいと思います」(内田による意訳)とあり、加番大名の活躍で火事が消し止められ、天守の南側にあった本丸御殿はじめ櫓や多門など(口絵4)は類焼しなかったと告げている。

三日に江戸に遣わされた榊原・竹内二名は、七日江戸城に到着した。将軍家綱は彼らを御座所に召して直接事情を聞いたという。

八日の真夜中には、六日にもたらされた報告によって事件を知った将軍の奉書を携えた飛脚が大坂に到着した。そこには、状況検分のための上使として島田藤十郎(重頼)・稲生《いのう》七郎右衛門（正倫）の二名を派遣すると書かれていた。

十日には七日に江戸に着いた大番士二名に暇が与えられた。同じ日、江戸から大坂に到着した上使の一人稲生正倫から将軍奉書が手渡され、その後夕方まで本丸を検分した（稲生はこの後すぐ大坂を出立したか）。十二日には、前日到着したもう一人の上使島田重頼から将軍奉書を受け取った後、島田とともに本丸を検分し、城代は江戸へ帰る島田に奉書請書を託している。稲生は一四日、島田は一八日にそれぞれ復命したという。

この日をもって天守焼失の一件は一区切りが付いたようだ。この間、大坂―江戸の間で、実に頻繁に飛脚・使者が派遣されているが、必ずしも両者がかみ合っておらず、そのあわてぶりが垣間見られるのも興味深い。いずれにしろ、天守炎上直後からの当事者の対応ぶりが事細かに語られているのはまことに貴重である。

†本丸御金蔵から四千両を盗みだした男

大坂城本丸に今も残る御金蔵（重要文化財）は、幕府の巨大な金庫というべきもので、西国の直轄地から上納される年貢金や長崎貿易からの収益金など、莫大な金貨・銀貨が収められていた。

『武陽禁談《ぶようきんだん》』という享保・元文頃の逸史を集めた本によれば、元文五年（一七四〇）、今から約二百八十年前の江戸中期のこと、この御金蔵を破って四千両もの大金をせしめた大泥棒がいた。その名は梶助、あろうことか、大坂城本丸を守る旗本窪田伊織《くぼたいおり》の中間《ちゅうげん》（奉公人）であった。以下はその供述にもとづく驚くべき御金蔵破りの顚末である。

元文五年五月十五日の早朝、主人伊織が本丸での調べ役にあたっておりましたので、私はあらかじめ本丸出入りの許可の鑑札をもらいに御破損小屋《ごはそん》（城の営繕を行なう武士の詰所。本丸に入る桜門土橋の南側にあった）にまいりましたが、九つ（正午頃）の主人の用件までには時間がありましたので、かねて考えていた御金蔵破りを思い立ちました。もらったばかりの鑑札を使って難なく本丸へ入りましたところ、正面の塀重《へいじゅう》御門の脇門があいていましたので、これ幸いと本丸御殿に入り込み、そこから御数寄屋《おすきや》のあたりまでは座敷の中を通りましたが、このままでは見つかると思い、そこからは御殿の床下を通って銅御殿南側の掃除口に出ましたので、そこから天守台に出、さらに御金蔵番所の雪隠《せっちん》の屋根から下に飛び降り、北の西角の柵がゆるんでおりましたので、体を横にして柵の中へ入り、ようやく御金蔵前にたどり着きました。しかし、錠前がかなり頑丈そうでしたので、いったん柵の外に出て、盗難防止のために御金蔵の周囲にめぐらされていた塀の上の忍び返しの釘をはずしますと、それで三重になっていた御金蔵の錠前をすべてねじ切って中に入りました。すると、戸口にまず一個二千両入りの金箱（二千両箱とでもいうべき箱）が出してあり、付近にもう一箱ありましたので、一箱は先の釘でこじあけて中にあった小判二十包み（一包みは百両）を出しそのうち十二包みは天守台に出る開き戸の角地に埋め、四包みは袖の中へ、残り四包みは財布のなかに入れて首から吊るしました。そしてもう一つの金箱をかついで先の掃除口から外へ出ようとしたのですが、あまりに重かったので、仕方なく金箱は囲炉裏のある部屋（御焼火《たきび》の間か）の床下に隠し置き、さらに袖に入れた四包みも御数寄屋あたりに落ちていた瓦の下に隠しまして、首に吊るした財布の四包（四百両）だけを二ノ丸の役宅まで持って帰りました。そしてお昼時に主人の御伴でもう一度本丸へ入りましたその帰りに、瓦の下に隠しておいた四包みを取り出し、先の四包みと合わせて主人小屋の雪隠に隠して、そこから小出しにして、そうですね、四、五両は使ってしまったでしょうか。

この供述をもとに役人が窪田伊織の小屋の雪隠を捜索すると、果たして七百九十五両の金子が発見された。

この後、事件の顚末が江戸表に報告され、関係者が処罰されることとなった。九月二十二日のことである。梶助は町中引き回しの上、磔となったが、堅固を誇る大坂城での大失態に関係者の処分も厳しかった。二名の定番と大番頭は将軍への拝謁を留められ、四名の御金奉行は改易もしくは免職、御破損奉行は遠島、梶助の主人窪田伊織は役職御免のうえ、小普請入り（無役）となった。

大坂城を揺るがせた御金蔵内公金窃盗事件も約四カ月後に一件落着となったが、梶助の主人窪田伊織のその後について、『寛政重修諸家譜』は「宝暦三年（一七五三）三月二十六日、家を出で所在を知らず」とある。事件から十三年後、伊織は三十七歳になっていた。

ところで、初めてこの話を聞いたとき、梶助という名前が少しひっかかった。というのは、梶助という泥棒の名は、『金城聞見録』に、小天守台上に今も残る黄金水井戸《おうごんすいいど》（現在は「金名水井戸《きんめいすいいど》」と呼ばれている）の底に秀吉が水を清めるために敷き詰めた黄金を盗み出そうとした盗賊の名前として登場していたからである。

昔、梶助といへる賊水底の黄金を取らんとして番に従て当城に至り、夜中密に井の中に入りしに深くして底を知らず。冷気肌を斬るが如く。是を忍びて漸く深く至りて見れば、大石を以て格子の如く穴を穿ち抜き、中底に沈めたり。賊も力及ばず大に恐縮し手を空く帰りしとなり。

黄金は、井戸底の大石に格子のような穴をいくつも開け、その下に沈めてあったという。当時は徳川期の井戸と豊臣期のそれとの区別があまりついていなかったようである。それにしても、こんな盗賊がどうして本丸の奥深くまで入れたかについては、「番に従て」とあるので、梶助が合法的に城内に入ることができる立場だったと了解される。つまり、秀吉の大坂城から黄金を盗み出そうとした梶助のモデルは江戸時代の中間梶助だったのである。かくて、伝説の梶助は井戸底から手を空しくして帰ったが、実在の梶助は見事に御金蔵を破って大金をせしめたのであった。

†学者城代、西ノ丸屋敷で雪の結晶を観察

六十六名の大坂城代のうち、ひときわ異彩を放つのが、天保五年（一八三四）から同八年まで大坂城代を勤めた土井利位《としつら》である。

利位は、下総古河《こが》藩主土井家の分家、三河刈谷《かりや》藩主土井家の生まれだが、文化十一年に本家の養子となり、文政五年には家督を継ぎ十一代古河藩主となる。大変優秀な人物だったらしく、文政六年の奏者番を皮切りに、同八年、十三年の二度の寺社奉行、天保五年四月から八年五月まで大坂城代、八年五月に京都所司代、九年に西ノ丸老中、翌十年十二月には本丸老中、十四年には水野忠邦失脚の後を受けて老中首座、というエリートコースを歩み続けた。

その一方で利位は、雪の結晶の観察に努め、その成果を天保三年刊の『雪華図説《せっかずせつ》』、同十一年刊の『続雪華図説』の二著に著わした。雪華とは、雪の花、すなわち雪の結晶のことである。『雪華図説』では「夫れ水の其形《そのかたち》を変換する、雪を以て最も奇なりとす」で始まる本文で、雪の結晶ができる理論、その観察法、雪の効用に至る十四カ条を述べた後、文政十一年以前の採集分三十八種、同十一年分二種、同十三年分十種、天保三年分二十五種に至る結晶の木版図合計七十五図を収録している。

『続雪華図説』には、弁言・序文・跋文のみで本文はなく、天保三年の採集分八種、同四年十六種、同五年十二月九日一種、同六年十二月十六日五種、同十九日二十四種、天保八年に十三種、同九年十種、同十一年に十五種、合計九十二種を記録している。このうち、天保五年十二月の一種と翌六年の二十九種(合計三十種)が、利位の大坂城代時代に採集されたものだ。図36の採譜には「大阪城中において採る所一種」とだけあり場所は特定されないが、「城中」とあるからおそらく西ノ丸にあった城代屋敷の庭だろう。

天保五年に城代に就任した土井利位は、西ノ丸屋敷において雪の結晶を詳しく観察し、そのいちいちを作図し、それらを図説として著わした。具体的な採録方法について、北海道大学低温科学研究所の教授だった小林禎作《ていさく》は、利位が顕微鏡を使ったとし、「黒い漆塗りの板を用意して、雪を受けたらそのまま対物レンズの下に置き、反射鏡を操作して雪の結晶の上から光を

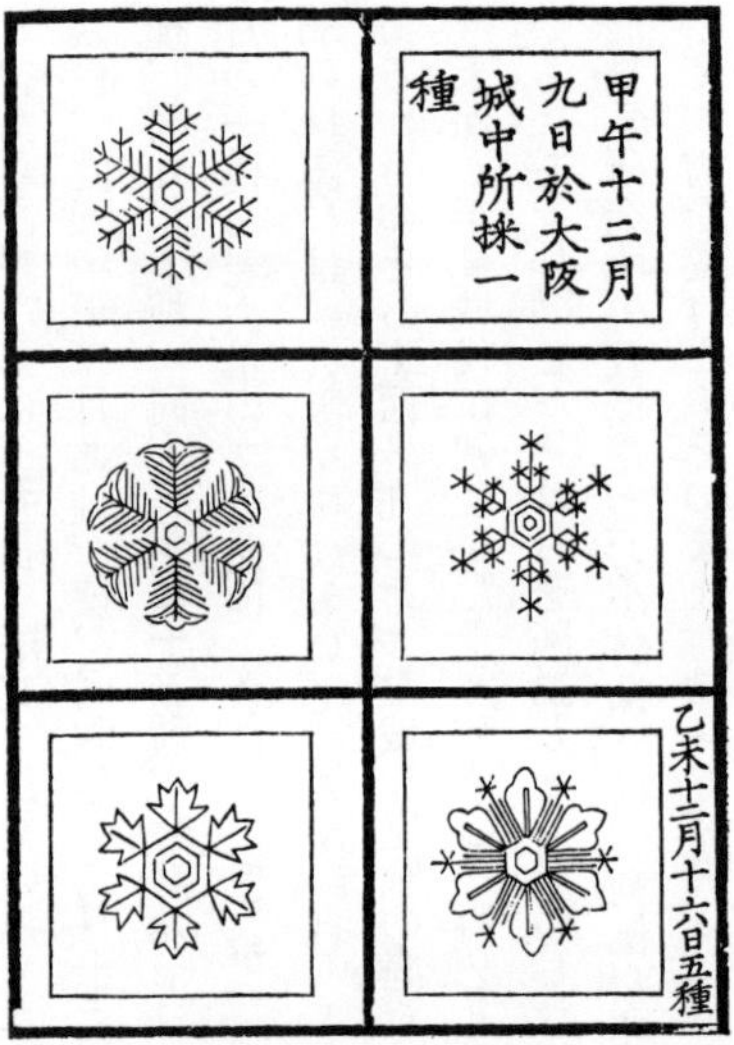

図36　土井利位が大坂城内で採集した雪の結晶（右中段の一種）

当て、黒をバックに燦然と輝く像を見たのであろう」と解説している（小林『雪華図説新考』）。

さらに小林は、天保三年から八年の間に多数の雪華の採録ができたことを「よほど好条件にめぐまれた。言いかえれば、厳しい寒さの雪に遭遇したことを意味」するとし、「とくに天保六年十二月十九日の図は、形が複雑繊細できわめて緻密に描写されており、厳寒のなかで、ゆっくりと観察が行き届いたことを物語っている」とした。

こうして見ると、大坂城代時代の利位は、如何にものんびりと太平楽を決め込んで雪華採集に明け暮れていたように見えるかもしれないが、実はこの時、大坂では幕藩体制の根幹をも揺るがしかねない大変な事件が起こっていた。天保八年二月に勃発した「大塩平八郎の乱」である。

†大塩平八郎の乱勃発

大塩平八郎（名は後素《としもと》。中斎《ちゅうさい》と号す）は、大坂東町奉行所の与力だったが、陽明学者としても名高く、職を辞した後は、私塾洗心洞《せんしんどう》を開き多くの門人を養成した。その精神は王陽明の説く知行合一に象徴される言行一致にあった。

土井利位が良好な雪の結晶図を採録することができた天保期は、厳寒のゆえに全国的な凶作が続き、慢性的な米価高騰が庶民を苦しめていた。なかでも天保七年（一八三六）には全国の平均作柄四分の大飢饉となり、農村の荒廃や農民・都市下層民の困窮ははなはだしかった。これに対し幕府も対応策をとったものの、不十分のそしりを免れないものだった。

大塩は時の東町奉行跡部良弼《あとべよしすけ》に窮民救済を進言したが入れられず、ついに翌年二月十九日、門人や近隣の農民らに檄文《げきぶん》をまわして挙兵した。「救民」の旗を掲げて天満の大塩邸を出発した軍勢は三百人ほどにもなり、大砲・鉄砲を携えて天満から船場に入って豪商の屋敷を襲い、焙烙玉《ほうろくだま》（爆弾の一種）を投げて火を懸けたが、これで天満を中心に大坂の家屋の五分の一が焼失し、七万人が焼け出された（これを「大塩焼け」という）のは皮肉である。大塩は、奪った米・金を窮民に与えたが、乱そのものは内通する者や準備不足のせいもあり、わずか八時間ほどで鎮圧された。平八郎父子は逃れて町中の染物屋の離れ座敷に隠れたが、利位と家老鷹見泉《たかみせん》石《せき》（蘭学者として著名）が指揮する兵に包囲され、三月二十七日に父子ともども自殺した。

しかしながら、この事件は幕府に不満を抱く人士に大きな影響を与え、同年六月、越後の国学者生田万《いくたよろず》が「大塩門弟」と称して蜂起し、貧民救済の名のもとに柏崎《かしわざき》の本陣を襲ったのもその顕著な事件のひとつだった。

土井利位の大坂城内における雪華採録の裏には、小林も既に指摘していることだが、このような深刻な世相があったことを忘れてはならない。よい結晶が観察できる→寒い冬であった→飢饉を招来する、という関係性である。

ともあれ利位は、大塩の乱鎮圧の功績によって同年五月十六日、栄進して京都所司代を拝命することとなり、大坂の地を去った。

【コラム7】大坂城に出没した幽霊・妖怪

古来、名城は幽霊・妖怪が好んで徘徊するところ。とりわけ姫路城天守の最上階に住んでいたとされる妖怪刑部《おさかべ》姫は有名である。近世城郭の最上階は神聖な場所として守護神を祀るところとされる例が多く、姫路城の場合も池田輝政が姫山の旧地主神を勧請した刑部大神で、その正体老狐であったともいわれているが、これを脚色した泉鏡花の『天守物語』の主人公富姫《とみひめ》は、二十七、八歳の美しく気高い女性とされている。と言っても、猪苗代の御城に住む妹の亀姫《かめひめ》が手土産に持ってきた血だらけの武士の生首を見て「血だらけは、なおおいしかろう」と言ってのける立派な妖怪であった。

さて、当然ながら、我が大坂城でもこうした化け物譚には事欠かない。以下にそのいくつかを紹介していこう。

①秀頼の胞衣を埋めた松をめぐる怪異（『金城聞見録』より）

変な言い方になるが、大坂城関係者で幽霊となって現れる資格を有する最右翼はといえば、誰しも、豊臣秀頼の名を挙げるのではないだろうか。方広寺の開眼供養のために新鋳した大鐘の銘文（図22）について徳川家康に因縁を付けられたあげく、翌年の大坂夏の陣で恨みを呑んで山里丸で焼死して果てた秀頼には、確かに死後幽霊となって文句の一つも言う資格は充分にあると思われる。菅原道真が雷神となって都の空を荒らしまわったように、あるいは新中納言平知盛が大物浦で時化《しけ》をおこして義経一行を悩ましたごとく、せめて来坂した徳川将軍や在番諸士を相手に暴れまわってもらいたかったと思うのであるが、不思議とそうした威勢のいい話は残っておらず、わずかに次のようなものが残されているだけである。

西大番頭小屋（大手多門櫓の裏手で城内公園詰所のあるあたり）書院の庭にある松の木は高

さ一丈、横幅十間に及ぶ大木であるが、これは秀頼の胞衣《えな》（胎盤）を埋めた目印の木で、毎月一度御神酒《おみき》を備えることになっていた。その理由については、つぎのような話が伝わっている。

中昔、某侯の藩士主の命を得て此松の大枝一を伐る。其夜の夢に衣冠正しき人来て士に告て云、我は当城の先主秀頼也、今日汝が伐りし松の下、我が胞衣あり、是より後、傳て伐るへからすと。士驚き覚て猶夢の如し、則主人に告て是を祭りしとかや。神酒を備る事も是より始れりとなり。

この話は、非業の死を遂げた男の幽霊譚にしてはどうにもしまらない話で、菅公や知盛卿はもとより、生首をかじる富姫のほうがずっと迫力がある。気位の高い母淀殿のもとで、自己形成も充分になされないままなくなってしまったせいか、秀頼には父秀吉と違ってその個性をうかがわせる逸話もほとんどないが、それにしても、幽霊になっても自分の胞衣のことでしか化けて出てこられないとはなんとも歯がゆい。

それに対して、大坂城に出没する妖怪たちは実に多士済々《たしさいさい》、楽しいかぎりである。

②京橋口定番屋敷の怪異（『金城聞見録』より）

京橋口の定番屋敷を舞台とした妖怪譚は、その被害甚大であったこと、あらわれた妖怪の恐ろしさにおいて断然他を引き離している。

京橋口定番の上屋敷は、京橋口枡形の背後（東側）にあって、今も少し陰気なところであるが、この屋敷には古くから奇怪な出来事が多く、重病にかかったり気が狂ったり、高熱を出して在職中に命を落とす者が少なくなかった。そのため、新任の定番は着任するとすぐ屋敷内にある稲荷社を新たに造るのが慣例となっており、庭には山のように小社が満ちていた。

ところが、享保十五年（一七三〇）に着任した戸田大隅守《おおすみのかみ》（名は忠固《ただかた》、実際の在任は享保十～十七年）は、稲荷社修造を勧める家臣に対して「わしは自分のやりたいようにやる。稲荷社については思うところがあるので、すべて取り払って玉造稲荷へ移してしまえ、ここには一社も残してはならん」と強い口調で命じた。諫めかねた家臣が主人の言うとおりにしたところ、果たして十日ばかり後から家臣の中に高熱を出し、うわ言をしゃべり、気が触れたような者が相次ぎ、ついには白昼、髪を振り乱した幽霊までもが現れて、家臣たちをしきりに悩ますようになった。事ここに及ぶと大隅守は、数名の家臣を選んで幽霊が出るという書院にいき、その杉戸の敷居に油をひいたうえで細引《ほそびき》を括り付けていうには、「わしが幽霊の正体を見届けてくる。お前たちは部屋の外に細引を持って待機しておれ。ただし、わしが声を懸けない限りけっして杉戸を開けてはならぬ」と。こうして、家臣に刀を預け、代わりに陣鎌《じんがま》を腰に差して書院に入ると、静かに妖怪の現れるのを待った。

一日、二日は何事もなく過ぎ、さては恐れをなしたかと思っていたところ、三日目の昼になって現れた。それは家中の者が言っていたような、髪を振り乱し、腰までしかない白衣の姿というオーソドックスなスタイルの幽霊であった。こいつが床の間にたたずんでいるのを見た大隅守、飛びかかって組み伏せようとしたところ、敵も負けじと爪を立てて大隅守の頬骨に食らいつこうとした。そこをとっさに持っていた陣鎌で喉から腹にかけて引き裂くと、さしもの妖怪も弱ったので、これを組み伏せて部屋の外に待機していた家臣を呼び寄せ皆で見分したところ、身の丈七尺八寸（二・四メートル）もあろうかという古狐であった。その皮は今も戸田家にあるという。

『金城聞見録』には、これをもってこうした妖怪はあらわれなくなったと書いてあるが、幕末の大坂城図のなかには京橋口定番屋敷の辺りに「妖化《ようげ》屋鋪」・「化物屋敷」と記したものがあり、戸田大隅守の妖怪退治の以後もあまり気持ちの良い場所ではなかったらしい。

さて、この妖怪は結局、その正体老狐と知れたが、なかにはさっぱり正体の分からない妖怪もいた。しかもいったい何のためにあらわれたのかも分からないかわりものであった。

③「大坂御城代寝所の化物の事」（『甲子夜話』より）

西ノ丸の城代屋敷には、とかくのうわさのあるため誰も寝たことのない寝所があった。ある時、さる剛勇の大名が城代に任じられたが、その殿様、そんな噂を気にも留めず、くだんの寝所で休まれた。さてその夜中、便所に行こうと手燭《てしょく》をもって部屋の障子をあけたところ、廊下に一人の大男の山伏が平伏している。殿様、少しも騒がず、その山伏に手燭を持たせて便所まで案内させた。用を足した殿様が便所から出てくると、その山伏がまだいたので、「手に水を懸けよ」というと、いわれるまま殿様の手に水を懸けた。結局、殿様は手燭を山伏に持たせて寝所に戻ると何事もなく、朝までぐっすりとお眠りになった。それから三日間は同じように山伏があらわれたが、その後はプッツリと現われなくなった。

これだけの話である。頼りないと言えば誠に頼りない話で、これを書き留めた松浦《まつら》静山《せいざん》公が、「総じて世の怪物も大抵その由《よ》る所あるものなるが、この妖怪は何の変化せしにや、人その由を知らず」と記しているのも無理からぬことである。そこへ行くと同じ便所を舞台にしてもう少し手ごたえのある妖怪がいるので最後に紹介しておこう。

④「禿雪隠《かむろせっちん》」（『金城聞見録』より）

この雪隠は、大番頭の泊所（本丸の南東隅あたり）の上《かみ》の便所で、その扉には釘を厳重に打ちつけてあったが、その由来は以下のとおりである。

元禄の頃、大坂在番を勤めた水野十郎兵衛という剛勇の士が一年在勤していた時、この便所に怪事があると聞き、怪物をとらえてやろうと、ある夜中一人でこの便所に立った。途中何事もなく便所に着いたところ、十二、三歳のかわいい禿（おかっぱ頭の少女）が手燭を持って座っている。十郎兵衛が便所に入ろうとするとこの禿が燭を持って前に回って障子の元に座ったので、十郎兵衛が何気なく振り返って見るとかわいかった禿の顔がたちまち鬼の顔に早変わり。目を怒らし、耳まで張り裂けるような口をあけてとびかかろうとするではないか。しかし、さすがは剛勇の士、まったく動ぜずに睨み返すと、たちまちその姿は消えてしまったという。その以後、この便所に入ろうとする者はいなくなった。

＊

まだまだ面白い話もあるけれど、きりがないのでこれくらいにしておきたい。最後に、こうした大坂城での怪事件がいつ頃まであったのかというと、昭和のはじめに二ノ丸青屋口あたりで起こった出来事が雑誌『上方』の「上方怪談号」に載っている。大坂城の妖怪どももなかなか息の長い連中であった。

3　幕末の大坂城

†大坂城の大修復

二百六十年に及ぶ歴史のなかで大坂城は、三度も落雷による被害に苦しめられた。

まず万治三年（一六六〇）六月八日、青屋口の木造の焔硝蔵《えんしょうぐら》に落雷し、蓄えられていた大量の火薬に引火して大爆発を起こした。『徳川実紀』によると、この爆発で火薬二万千九百八十五貫六百匁（約八十二・四トン）、鉛玉大小四十三万千七十九個、火縄三万六千六百四十筋が飛散した。本丸の御殿・天守・櫓・多門などに被害があったのはもとより、大手門まで五、六人持ちの大石や、天満の城下町にまで青屋口の引橋《ひきばし》（この橋、普段は青屋口枡形内に引き込んでおり、使う時だけ算盤《そろばん》のように引き出して堀に懸けた。そのため、引橋とも算盤橋ともいわれた）の破片が飛んできたという（『細川家記続編』）からすさまじい。

この惨状に懲りた幕府は、貞享二年（一六八五）、西ノ丸に焔硝蔵を新造するに際し、壁・天井・床のすべてを花崗岩製とする頑丈な石造に替えた。これが現在、我が国唯一の総石造りの焔硝蔵として重要文化財に指定されている火薬庫である。

次にその五年後の寛文五年（一六六五）正月二日、前節で述べたように、天守大棟の北側の鯱に落雷があり、天守が焼失した。建造後、わずか四十年間の命であった。

さらに、天明三年（一七八三）十月十一日、大手多聞櫓とその枡形が落雷のため焼失したことは、大坂城の正面（ファサード）の威厳を大きく損なうこととなった。

こうした事態にもかかわらず、財政難に苦しむ幕府はなかなか修復の手を挙げることができなかったが、ようやく天保十四年（一八四三）七月、大坂・兵庫・西宮・堺の富裕な町人たちに二百万両を越す御用金を課し、大手口多聞櫓をはじめとする天守以外の建物の全面的な修復を行なうこととした。幕末の惣修復といわれるこの工事は、弘化二年（一八四五）に着手され、十三年後の安政五年に完成したが、これにより大坂城は、天守こそ再建されなかったものの、昔日の輝きを取り戻すことができた。

このとき幕府が命じた「大坂城追手口御門更築《こうちく》寄附帳」が大阪城天守閣に残されており、鴻池屋《こうのいけや》善右衛門ら三名の各十万両を筆頭に高額寄附者の名前が列記されている。

現在、往時の大坂城の面影を色濃く残し、時おり時代劇の撮影にも使われる大手多聞櫓と枡形（いずれも重要文化財）は、この工事により嘉永元年（一八四八）に再建されたものである。

†二度の対長州戦争と大坂城

元治元年（一八六四）七月に勃発した禁門の変における長州軍の御所への発砲を受け、朝廷から幕府に長州征討の勅許が出た。これを受け、幕府は前尾張藩主徳川慶勝を征長総督とする幕府軍を編成し、大阪城で軍議を開き、総攻撃の日を十一月十八日としたうえで十月二十五日に出陣した。三十五藩十五万人にのぼる軍勢は、海路、陸路の五方面から長州を目指したが、長州でも保守派が台頭して恭順の意を表わしたので、幕府軍は攻撃を中止して諸藩の兵に撤退を命じた。

ところが、長州藩内での保守派台頭に反発する高杉晋作らの一派は、元治元年末から翌慶応元年初にかけて、馬関《ばかん》の功山寺で挙兵して成功、藩の実権を握るに至った。これに対し幕府は、長州藩がひそかに武器弾薬を入手しているとして再征を朝廷に請い、九月に勅許を得た。しかし、諸藩の厭戦気分は強く、前回幕府側に付いた薩摩藩も出兵を拒否した（慶応二年一月には坂本龍馬・中岡慎太郎らの仲介のもと、薩摩の西郷隆盛、長州の高杉・桂小五郎〔木戸孝允〕らの間で薩長同盟が結ばれている）。

こうした状勢下で慶応二年閏五月、幕府軍は大坂城を出発して長州に向かい、六月七日には周防大島《すおうおおしま》で戦闘が始まるが、折からの米価高騰に大坂や京都で打ち壊しや一揆が起こり、戦況は幕府に不利だった。一方の長州側は士気旺盛で、石州口《せきしゅうぐち》では大村益次郎率いる長州軍が幕軍を撃ち破ったりした。七月二十日に将軍徳川家茂が大坂城内で病没したので徳川慶喜が出陣することとしたが、翌月一日に小倉が落城したのを期に出陣を取りやめ、休戦の勅許を得て九月十九日、諸藩兵に撤収を命じた。同年十二月二十五日の孝明天皇の崩御を契機に、朝廷から解兵の沙汰書を得て名実ともに長州征討は終了したが、この第二次征討の失敗は幕府の権威を地に堕としめることとなった。

†鳥羽伏見の戦いと大坂城

　こうした経緯で一気に薩長を中心とする討幕運動が激化するなか、慶応三年七月二十五日、前年十二月五日に十五代将軍に就任した慶喜が大坂城に入るが、この日、慶喜は本丸御殿大広間でフランス公使ロッシュを引見、二十八日にはイギリス公使パークスを引見している。その様子を描いた珍しい石版画が「絵入りロンドンニュース」一八六七年八月二十四日号に掲載されている（図37）。イギリスの外交官アーネスト・サトウによって「日本でもっとも豪華な建物」と称えられた大坂城本丸御殿の内部の様子をうかがわせる唯一の絵だ。

　十月十四日、将軍慶喜は突如政権の返上（大政奉還《たいせいほうかん》）を奏上し、大坂城に入った。討幕派の出鼻をくじく作戦だったともいわれるが、討幕派も実はこの日ひそかに慶喜追討を命ずる「討幕の密勅」を得ていた。こうして事態は一層錯綜するが、岩倉具視《いわくらともみ》・大久保《おおくぼ》利通《としみち》らを首謀者とする討幕派は十二月九日に王政復古の号令を発して新政府から徳川氏の主導権を奪うクーデタ

図37　パークスを引見する将軍慶喜［絵入りロンドンニュース］

ーを敢行、さらにその夜の小御所会議で慶喜の内大臣辞官と領地返納を命じるという挙に出た。

　こうした討幕派からの挑発に対し、慶喜は慶応四年（明治元年＝一八六八）元日、「討薩の表」を発して、翌日大坂城から鳥羽伏見方面への進軍を開始した（鳥羽伏見の戦い）。三日には鳥羽で戦端が開かれ、続いて伏見でも薩長を中心とする討幕軍と幕府軍の間で戦闘が開始されたが、薩長軍が錦の御旗を掲げていたため、討幕軍が官軍、幕府軍は賊軍（朝敵）との立場に立つこととなった。こうしたこともあり、数の上では圧倒していた幕府軍の士気はあがらず、四日には淀で敗れ大坂城に引き揚げた。

　慶喜はこうした思いがけない事態に、「恭順の意をあらわす」として、六日夜、わずかの側近を伴い密かに大坂城を脱出、天保山沖の米艦

図38　城中大火図（三世長谷川貞信画）

に潜み、八日の夜、軍艦開陽丸に乗って江戸へ逃げ帰った。大混乱に陥った大坂城では九日、本丸台所付近から出火して大火災となり、その火が焔硝蔵にも引火して大爆発を起こした（図38）。この火災に類焼する形で、翌日にかけて城内の多くの建物が焼けてしまった。

本丸では、本丸御殿をはじめ十一棟あった三層櫓や塀などをすべて焼失する大惨事となり、今残っているのは、御金蔵と金名水井戸屋形の二棟だけである。二ノ丸でも被害は甚大で、城代・定番・大番・加番の屋敷、玉造御門と枡形、南外堀に面する七棟の櫓のうち、四・五・七の三櫓が焼失した。

なお、昭和六年の雑誌『上方』十一号には、なんとも妙な話が載っている。同書によれば、この混乱に乗じて「寺島の紀野吉の主人」なる男が人足を率いて大坂城に乗り込み、居残っていた幕府の役人と大坂城買取の交渉をした。買い取り金額は不明だが、交渉が成立して城内の米穀類を運び出そうとしたところへ官軍が乗り込んできたので、彼らはあわてて堀へ飛び込んで命からがら逃げだしたというのである。相当怪しげな話ではあるが、当時紀野吉に勤めていた佐々木直吉という人の実話だとある。

†廃墟となった大坂城

この火災後間もない慶応四年一月二十日（一八六八年二月十三日）、大坂城を訪れたイギリスの外交官アーネスト・サトウは次のような見聞記を残している。

私たちは、巨大な岩石、一番大きいのは四十二フィートに十六フィート、あるいは三十五フィートに十八フィートというような巨石で畳んである門を通って、本丸の中へ入った。本丸も石造りのところが残っているだけで、どこかに古代ギリシャ、チリンスのサイクロプスの城壁（訳注　神話の巨人族が造ったという巨石をつんだ城壁）の面影があった。壮麗な城の建物は跡形もなく姿を消し、半焼けの瓦におおわれた平らな地面だけが、前に建物のあったことを物語っていた。

（『一外交官の見た明治維新』下）

ここで、サトウのいう「一番大きい」石が蛸石を指すことは言うまでもない。短い記録ではあるが、以前に何度も大坂城本丸を訪れ、壮麗な本丸御殿に感嘆の声を挙げていたサトウにすれば、瓦礫の山と化した本丸の姿をはるか古代ギリシャの遺跡と重ね合わせることで、その残念な気持ちを普遍化しようとしたのかもしれない。

こうして徳川幕府の瓦解とともに大坂城も落城し廃墟と化した。思えば、大坂夏の陣で大坂城が炎上し、豊臣氏が滅亡したことで、最終的に時代は豊臣から徳川に移行した。その二百六十年後、大坂城は再び落城・炎上することで、徳川の時代から明治の新時代への移行を象徴することとなった。

大きな時代の移り変わりに、いわば当事者として立ち会ってきた城郭という視点も、大坂城を理解するうえでの大切なキーワードである。

【コラム8】将軍徳川慶喜の忘れもの

馬印《うまじるし》とは、武将が戦場や行軍の際に自分の所在位置を示すために用いた、木や竹などの芯に紙や布で飾り立て柄を付けた標識のことで、豊臣秀吉の金瓢《きんぴょう》の馬印、柴田勝家の金御幣《きんごへい》の馬印、徳川家康の金扇《きんせん》の馬印などがよく知られている。

家康の金扇の馬印は、竹骨に練絹《ねりぎぬ》を張り、その上から美濃紙を貼って金箔を押した豪華なもので、「三河以来、倒れたこと」がない、すなわち、元亀三年（一五七二）の三方ヶ原の戦いで武田信玄の猛攻の前に倒れたのを除けば、一度も倒されたことがない、というめでたいものだった。もっとも、生涯の最後を飾る大坂夏の陣では、真田信繁隊の猛攻の前に倒されてしまったらしく、『山下秘録』は「家康卿御馬印臥《ふ》せさする事、異国は知らず、日本にはためしすくなき勇士なり」と信繁を誉めている。

こうして最後に少しミソをつけてしまったものの、金扇の馬印はその後伏見城に置かれ、廃城後は幕末まで一貫して大坂城内に保管されてきた。大坂城代が赴任して最初に行なうのが、「御馬験《おうまじるし》（印）拝見」というセレモニーだったという（岡本編『大阪城』）。

さて、江戸中期に平戸藩主であった松浦清（静山と号す）が著わした『甲子夜話《かっしやわ》』によれば、この馬印は長らく大坂城天守の一階に保管されていたが、寛文五年正月二日に天守が落雷にあって焼け落ちたとき、一緒に焼けてしまう運命にあったのを、中川帯刀《たてわき》という旗本が馬印を抱いて天守の窓から石垣を滑り降りて救ったという。石垣の高さは約十四・四メートルもあったから、本人の体は「粉微塵」に砕けてしまったが、馬印は無事だったので、家督を継いだその嗣子は二百石を加増され、都合千石の大身となった（「大坂の御天守焼失のとき、中川帯刀が忠死の事」『甲子夜話』巻一—十八）。

危うく消失の危機を免れた金扇の馬印は、その後「御数寄屋前《おすきやまえ》」の櫓に移され、明和四年（一七六七）からは本丸東側南端に位置する「御馬印櫓《おんうまじるし》」に移管されて幕末に至った。

ところが、幕末になって、再び馬印に類焼の危機が訪れた。

『戊辰《ぼしん》物語』の記事でこの間の事情をうかがうと、十五代将軍徳川慶喜は、慶応四年正月六日、鳥羽伏見の敗戦で動揺する幕府方の将兵を残して密かに大坂城を脱出し、淀川河口で待ち受ける開陽丸に乗り込み江戸へと逃げ出した。この時、あまりにあわてたせいか、または密かに抜け出す邪魔になったためか、かの馬印は大坂城内の櫓に置かれたままだった。

これを知った江戸町火消の頭で俠客の新門《しんもん》辰五郎が、馬印を抱えて慶喜の後を追いかけたものの船は出港した後であった。ならば、ということで、辰五郎はこの馬印を押し立てて子分二十数人とともに東海道を江戸まで突っ走っていった、という。

ここで、なぜ新門辰五郎などという人物の名が出てくるのかといぶかしいが、実は辰五郎は子分三千人を率いる大人物で、勝海舟など幕府の要人とも親交があり、娘は慶喜の愛妾という関係にあった。そういう事情で、辰五郎も元治元年、慶喜が禁裏《きんり》御守衛総督《ごしゅえいそうとく》となって上洛すると子分二百人を率いて御所や二条城の警備にあたったという。その後も慶喜の近辺を離れず、大坂城にも同行したのである。

もしこの時、辰五郎が城内から持ち出さなかったならば、家康愛用の金扇の馬印は、三日後の正月九日に起きた「城内大火」によって焼失した御馬印櫓とともに、燃え尽きる運命にあったことは確かである。

誠に数奇な運命をたどった馬印であるが、では今、その現物がどこにあるかといえば、実ははっきりしないのである。現在、静岡市の久能山《くのうざん》東照宮には全長二・二メートルにも達する巨大な金扇馬印（馬標）が所蔵されているが、同宮によればこれは長らく江戸城内の紅葉山文庫に保管されてきたものだという。

＊

ところで、寛文五年の天守炎上に際して持ち出されたのは金扇の馬印だけではなかったことが最近、明らかにされた。城代青山宗俊の年譜（『徳川時代大坂城関係史料集』十八号「大坂城代記録〔八〕」に翻刻）によれば、青山家の家老吉原善右衛門はこの時、主君宗俊の「誰か四重目に御下知状あり、取り来たれ」との命に応じて、炎上中の天守に馳せ向かったが、天守の鉄鎖《てつさ》が厳重で中に入れなかった。ところが、そこに居合わせた大番衆の某が強力で鉄鎖を撫で切ってくれたので、善右衛門は天守の内部に入り猛火の中から御下知状を無事取りだすことができたという（ここでいう下知状とは将軍の黒印が押された命令書のこと）。

これも天守焼失にかかわる逸史の一つだが、この下知状はその後、主君から善右衛門に下賜されて吉原家の家宝となっていたが、子孫に至って失火のため焼失した、というオチまでついている。

第七章

近代の大阪城と天守閣復興

1　大阪鎮台から第四師団司令部へ

†日本陸軍発祥の地、大阪城

大坂城に大火災が起こり、多くの建物が焼亡したその直後の慶応四年（一八六八＝明治元年）一月十日に、征討将軍仁和寺宮嘉彰《にんなじのみやよしあき》親王が薩摩藩兵を率いて大坂にやって来た。彼らは津村坊舎を本営とし、大坂を維新政府の直轄地とした。一月二十三日、大久保利通によって大坂遷都の建白書が提出されるが、それはならず、西周《にしあまね》の建言で新たな首都は江戸から改名した東京に決し、大阪には鎮台《ちんだい》が置かれることとなった。この場合の鎮台とは、軍事機関ではなく行政機関であり、二十七日には大坂裁判所と改名され、さらに五月二日には大阪府と名を改めた（庁舎は、内本町にあった西町奉行所跡）。

翌明治二年、大阪城内に兵部省《ひょうぶしょう》大阪出張所（千貫櫓に本部が、大手多門櫓に会計部があったらしい）が設置され、兵部省の発足時に兵部大輔となった大村益次郎は、大阪を兵制改革の拠点とすべく奔走し、「大阪開兵」、すなわち大阪に軍隊を創設するなどの方針を明らかにした。大阪城内外には兵学寮（士官の養成機関。二ノ丸京橋門内）や陸軍屯所の開設、教導隊（下士官養成所。玉造門付近）、陸軍医学校（玉造口門内）、火薬や銃砲の製造所（造兵司）も作られ、大阪城周辺は急速に陸軍の拠点としての面目を整えていった。

しかし、同四年八月に廃藩置県が断行され、兵部省管理下の軍事機関として東京・東北（仙台）・大阪・鎮西（熊本）の四鎮台が置かれると、兵学寮や教導隊は東京へ移り、大阪は陸軍の中枢としての役割を終えた。それでも大阪鎮台は、近畿地方はもとより、中国・四国・北陸にわたる広範囲を管轄し、西日本最大の軍事施設であった。翌五年、兵部省を廃止して陸海二省を置き、改めて全国に六軍管を配することとし、各軍管に鎮台が置かれた。大阪城地は陸軍省の所管となり、一八七三年（明治六）に名古屋・広島にも鎮台が置かれ、その範囲は縮小されたが、それでも、佐賀の乱（一八七四年）や西南戦争（一八七七年）の勃発に際しては、大阪鎮台に征圧の本営が置かれるなど、重要拠点として機能し続けた。

そんななか、大坂城内外には、第二次大戦後に廃止されるまで多くの軍事施設が置かれることとなった。時期不同で主なものを列挙すると、歩兵第八連隊（法円坂町）、歩兵第七旅団司令部（同）、歩兵二十連隊（大阪城内→法円坂）、歩兵三十七連隊（法円坂町）、騎兵第四連隊（小橋寺町）、工兵第四連隊（桜門外二ノ丸）、輜重《しちょう》兵第四小隊（同）、大阪憲兵隊（津村別院→順慶町）、大阪陸軍病院（東町奉行所跡→城内二ノ丸）、陸軍砲兵工廠《ほうへいこうしょう》（二ノ丸・極楽橋北の青屋門内中仕切→旧三ノ丸米蔵跡）、被服支廠《ひふくししょう》（法円坂町）、大阪偕行社《おおさかかいこうしゃ》（これは陸軍将校の親睦共済団体。石町→京橋前ノ町）など枚挙にいとまなく、大坂城周辺はほとんど軍関係の施設で占められていたといっても過言ではない。

図39　在りし日の紀州御殿

†師団司令部の成立と和歌山城御殿の城内移設

一八八八年（明治二十一）五月、陸軍の改組によって六鎮台は廃止され、替わって師団制度が導入された。大阪は第四師団となり、大阪城内に第四師団司令部が置かれたが、以後ここを本営に九四年の日清戦争、一九〇四年の日露戦争への参戦を皮切りとする際限のない戦争へと出動していくこととなる。

ところで、第四師団開設の三年前（明治十八年）には、陸軍の手で和歌山城二ノ丸にあった白書院、黒書院、遠侍の三棟からなる建坪三百五十坪もの建築物が大坂城本丸に移築された。これが鎮台本営、ついで新たな司令部本部庁舎となり、故地和歌山にちなんで「紀州御殿」と呼ばれた。御殿は、本丸の建物のほとんどを失った大坂城にとって、日本の御殿の雰囲気を取り戻させる貴重なものだった。ところが、一九三一年（昭和六）に司令部の新庁舎が完成すると、御殿の一部が迎賓館や天守閣事務所として使われていたが、一九三三年にはその前年に昭和天皇が訪れたのを機に「天臨閣《てんりんかく》」と名を替え、戦争を生き延びて戦後に至った（図39）。

しかし、一九四七年（昭和二十二）九月十二日の午後十時頃、当時城内を占拠していた駐留米軍の失火により焼けてしまう運命にあった。この時、大坂城内に日本人が立ち入ることはできず、消防隊も大手前まで来たものの、指をくわえて見ているしかなかったという。

【コラム9】オーストリア皇太子の大坂城訪問

最近、一八九三年（明治二十六）八月十日に大阪を訪れたオーストリア皇太子フェルディナントの日記が翻訳された。そのなかに、大坂城訪問の記事もある（第二章）のだが、読んでみるとこれが大変面白い。そこで、これを少し紹介しておきたい（［ ］は訳注、（ ）は引用者注）。

大坂城に着くと、全将校を指揮する陸軍中将（時の第四師団長は黒川通軌《くろかわみちのり》中将）が出迎え、営舎に案内してくれた。中将はながながと挨拶を述べた後、大坂城の写真や見取り図を手渡し、冷たい飲み物を供してくれた。大坂城は、城郭構造では、熊本城によく似ている。熊本城と比べれば規模はやや小さいかもしれないが、いかにも堂々とした城郭だ。なにしろ、幅（高さのこと）五ないし七メートル、長さ（横幅のこと）十二メートルもの花崗岩で石垣が積まれ、濠は深く、満々と水をたたえて二重に巡らされているのである。これほどの巨石を当時どのように運搬し、どのように積み上げたのか、想像だにできない。特に目を奪われたのは、石垣の積み方だ。濠の内側も、外側も、石垣の表面や角の積み方が垂直ではなく、上部を少し反らして積まれている［武者返し］。石垣の上には、日本の城郭に特有な櫓が、反り上がった屋根を高く掲げていた。だが現在では、その数はわずかだ。大部分が焼失してしまったからだ。いま、この城は瓦礫のなかにあるといってよく、日本で最も豪華だったといわれる二の丸御殿（本丸御殿の誤り）も慶応四年の戦火［鳥羽伏見の戦い］の犠牲になってしまった。しかし、瓦礫とはいうものの、目の前の城は圧倒的な印象を放っている。むろん一言も発しはしないが、栄光の歴史をつよく語りかける。京都守護の要として、動乱期、日本の歴史を左右する事件では重要な役割を演じ、日本の輝かしい人物の名と結ばれているのである。

（『オーストリア皇太子の日本日記』）

この後、大坂本願寺のこと（「かつてここには、織田信長に破壊された浄土真宗の大寺がそびえていた。」）、それをねらった織田信長との戦争のこと、秀吉の大坂築城、徳川家康・秀忠との大坂の陣（「〝大閤様〟がこの場所に大坂城を築城し、さらに数年後には約一万七千の住家が取り壊され、城郭が拡大強化された。〔中略〕が、一六一五年、徳川幕府の開祖家康、およびその子秀忠に攻撃され、大坂城はあえなく落城した」）、慶喜の大坂入城と逃亡、それによって「徳川封建制の崩壊と、天皇親政の確立にも立ち会うことになった」ことまで、要するに戦国時代から幕末・明治に至る大坂城の歴史についてひと通り述べた後、「こうした大いなる歴史の地に、いま平和の施設が建設されている」と続く。

それは何かといえば、「市中に新鮮な水を供給するための大貯水池だ」とあることから、今も天守閣の東横にある大手前配水池《おおてまえはいすいち》だということが分かる。市民に水道水を供給するため大坂城内に配水池の建設が開始されたのは九二年、まさに建設途中だったわけだが（九五年完成）、まさかこの施設を「平和の施設」と認めた人物がいるとは夢にも思わなかった。しかし、言われてみればこれこそ市民生活の安全・平和を保障する源泉に違いないと改めて感じ入ったことであった。

それにしても、皇太子の観察が実に的確で詳しいことに驚かされる。例えば、幅五〜七メートル、長さ十二メートルの花崗岩の巨石というのは、高さ五・五メートル、横幅十一・七メートルの「蛸石」のことを指しているに違いないし、石垣の積み方が垂直ではなく、上部を少し反らせて積んでいる、というのは俗に扇《おうぎ》の勾配《こうばい》と呼ばれる江戸時代初期以降に発生する城郭石垣の特徴である。こうした巨石の使用や石の積み方は日本独特のものであるから、西欧の城郭を見慣れていた皇太子の目にはひときわ新鮮に映ったのだろう。もちろん、これらの知識の多くは、案内に立った日本人から得たものではあろうが（ただ、秀吉の大坂築城数年後に「約一万七千の住家が取り壊され」とある個所が、一六八九年にジャン・クラッセがパリで刊行した『日本西教史《にほんせいきょうし》』の数字と一致することは単なる偶然とは思えない。皇太子はこの本を読んでいたのだろう）、西洋人の目から見た大坂城に対する感慨は素直で、私たちにとっても新鮮に感じられる。

なお、このオーストリア皇太子こそ、後年（一九一四年＝大正三年）、同国のサラエヴォ（現ボスニア・ヘルツェゴビナ連邦の首都）でセルビア民族主義者の青年に襲われて、妻ゾフィーとともに落命し、第一次世界大戦のきっかけとなった悲劇の主人公フランツ・フェルディナント大公その人である。

大大阪の出現と関一市長の天守閣復興計画

明治時代以降、大阪城地は陸軍省の所管となり、師団司令部をはじめとする陸軍関係の施設が立ち並んでいた。江戸時代の寛永三年に建てられた天守閣は既に寛文五年に落雷で焼失しており、当時は天守台のみが残されていた。

そうしたなか、一九二五年（大正十四）、東成郡と西成郡が大阪市に編入され、大阪市は面積、人口とも東京市を抜いて日本一の大都市となった。それを記念して毎日新聞社の主催で『大大阪《だいおおさか》記念博覧会』（三月十五日～四月三十日）が大阪城と天王寺公園を会場にして実施され、期間中両会場で百八十九万八千人が入場したという。

大阪城では、天守台上に豊公館《ほうこうかん》という仮設展示場を作り、豊臣秀吉関係の遺品を展示したところ、両郡の編入当日であり「大阪デー」とされた四月一日には、二万三千人もの入場者があった。

日本法制史の牧英正《まきひでまさ》によれば、会期中の三月二十七日に豊公館を訪れた後藤新平が、「豊公館を見て考え及んだことであるが大阪歴史《ママ》を記念するためにも、また市民の修養のためにも大阪城に豊公館の如く豊公築城当時の建築構造をよく研究して今の位置に常設的に天守閣を建造して、これを博覧会とかの会場に充ててはどうかと思ふ」と語ったという。そして牧は、後藤の演説会に臨席した当時の大阪市長関一《せきはじめ》がこの席で後藤の意見を直接聞いたに違いないと推測している（牧「昭和の大阪城天守閣築造」）。

翌年十二月二十五日に大正天皇が崩御し、ただちに昭和と改元され新たな昭和時代が始まることとなった。関市長は、先に見た後藤の見解が脳裏にあり、また自らも何か大阪を象徴するモニュメントが必要だと思っていたこともあって、折から行われる予定の昭和天皇即位の御大《ごたい》典《てん》記念事業の一環として大阪城公園の設置と天守閣復興を計画した。

そして、このことを一九二八年（昭和三）二月の市議会に諮り、全会一致での賛成決議を得ると、当時、大阪城を管理していた師団司令部との交渉に入ることとした。なお、建設費用の全額を市民の寄付に拠ることとし、目標金額は百五十万円だった。

『関一日記』によれば、陸軍との交渉は二月十三日から始まった（「十一時菱刈師団長訪問、大阪城公園ノ件ニ付相談」）が、以降の交渉経過については先に掲げた牧の論考が詳しいので、そのキーポイントとなる史料を一部省略のうえ紹介して見ていきたい（送り仮名は原文のまま）。

二月十三日の交渉開始を受けて、三月三十一日には第四師団経理部長から次のような提案があった。

大阪城内司令部敷地ヲ公園トシテ使用ノ件

首題ノ件ニ預テ其筋へ御申出相成候処、大体所要ノ条件ヲ附シ、御希望ヲ認容スルコトニ詮議相成候ニ付御承知相成度、（中略）

大阪城内師団司令部敷地ノ一部開放ニ関スル要領書

大阪城内師団司令部敷地ノ一部ヲ公園トナス目的ヲ以テ之レヲ開放シ、左記条件ニ依リ大阪市ニ貸与ス

左記

一、開放スヘキ地区ハ附図ニ示ス通リニシテ大阪城内師団司令部敷地中師団司令部専用地トシテ残置スヘキ地域約四千三百坪ヲ除キタル以外ノ地区及追手門ヨリ桜門ニ至ル間交通路約二万一千五百四十坪トス

二、師団司令部庁舎及附属家ハ附図ノ地区ニ別紙設計要領ニ依リ合棟新築シ、大手門衛兵所建物ヲ兵器庫一隅ニ移築スルモノトス

以上ニ要スル一切ノ経費ハ大阪市ノ負担トシ、其金額概ネ百三拾万円トス

三、開放地区並ニ其地上ニ存在スル左記建物及樹木ハ附記条件ヲ附シ大阪市ニ無償賞《ママ》与ス

左記

紀州御殿　多門櫓　桜門大手門其他一切雑工作物　樹木七百五十本

四、新築ノ師団司令部庁舎ハ市ノ寄付トシ、政府ノ所属トスルコト

（以下略）

師団司令部は、大阪市に対して城内本丸の敷地の公園としての開放を許可し、それまで庁舎として使っていた紀州御殿を貸与するとともに、百三十万円もの巨額を要する新たな司令部庁舎の新築を迫った。

その約四カ月後の七月十四日の市会で、大阪城の公園化と天守閣の復興が発表され、各紙が大々的に報じた。五日後の七月十九日、大阪市は第四師団を通じて陸軍大臣白川義則宛てに次のような願書を提出した。これが、正式の願書であるとともに、師団から出された条件に対する受諾書でもあった。

大阪城第四師団司令部敷地ヲ公園トシテ借用願ノ件

今般本市ノ御大典記念事業トシテ、現大阪城内第四師団司令部敷地ノ一部タル本丸及之レニ通ズル道路ヲ借用シ、大略別紙計画書幷図面ニ依リ設備ヲ施シ、公園ト致度候条、特別ノ御詮議ヲ以テ願出ノ件御聴許相成度、此段及出願候也

大礼祈念事業計画書

今秋挙ケサセラル、御大礼ヲ後世ニ祈念スヘキ事業トシテ、本市ニ施設スヘキモノ少ナ

カラズト雖モ、最モ意義アル事業ハ大阪城ノ復興ニ第一指ヲ屈スルニ躊躇セサルベシ
大阪城ヲ公園トシテ開放サレンコトハ二百万市民ガ夙ニ希望シテ止マザリシ処ナルガ、今般陸軍省当局ガ本丸一円ノ開放ヲ快諾サレ、茲ニ多年ノ願望ヲ達シタルハ直接交渉ノ衝ニ当ラレシ第四師団幹部各位ノ熱誠ナル努力ニ因ルコト大ナリ

　こうして、天守閣復興と大阪城の公園化は実現した（ただし、この時公園化されたのは図40にあるように、大手口から本丸に至る園路と本丸一帯の約七万一千平方メートルだけで、戦後の大阪城公園の十五分の一ほどに過ぎなかった）。しかし、それには、先に見た三月三十一日付軍部の提案にあるように、新たな師団司令部建物の新築費用などの百三十万円（後に八十万円に減額）が含まれていた。大阪市は、同年八月を期して募金に奔走することとなるが、大阪城公園開設と天守閣復興にかかる募金趣意書には次のようにある。

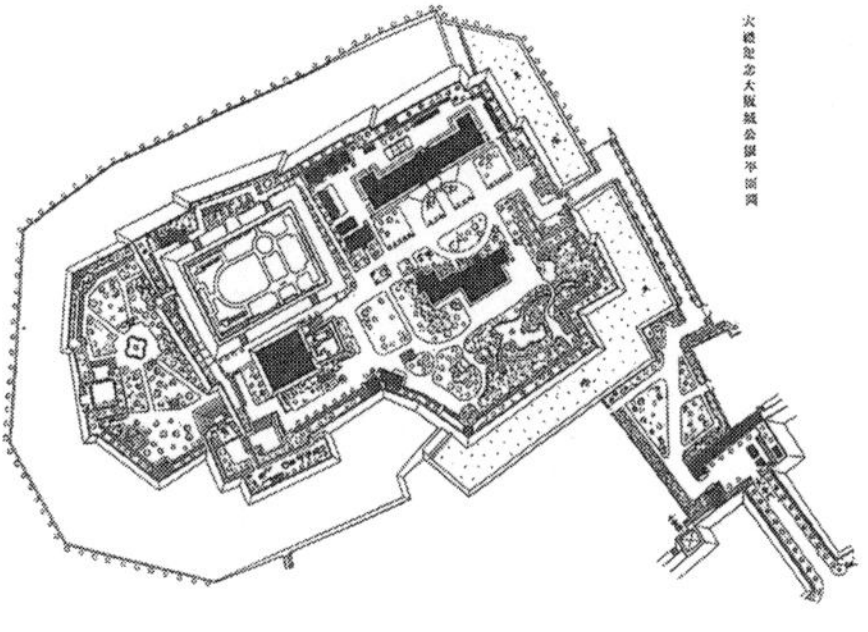
図40　昭和6年開設当時の大阪城公園

其の事業の概要は、本市多年の懸案たる大阪城の開放と、公園化にして、之と共に天守閣の再建、及明治大正両天皇御臨幸の砌畏くも御座所に充てさせられたる城内建物の保存利用であります。

往昔豊太閤か覇業漸く成って、地を此処に相し、海内の資料を蒐めて其の居城を築くや、規模雄大、真に天下の名城と謳はれ、市民の最も誇なりしか、其の後幾変遷、今や全く当時の偉観を留めさるは、惜みても尚余りあることてあります。

即ち茲に今回の御大礼を機として、大阪城当年の偉観を復興することは、之単に我大阪市に対する市民愛郷の精神を表徴するのみならす、往昔大阪市の基礎を築きし豊太閤の偉業を顕彰することともなり、且つは弥栄え行く大大阪の頭上に陸離たる光彩を放つものと謂ふへきてあります。

事業の概要とともにその意義が大阪市の基礎を築いた秀吉の偉業を顕彰することともなる、という記述は大阪市民の「愛郷の精神」をくすぐったことだろう。こうして、十六代住友吉左衛門《すみともきちざえもん》の二十五万円をトップに十銭の少額に至るまで、約半年の間に法人・個人合わせて七万八千二百五十余件の寄付が集まり、当初の予定通り百五十万円を達成した。ただし、そのうち天守閣復興と大阪城公園整備費用は七十万円に過ぎず、その半額以上となる八十万円が師団司令部の新庁舎建設に充てられた。
新庁舎は戦後の一時期、大阪市警察庁本部庁舎となり、その後大阪府警察本部庁舎を経て一九六〇年（昭和三十五）から大阪市立博物館として活用された。二階には貴賓室があり、屋上には今も機銃用の台架《だいか》が残されている。

†復興は、豊臣時代の天守をモデルに

資金集めが始まると、それと並行して復興計画が練り上げられた。本来ならば、徳川再建時の寛永三年に築かれた天守台が残されているのだから、徳川再建の天守をこそ復興すべきところ、まったくそうした声は出なかったようであり、大阪市も、大大阪市繁栄の礎を造った豊臣秀吉の築造にかかる天守を復興させたい、との希望を前面に打ち出した。それは、上記「大礼祈念事業計画書」に含まれる以下の主張にもはっきりと現われている。

想フニ古城ハ史的権威ニシテ之レガ歴史的教化ノ効果多大ナルハ勿論、荘重ナル其偉容ハ実ニ厳然トシテ都市ノ一大美観タリ、然モ我大阪市中興ノ祖タル一世ノ英傑豊太閤ノ壮図ヲ千載ニ偲ブニハ、大阪城天守閣ヲ復興シテ、此史的声明ト権威トニ富ム城址一円ヲ現代市民カ利用シ得ル様、本市ノ中央公園タルヘキ施設ヲ整ヘ、大礼記念事業トシテ永遠ニ開

放スルコトハ、真ニ意義アル計画タルヲ信ズ

復興天守閣の外観は、当時の黒田侯爵家に所蔵されていた『大坂夏の陣図屛風』（黒田屛風と通称された。口絵3）に描かれた秀吉創建にかかる大天守をモデルとし、桃山時代の城郭様式での再現をめざすこととなった。これも、「大礼記念事業計画書」中の文言で確認しておくと、

天守閣ノ復興
豊太閤ノ雄図ヲ偲ブ当時ノ天守閣ハ之レヲ文献ニ徴スルニ、高二十間、南北十九間、東西十七間、此ノ延坪約千二百坪、外観ハ五層ニシテ内部ハ八重ナリ、最上階ハ周囲ニ勾欄ヲ廻ラシ、鶴虎ノ彫刻ヲ施シタリ

内部の階数を八階とするのが、第三章で見たフロイスの記録に拠ったものか分からないが、外観五層や「鶴虎ノ彫刻」は黒田屛風に拠ったことが明らかである（ただし、鶴は黒田屛風では白鷺となっている）。天守閣が載る石垣は徳川製なので、徳川の上に豊臣が乗るようないささかちぐはぐな復興だったが、当時それを問題にする人もいなかった。むしろ、徳川嫌いで豊臣び

いきの大阪人のことだから、快哉を叫んだ人も多かったに違いない。

そして、永久的なモニュメントを目指すという観点から、木造ではなく、鉄骨鉄筋コンクリート製と決し、復興工事は昭和五年五月に始まり、わずか一年半の工期を経て、昭和六年十月に完了した。

この間、大棟のしゃちほこ一対（高さ二・一メートル、青銅製金鍍金）の搬入にあたり、これを鋳造して寄贈した鋳金家の今村久兵衛・重三郎兄弟が、太閤行列さながらにぎにぎしく着飾って城内に運び込んだ（久兵衛は豊臣秀吉に扮した）のをはじめ、天守閣の竣工時には美々しく飾り立てられた「大阪城公園天守閣落成奉祝《ほうしゅく》花電車《はなでんしゃ》」が市内を走り、大いに盛り上がったようだ（渡辺『図説再見大阪城』）。

こうして見てくると、大阪城天守閣の復興と豊臣秀吉の顕彰は、そもそもの計画開始当初から強く結び付けられていたことが明らかだが、それには、前述したような徳川時代の大坂城と大坂町民との関係の希薄さが昭和になっても影響していたのかもしれないとも思うところである。しかし、こうした風潮の背景にはそれだけではなく、この年九月に柳条湖《りゅうじょうこ》事件によって勃発した満州事変《まんしゅうじへん》に象徴されるように、この頃の日本が、満州国建国を含む中国大陸への大規模な軍事侵略へと、大きく舵を切っていく時期であったことを忘れるわけにはいかない。その意味で、日本政府と軍部にとって、約三百五十年前、朝鮮半島に大規模な派兵を行ない大陸進出を果たそうとした秀吉は、偉大な先駆者に他ならなかった。

その秀吉の本拠地である大坂城に復興される秀吉創建の天守は、その「偉業」を称えるとともに、今後のあるべき日本の進路を称える象徴でもあったに違いない。「陸軍省当局ガ本丸一円ノ開放ヲ快諾サレ」た背景には、こうした思惑があったことも疑いない。また、これを受けた大阪市の側においても、「大礼記念事業計画書」のなかの「一世ノ英傑豊太閤ノ壮図」の文言に、秀吉の朝鮮侵略を「有史以来の壮挙」（渡辺世祐『安土桃山時代史』）と捉える近代日本の歴史観が色濃く反映されているのを見ることは難しくない。この後、一九三七年（昭和十二）の盧溝橋《ろこうきょう》事件を経て広くアジアの民衆を巻き込むこととなるアジア・太平洋戦争に突入する暗い世相のなかで、大阪城公園開設と天守閣復興が明るく夢のある事業だったことは確かであろうが、一方で軍国主義を背景とした国威発揚《こくいはつよう》の一翼を担った側面があったことも忘れてはならないと思う。

†「天守閣郷土歴史館」としてスタート

鉄筋鉄骨コンクリート造として一九三〇年五月に始められた工事は、翌年十月に完工した。天守閣の建物は完成したが、展示資料がないと博物館にはならない。当初の展示資料の中核を占めたのは「大阪市立市民博物館」からの移管資料だった。

一九一五年（大正四）に天王寺公園内に開設された大阪市立市民博物館（開館は一九一九年）は、市民に大阪の歴史と現状を紹介し、また通俗的科学知識の開発普及を目指した博物館だったが、一九三一年に天守閣ができると建物の老朽化もあり、資料の大部分は天守閣に移された。

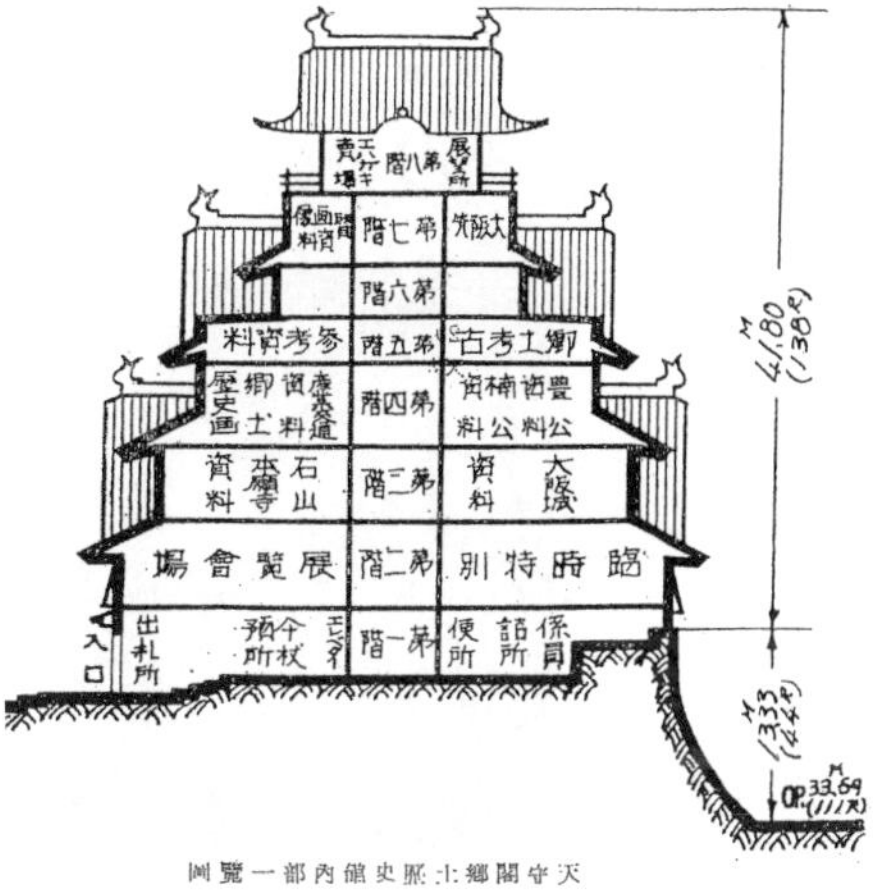

図41　大阪城天守閣の各階展示
1階「出札所」の右隣は「傘杖預所」、第7階は「大阪先賢画像資料」。

その種類と数量について、『大阪府教育百年史』第一巻には、一九三七年度の天守閣の文化財所蔵状況として、［陳列品種類及び点数＝出土品其他、２９４６］とある。何ともそっけない記事であまり参考にはならないが、三千点近い所蔵品をもってスタートした様子だけはうかがえる。

こうして一九三一（昭和六）年十一月七日に、大阪城天守閣は歴史博物館としてスタートした。『東区史』第二巻挿図（図41）によると、当初は「天守閣郷土歴史館」と呼ばれ、三～七階に大坂城や

図42　『上方』第11号「大阪城研究号」1931年11月刊

本願寺に関する資料、豊臣秀吉や楠正成に関する資料、さらには大坂に関する郷土資料や武器武具資料等を展示した。一方、二階は臨時特別展覧会場とあり、特別展覧会と銘打った催しを開催する階だったらしい。最上階である八階は「エハガキ売場」とあり土産物《みやげもの》の販売所であったが、これは今も同じである。

開館当初から学識経験者に委嘱して運営委員会を組織し、天守閣の運営上の指導をいただく体制をとった（今井貫一・西田直二郎・堀居左五郎・魚澄惣五郎の四氏）。この委員会の指導も得ながら各階に種々の郷土歴史資料が常設展示されたほか、二階では特別展覧会が催された。

最初の特別展覧会は、開館初日から十二月六日までの一カ月間行なわれた「大阪城天守閣復興記念　豊公特別展」である。この日発行された『豊公特別展覧目録』によれば、展覧会の構成は、「一　御物《ぎよぶつ》・宸翰《しんかん》」「二　豊国社関係資料」「三　豊公画像並木像　附　生母及夫人画像」「四　豊公自筆書状」「五　豊公書状」「六　文禄・慶長役文書」「七　豊公並豊臣氏関係文書」「八　豊臣氏一門書状」「九　豊公関係文芸資料」「一〇　絵図屛風」「一一　豊公所用調度」「一二　豊臣氏社寺寄進資料」「一三　古瓦」「一四　雑」となっており、御物・宸翰から始まるのは時代の然《しか》らしむるところとしても、秀吉自筆書状・書状からその肖像・調度・文芸資料・屛風、大坂城や伏見城の古瓦にまで及んでいるのは、大変行き届いた構成だった。出品点数は追加も加えると二百四十六点にのぼる。出品された作品もほとんどが史料的に貴重なものばかりで、今日の眼から見ても大変レベルの高い展覧会だったが、それには豊公展覧会委員として岸本準二・武藤誠ら五名の学識経験者を委嘱したことも与《あず》かってのことだったろう。

なお、この年一月に創刊した郷土雑誌『上方《かみがた》』（南木《なんき》芳太郎が主宰する個人雑誌で、戦後「日本雑誌史の奇跡であり光輝である」と謳われた〔谷沢編『なにわ町人学者伝』〕）第十一号（十一月号）では、「大阪城研究号」と銘打った特集を組み、著名な研究者が論文・随筆を寄せたが、その多くは今も価値を失っていない（図42）。

この展覧会を皮切りに、一九三二年度には「大演習記念特別展」（十一月六日には陸軍特別大演習のため来阪中の昭和天皇が登閣した）「兵制六〇周年記念展」、三四年度には「建武中興六〇〇年記念展」「東郷元帥記念展」、三七年度には「日清戦争回顧展」、三八年度には「国威宣揚元寇展」「乃木《のぎ》大将遺品展」、三九年度には「後鳥羽天皇七〇〇年式年記念展」、四一年度には「大東亜への回想・豊公展」など、時代を反映した展覧会が頻繁に行なわれていく（『大阪城天守閣復興三十年史』)。

こうして順調に開館した大阪城天守閣と大阪城公園だったが、時代の影は確実に忍び寄っていた。大阪城には第四師団司令部があり、周辺は種々の軍需工場が林立していたから、一九三七年十一月には、軍機保護法《ぐんきほごほう》によって天守閣上からの写真撮影が禁止され、入館者は大手門入り口でカメラを係員に預けたうえでないと城内に入れなくなり、一九四〇年十二月になると天守閣展望台に目隠しを施し、周囲を一切見下ろせないようにした。アジア・太平洋戦争が始まった一九四一年(昭和十六)の翌年六月、ミッドウェー海戦で日本軍が大敗すると戦局は一気に悪化し、博物館どころではなくなったのだろう、ついに同年九月二十五日には戦局の見通しがつくまで当分の間、閉館となった。

その後、米軍用機による本土空襲が頻発するが、大阪でも四四年末から空襲が始まった。四五年に入ると三月十三、十四日の大空襲を皮切りに大規模な空襲が頻発し(六月に四回、七月に二回、八月に一回)、これによって、アジア最大の軍需基地といわれた大阪城とその周辺地域も大きな被害にあった。幕末の城内大火をくぐり抜けた古建造物のうち、二ノ丸北部の京橋口付近では伏見城から移築したと伝わる伏見櫓・京橋口枡形の櫓と門、二ノ丸南部では二番・三番櫓、西ノ丸では八角薪蔵《しんぞう》・坤櫓《ひつじさるやぐら》が焼失した。なかでも伏見櫓・京橋口枡形の櫓と門・坤櫓・八角薪蔵の焼失は八月十四日の空襲によるものであった。終戦の詔勅があと二、三日早かったらと思うのは私だけではないだろう。天守閣にも焼夷弾《しょういだん》がずいぶん降り注いだが、こちらは鉄筋コンクリート造であったため事なきを得た。天守台の西南石垣には一トン爆弾の直撃などもあったが、こちらも大過なきを得た。

なお、この苛烈な空襲にも生き残った砲兵工廠《ほうへいこうしょう》本館（一八七三＝明治六年建設。後に大阪陸軍造兵廠と改名）は、近代建築史の専門家から重要文化財級との評価を受けた貴重な建物（現在大阪城ホールのある場所）であったが、一九八一年（昭和五十六）に取り壊されてしまったのは何とも残念なことであった。

3　戦後の大阪城

✝軍部の支配地から市民のお城へ

一九四五年（昭和二十）九月、和歌山に上陸した米進駐軍は、翌二十八日に一日の猶予を与えただけで大阪城からすべての日本人の退去を求め、早くも二十九日には入城した。『大阪城天守閣復興三十年史』によれば、あわただしい退去作業を行なっていた軍部から、何とか三台のトラックを借り受け、展示資料をはじめ、関係書類・什器を、とりあえず、天王寺の大阪市立美術館地下倉庫に運び入れ、保管を依頼した。以後、一九四八年八月までの三年間、米軍が大阪城地と建物を接収、日本人はいっさい立ち入ることができなかった。そのため、本丸にあった紀州御殿が米軍失火によって燃えた時も、大阪市の消防隊は城内に入れず、むざむざ焼失させてしまったのは先に見た通りである。

ようやく一九四八年八月二十五日に大阪城地と建物は日本政府に返還され、大阪城地と古建造物は国有（大蔵省所管）となって、大阪市公園局が管理することとなり、天守閣は大阪市に返還された。この時、戦前までの大阪城公園が大幅に拡張され、約百七万平方メートルに及ぶ広大な大阪城公園が市内最大の都市公園として出現した。

一九五三年（昭和二十八）には大阪城全域が整備され、三月十一日には「大阪城修復委員会」が発足し、倒壊寸前の状態にあった二ノ丸南面の一番・六番櫓をはじめ、戦災で破壊された乾櫓北側の外堀石垣などが修復された。三月三十一日には大坂城公園のうち、二ノ丸を囲む外堀以内の七十一万平方メートルが「史跡　大坂城跡」となり、六月十一日には大手門・千貫櫓・乾櫓など城内の古建造物十三棟が国の重要文化財に指定された。そして、さらに二年後の五十五年に「史跡　大坂城跡」は「特別史跡　大坂城跡」に格上げとなった。

戦前の大阪城には大規模な軍事施設が置かれていたため、大坂城の学術調査など行なうべくもなかったが、戦後、大坂城は都市公園として全面的に市民に開放されて自由な研究対象となった。これを受けて、一九五九年に大坂城総合学術調査団が結成され、歴史班と科学班とに分かれて調査が行なわれることとなった。

その調査によって、現在の石垣がすべて徳川再築時に積まれたものであること、本丸の地下深くに今もなお良好な状態で残存する石垣があることが判明したのは上述の通りである。

一九八四年には、財団法人大阪市文化財協会の調査員鈴木秀典《ひでのり》が担当した本丸の発掘調査において、「重ね合わせ図」で想定された通りの位置から詰ノ丸を囲む豪壮な石垣（図11）が発見され、翌年四月七日の見学会には、雨天にもかかわらず五千人もの市民や研究者が訪れたことが思い出される。

さらに二〇一一年（平成二十三）以来、大坂城石垣石の故郷のひとつで国史跡「大坂城石垣石丁場跡」（岩谷丁場）がある香川県小豆島町では、同町商工観光課が主体となり、大坂城跡と西日本各地に残るその石丁場跡を世界遺産とするべく、活発な普及・広報活動を行なってきた。成否はまだ見通せないにしても、近世大坂城の石垣構築に象徴される、十六世紀初頭の高度な土木技術の持つ世界史的な意義と価値とを宣伝するうえで大きな効果があったと評価すべき事業である。

†文化観光施設として再出発した天守閣

一方、米軍の空襲を何とかくぐり抜けた天守閣は、一九四九年（昭和二十四）から経済局貿易観光課に所属し、歴史博物館兼観光施設として再スタートした。

再開年度には「警察展（大阪市警主催）」「近畿小・中学校観光写生画展」「近畿観光写真展」、翌五〇年度には「全国小・中学校観光写生画展」「全国みやげ品展」などと、まともな展覧会を開けない苦労が感じられるが、一九五三年度には「錦絵による日本文化史展」「名刀武具工芸展」、五四年度には「太閤展」、一九五五年度には「元禄時代展」など、次第に歴史博物館らしい展覧会が行なわれるようになった。

一九五二年三、四月に開催された「婦人と子供博（産業経済新聞社主催）」は、天守閣に起死回生の息吹を吹き込み、これを機に、館内の二台のエレベーターの全面運転が再開され、夜間照明が新設された（『大阪城天守閣復興三十年史』）。

ところが、復興以来二十年を経て、戦火をくぐってきた天守閣では次第に傷みが目立つようになり、五六年には懸案であった大屋根の大修理が初めて行なわれた。さらに、一九八一年に定められた新耐震基準にもとづいて耐震検査を行なったところ、基準にそぐわず、耐震補強工事が必要との指導がなされた。そこで、大阪市は一九九三、九四年度に「大阪城天守閣耐震安全性等調査委員会」を組織し、最大震度五（強震）にも耐えられる施設にとの前提で予算措置を付けたが、その矢先の九五年（平成七）一月十七日、阪神淡路大震災が起こったので、震度七の烈震にも耐えられるよう設計を変更して改修工事を実施した。これが世にいう「大阪城平成の大改修」である。

工事は、一九九五年十二月に始まり、一九九七年三月に終了した。耐震補強工事だけでなく、屋根瓦の全面的葺き替え・外壁の全面補修、展示設備の改修、内部エレベーターの八階への延伸など、抜本的な大改修が行なわれた。さらに、身体障碍者や高齢者の入場の便を図るため、小天守台上に全国で初の外部エレベーターが設置された。

工事の最中の一九九六年十二月二十六日付で博物館としての大阪城天守閣は、全国の二千五百におよぶ博物館・美術館のなかから、第一次選抜の七十七館の一つとして文化庁から重要文化財公開承認施設に認定された。

また、一九九七年九月十六日付で、近代の建築物としての天守閣は、国の登録有形文化財に登録された。登録文化財制度とは、近代の都市景観の形成に重要な貢献をしてきた近代建築について、現在も旧時の外観を保ちつつ使用されているもののうち、特に今後も外観保持の必要性の高いものを文化庁が登録するもので、天守閣の登録理由は「国土の景観に寄与しているもの」であった。

†市民の貴重な財産・大阪城の今

こうして、五百年を超える豊かな歴史を持ち、見事な高石垣や江戸時代の古建造物など多くの文化財を有する大坂城跡は、同時に緑地の少ない大阪市のなかにあって百七万平方メートルにもおよぶ都市公園としても貴重な存在として、大阪市民はもとより国内外の観光客や歴史愛好家に愛される存在となっている。そうしたなかの現在（二〇一八年＝平成三十）、大阪市の手によって、一九八四年に発見された豊臣時代の詰ノ丸石垣を市民に公開する恒久施設が作られようとしているのも快挙というべきだろう。

そして、大坂城跡の本丸中央にそびえる大阪城天守閣もまた、二〇一六年のＮＨＫ大河ドラマ『真田丸《さなだまる》』の効果もあって入館者も大幅に増え、大阪を代表する歴史博物館兼文化観光施設としての地位をますます揺るぎないものにしている。

おわりに

争乱の戦国時代に浄土真宗の布教を展開した本願寺の蓮如や証如・顕如父子、また織田信長の衣鉢を継いで天下統一を果たし、近世社会を切り開いた豊臣秀吉、さらには秀吉の後を承けて泰平の世をもたらした徳川家康と秀忠父子、彼らのほとんどが本拠地として整備した大坂城は、その豪壮華麗なたたずまいからも、中近世史上に位置する歴史的重要性からいっても、まさに世に並びなき名城であるといっても過言ではないだろう。

そのためか、私たちは、大坂城の歴史について十九世紀末以来、一世紀にある分厚い研究史を持っている。戦前段階では一八九七年（明治三十）に参謀本部が日本戦史研究の一環として『日本戦史　大阪《ママ》の役』を上梓したのをはじめとして、旧仙台藩士小野清があらわした大著『大坂城誌』（一八九九年）さらには今なお自治体史の白眉と称えられる『大阪市史』第一（一九一二）などの大作・力作が相次いで刊行された。

戦後になって、軍部の桎梏から開放された大坂城では、一九五九年に「大坂城総合学術調査」が行なわれ、本文中に指摘したような多大な成果を挙げたが、それを受けて櫻井成廣「大阪城」（一九六〇）、宮上茂隆「豊臣秀吉築造大坂城の復原的研究」（一九六七）、岡本良一『大坂城』（一九七〇）、村川行弘『大坂城の謎』（一九七〇）、などが相次いで出て、僅か十年程の間に大坂城の実態解明は飛躍的に進んだ。

その後、大坂築城四百年を記念する年に出版された渡辺武『図説　再見大阪城』（一九八三）や伊藤毅『近世大坂成立史論』（一九八七）などの諸労作が相次いで刊行されたが、二〇〇三年に大阪府警本部建て替え工事に伴い、大手前で行なわれた発掘調査によって秀吉最晩年の慶長三年頃に形成されたと思しき堀と曲輪が発見されたことにより、大坂城史の研究（特に豊臣時代史）は新たな段階に入った感がある。

私もこうした先行研究の成果を受けて二〇〇八年、『天下統一の城　大坂城』なる一書を上梓したが、近年になって『大坂　豊臣と徳川の時代』や『秀吉と大坂　城と城下町』（いずれも二〇一五）が相次いで刊行されるなど、大坂城や近世都市大坂の成立をめぐる学際的研究の成果が発表されるに至り、さらに研究状況は活性化しているといえよう。

そうしたなか、先の拙著をもとに近年の成果を取り入れる形で、改めて大坂城の歴史を通観できたことは大きな喜びである。もとより、瑕疵《かし》多き著作であろうとは充分承知しているつもりであるが、私が本書で目指したことの一つは、豊臣・徳川時代を中心としながら、本願寺の時代から近現代までの大坂城の変遷について、できるだけ等価的な叙述をこころがけたことである。たとえば名著の誉れ高い岡本の『大坂城』(岩波新書)では立項しては語られていない本願寺時代と豊臣時代をつなぐ織田信長・池田恒興の番城の時代(第二章)、豊臣時代と徳川時代をつなぐ松平忠明の時代(第四章)をそれぞれ独立させ、豊臣期、徳川期の記述へとスムーズにつなげることを意図した。これは、これまでの大坂城研究史においては、ともすれば各時代の有り様が孤立して語られてきており、次の時代の状況と必ずしも整合的につながらなかった憾みがあるのに対して、大坂城史全体としての統一的な変遷観が必要ではないかとの認識によるものでもある。

それと関連して今一つ、ここ数年、近代における大坂城史研究が参謀本部による「大坂の陣」研究から始まったことの意味について考えをめぐらせる機会があり、その結果、私の抱く豊臣期大坂城の構造観が著しく変わってきたことがある。明治期以来、秀吉の築き上げた大坂城が本丸・二ノ丸、三ノ丸(ないし三ノ丸・惣構)であったとする見方に疑問は抱かれなかったが、最近、私はそれを本丸・二ノ丸の二重構造だったのではないかと考えるに至った。こうした考えは、これまでの大坂城観に根本的な変更を迫るものであるが、そう見なすことによって、徳川期大坂城の二重構造へとスムーズにつながっていくのも事実であり、本書においてその主張の一端を披歴《ひれき》することとした。

とはいうものの、本書の普及書としての性格から、必ずしも厳密な実証過程を論ぜず、私見を交えながら自由に記述させていただいたところもなしとはしない。そうした点が読者に無謀な試みととらえられ、あるいは恣意的と評される読者も多くおられるかもしれない。それについては、ご批判を甘んじて受けることとせざるを得ないが、それはそれとして、『大坂城全史』と銘打った本書の上梓にあたっては、大坂城史研究が現在、大きな節目を迎えているとの私なりの認識があり、それをいささかなりとも反映させたかったとの意図があったことをお汲み取りいただければ幸いである。

末尾ながら、本書執筆へのご斡旋をいただいた北原糸子先生、ちくま新書編集長の松田健氏、担当していただいた山本拓氏に深甚の謝意を表します。

二〇一八年八月十五日（フランシスコ・ザビエル日本到着の記念日に）

中村博司

大坂城略年表

和暦	西暦	事項
明応5	一四九六	9・29本願寺八世蓮如、大坂御坊の建立を始める。
8	一四九九	3・25蓮如、山科本願寺で死去。
大永2	一五二二	この頃、大坂御坊は、教恩院と名を替え、実如の隠居所となったという。
天文1	一五三二	8・24六角・法華宗徒の連合軍が山科本願寺を攻撃、焼亡す。証如難を大坂に避ける。
2	一五三三	7・25親鸞影像が大坂に運び込まれる。［大坂本願寺の成立］
永禄2	一五五九	12・15顕如、門跡に列せらる。
元亀1	一五七〇	9・12本願寺、信長軍を攻撃、「石山合戦」始まる。
天正8	一五八〇	4・9顕如、本願寺を退き、紀州鷺ノ森御坊に入る。8・2教如も大坂退去、本願寺の伽藍焼亡す。信長、本願寺跡に入城。丹羽長秀・津田信澄に在番を命ずる。
10	一五八二	6・2本能寺の変。6・28清須会議。池田恒興父子が、摂津の大半を領す。
11	一五八三	4・21秀吉、賤ヶ岳合戦で、柴田勝家を破る。5・12秀吉、近江坂本城で、戦後処理。6・20大坂城に入る。9・1大坂本丸普請始まる。11月、天守台完成する。
12	一五八四	3・10秀吉、尾張へ出張［小牧長久手合戦］。8・8秀吉、新造の大坂城に入る。
13	一五八五	3月紀州根来・雑賀攻め。4・27大坂に凱旋す（28天守の初見記事）。5・3本願寺の天満移転を命ず［天満本願寺の成立］。7・11秀吉、関白任官。
14	一五八六	2・23大坂城二ノ丸普請始まる。3・16イエズス会士一行、大坂城を訪問。4・5大友宗麟、大坂城を訪問、島津の圧迫を訴える。11・25秀吉、太政大臣となり「豊臣」の姓を賜わる。
15	一五八七	3・1秀吉、大坂城を出発し、島津攻めに向かう。9月聚楽第完成。
16	一五八八	3・30この頃、大坂城二ノ丸工事が竣工する。［豊臣期大坂城の完成］
18	一五九〇	3・1秀吉、小田原攻めに向かう。7・5北条氏直投降。秀吉会津に向かう［奥羽仕置］。

		9・1聚楽第に凱旋、天下統一成る。
天正19	一五九一	1・22秀長没。2・28千利休切腹。8・5鶴松没。12・27秀次に関白職を譲る。
文禄1	一五九二	4月朝鮮出兵（文禄の役・壬申の倭乱）。8月伏見城普請を命ずる（指月伏見城）。
2	一五九三	8・3お拾い（後の秀頼）生まれる。9月、諸将に伏見城普請動員を発令。
3	一五九四	2・10伏見惣構堀・大坂惣構堀の普請始まる。
4	一五九五	7・15関白秀次、高野山で切腹。
慶長1	一五九六	閏7・12伏見大地震、伏見城天守倒壊直ちに再建を命ずる（木幡山伏見城）。9秀吉、大坂城で明使謁見。
2	一五九七	2月朝鮮再征（慶長の役・丁酉の倭乱）
3	一五九八	3・15醍醐の花見。6・10大坂普請始まる。8・18豊臣秀吉没。
4	一五九九	1・11秀頼、伏見城から大坂城に入る。3・1大坂普請始まる。閏3・3前田利家没。9・9家康、大坂に向かい、西ノ丸に入って越年。
5	一六〇〇	5〜7月大坂普請。6・16家康、大坂城から会津若松を目指す。9・15関ヶ原合戦。
8	一六〇三	2・12家康、将軍任官、江戸幕府を開く。4・22秀頼内大臣。
10	一六〇五	4・12秀頼右大臣。4・16秀忠二代将軍となる。
16	一六一一	3・28秀頼、二条城で家康と会見。
19	一六一四	7月方広寺鐘銘問題勃発。11月大坂冬の陣起こる。12・22豊臣・徳川の和睦なる。
元和1	一六一五	4月徳川の大坂再征。5月大坂夏の陣。7日大坂落城、翌日秀頼ら自刃〔豊臣氏の滅亡〕。6・8松平忠明、大坂城主となる。
2	一六一六	4・17徳川家康没。
3	一六一七	7月将軍秀忠、戸田氏鉄を尼崎城主に任ずる。
5	一六一九	7・19秀忠、松平忠明を大和郡山に移し、大坂城と大坂の町を直轄とする。9・7秀忠大坂下向、藤堂高虎と大坂再築について協議。16大坂城石垣普請を発令。

元和6	一六二〇	3・1大坂城再築第一期工事始まる。
9	一六二三	7・22家光、三代将軍となる。
寛永1	一六二四	2・1第二期工事始まる（翌2年まで）。
3	一六二六	この年、天守完成。9・16家光、大坂城検分。
5	一六二八	3・5、大坂城第三期工事始まる。
7	一六三〇	11・9南外堀二番櫓の対面水敲き石垣が崩壊し、この日その修築なる。［再築工事の完成］
11	一六三四	閏7・25家光大坂下向、大坂・奈良・堺の地子銀を免除。
万治3	一六六〇	6・8青屋口の焔硝蔵に落雷、火薬に引火して大きな被害。
寛文5	一六六五	1・2天守に落雷、炎上する。
享保9	一七二四	3・21享保の大火（妙知焼）で四百八町焼失。西町奉行所は内本町へ移る。
天明3	一七八三	10・11大手の多門櫓に落雷し、大坂城正面の威厳を損なうに至る。
天保8	一八三七	2・19元大坂町奉行所与力大塩平八郎決起（大塩平八郎の乱）。
14	一八四三	7・23幕府、大坂・兵庫・西宮などの町人に御用金を課して大坂城の修復に着手。
文久3	一八六三	4・21十四代将軍家茂、三代家光以来の大坂入城を果たす。
元治1	一八六四	1・8家茂、海路江戸から大坂に至る。7・19禁門の変、これにより幕府に長州征討の勅許出る。10・25幕府軍、長州に向かう（第一次長州征討）
慶応1	一八六五	9・21第二次長州征討の勅許出る。
2	一八六六	1・21薩長同盟成る。5月第二次長州征討。7・20家茂、大坂城内で没す。
3	一八六七	7・25十五代将軍慶喜、仏公使ロッシュを大坂城内で引見。27日には英公使パークスを引見。10・14大政奉還を奏上。12・9王政復古の号令。
明治1	一八六八	1・3鳥羽伏見の戦い。6日慶喜、大坂脱出、開陽丸で江戸に向かう。9日城内で大火発生、大混乱となる。27日大坂鎮台（5・2には大阪府）置かれる。
2	一八六九	大坂城内に兵部省大阪出張所が置かれる（本部は千貫櫓）。

明治18	一八八五	和歌山城から白書院など本丸内に移築［紀州御殿］（一九四七年に焼失）。
21	一八八八	5月大阪鎮台廃止、第四師団となる。師団司令部は紀州御殿に置く。
25	一八九二	本丸内に配水池の建設始まる（九五年完成）
26	一八九三	8・10オーストリア皇太子フェルディナント大阪城を訪問。
大正14	一九二五	4・1東成・西成の両区誕生。3・15より大大阪記念博覧会開催、「豊公館」開設。
昭和3	一九二八	2月大阪市議会にて大阪城公園の開設と天守閣の復興を議決。
5	一九三〇	5月天守閣復興工事始まる。（6年11・7歴史博物館として開館）
6	一九三一	11・7天守閣、歴史博物館として開館する。
17	一九四二	9・25戦況悪化により天守閣閉館。城内への一般市民の立ち入り禁止。
20	一九四五	8・14大阪城へ大規模空襲。伏見櫓・京橋口多門櫓など焼失。15日敗戦。9米軍が大阪城接収。以後日本人の城内立ち入りが禁止される。
23	一九四八	8・25大坂城地が日本政府に返還される。
28	一九五三	3・31大坂城跡が国の「史跡」となる。翌々年には「特別史跡」に格上げ。
31	一九五六	大坂城総合学術調査行なわれる。本丸地下に謎の石垣を発見する。
平成7	一九九五	天守閣で「平成の大改修工事」始まる（～9年3月）。
9	一九九七	9・16天守閣、国の登録有形文化財に認定される。
15	二〇〇三	大手前の大阪府警建替に伴う事前調査で、大規模な堀と曲輪の跡が発見される。
18	二〇〇六	12月西ノ丸乾櫓下の石垣調査。福岡県行橋市沓尾から運ばれた石材（角石）五個が確認される。

参考文献

朝尾直弘「「元和六年案紙」について」『京都大学文学部研究紀要』第十六号、一九七六年。後に『朝尾直弘著作集』第四巻（岩波書店、二〇〇四年）に収録された。

朝尾直弘『大系日本の歴史8　天下一統』小学館、一九八八年。

安廷苑『細川ガラシャ――キリシタン史料から見た生涯』中公新書、二〇一四年。

伊藤毅『近世大坂成立史論』生活史研究所、一九八七年。

井上鋭夫『本願寺』講談社学術文庫、二〇〇八年。

井上正雄『大阪府全志』大阪府全志発行所、一九二二年。なお復刻版が一九七五～七六年に清文堂から出版。

内田九州男「秀吉晩年の大坂城大工事について――慶長の三の丸工事と町中屋敷替」『大阪城天守閣紀要』5、一九七七年。

内田九州男「大坂三郷の成立――市街地の形成を中心として」大阪市史編纂所『大阪の歴史』七、大阪市史料調査会、一九八二年。

内田九州男「寛文五年　天守炎上一件」（一）（二）大阪観光協会『観光の大阪』371・372、一九八二年。

内田九州男「豊臣秀吉の大坂建設」佐久間貴士編『よみがえる中世2――本願寺から天下一へ大坂』平凡社、一九八九年。

梅﨑恵司「天下普請・大坂城の〝沓尾石切り丁場〟」(財)北九州芸術文化振興財団埋蔵文化財調査室『研究紀要』21号、二〇〇七年。

江浦洋「堀83をめぐる諸問題」(財)大阪府文化財センター編『大坂城址 Ⅲ』大阪府警察本部棟新築第2期工事に伴う発掘調査報告書、二〇〇六年。

大阪市参事会編『大阪市史』全五巻、大阪市、一九一一~一九一五年。

大阪市史編纂所編『安井家文書』大阪市史史料第二十輯、一九八七年。

大阪市史編纂所・大阪市史料調査会編『新修大阪市史』史料編第五巻大坂城編、二〇〇六年。

大阪市史編纂所編『大坂城再築関係史料』大阪市史史料第七十一輯、二〇〇八年。

(財)大阪市文化財協会編『大坂城跡』Ⅶ、二〇〇三年。

大阪市役所編刊『大阪城』一九三一年。

大阪市立大学豊臣期大坂研究会編『秀吉と大坂――城と城下町』和泉書院、二〇一五年。

大阪市立博物館『桃山・江戸の町人文化――特集古刀期の名刀から大坂新刀まで』一九八三年。

大阪城天守閣編『徳川時代大坂城関係史料集』第一号~第十八号、一九九七~二〇一八年。

大阪城天守閣復興三十周年記念事業実行委員会編刊『大阪城天守閣復興三十年史』一九六一年。

大阪城天守閣監修『甦った大阪城　大阪城天守閣「平成の大改修」写真集』大阪市、一九九七年。

大阪歴史学会編『別冊ヒストリア　大坂城再築と東六甲の石切丁場』大阪歴史学会、二〇〇九年。

大阪歴史博物館・大阪文化財研究所編『大坂　豊臣と徳川の時代』高志書院、二〇一五年。

大澤研一「中世大坂の道と津」『大阪市立博物館研究紀要』33号、二〇〇一年。

大澤研一「「石山」呼称の再検討――豊臣大坂城評価の観点から」『ヒストリア』254号、二〇一六年。

大澤研一「「石山」および「石山本願寺」呼称の成立過程の再検討――近世大坂の地誌・真宗寺院の由緒書を中心に」『ヒストリア』260号、二〇一六年。

岡本良一「肥後石考」日本城郭協会編刊『大阪城とその周辺』日本城郭協会出版部、一九六二年。

岡本良一『大坂城』岩波新書、一九七〇年。

岡本良一編『大阪城』清文堂出版、一九八三年。

岡本良一「加賀藩の大坂夏の陣首取状について」大阪市史編纂所編『大阪の歴史』9号、一九八三年。

岡本良一編『大坂城　日本名城集成』小学館、一九八五年。

岡本良一『大阪の歴史――史跡めぐり』岩波ジュニア新書、一九八九年。

小野清『大坂城誌』全四巻、一八九九年。

小野信二校注『家康史料集』人物往来社、一九六五年。

堅田修編『真宗史料集成』第二巻（蓮如とその教団）、同朋舎、一九七七年。

片山正彦『豊臣政権の東国政策と徳川氏』思文閣出版、二〇一七年。

上方郷土研究会編『上方』第十一号（大阪城研究号）、一九三一年。

唐木田芳文「大坂城乾櫓出角の花崗岩石材」大阪歴史学会編『別冊ヒストリア　大坂城再築と東六甲の石切丁場』大阪歴史学会、二〇〇九年。

川添昭二校訂『新訂黒田家譜』第1巻、文献出版、一九八三年。

河音能平『大阪の中世前期』清文堂出版、二〇〇二年。

神田千里『信長と石山合戦——中世の信仰と一揆』吉川弘文館、一九九五年。

北垣聰一郎『石垣普請』法政大学出版局、一九八七年。

北垣聰一郎「石垣構築技術の発達と石材の規格化」・「石切丁場の実際——豊前小倉藩（細川家）の場合」いずれも大阪歴史学会編『別冊ヒストリア　大坂城再築と東六甲の石切丁場』大阪歴史学会、二〇〇九年。

北西弘編『真宗史料集成』第三巻（一向一揆）、同朋舎、一九八三年。

日下雅義『古代景観の復原』中央公論社、一九九一年。本書は『地形からみた歴史——古代景観を復原する』（講談社学術文庫、二〇一二年）として再版された。

小泉義博『本願寺教如の研究』上・下、法藏館、二〇〇四・二〇〇七年。

小林禎作・土井利位『雪華図説・雪華図説新考　雪華図説正続［復刻版］』築地書館、一九八二年。

栄原永遠男「難波堀江と難波市」直木孝次郎編『古代を考える　難波』吉川弘文館、一九九二年。

佐賀県立図書館編『佐賀県近世史料』第一編第二巻、佐賀県、一九九四年。

櫻井成廣「大阪城」『日本城郭全集第六巻・近畿編』日本城郭協会、一九六〇年。

櫻井成廣『豊臣秀吉の居城　大阪城編』日本城郭資料出版会、一九七〇年。

サトウ（アーネスト）著、坂田精一訳『一外交官の見た明治維新』上・下、岩波文庫、一九六〇年。

参謀本部編『日本戦史　大阪役』一八九七年。同復刻版、村田書店、一九七七年。

渋沢栄一『徳川慶喜公伝』平凡社、一九六七年。

小豆島町商工観光課編『小豆島　石の歴史シンポジウム——資料集』二〇一一年。

新修大阪市史編纂委員会編『新修大阪市史』第一〜十巻、一九八八〜一九九六年。

杉本厚典編『大阪上町台地の総合的研究――東アジア史における都市の誕生・成長・再生の一類型』大阪市博物館協会・大阪文化財研究所・大阪歴史博物館、二〇一四年。

積山洋「豊臣氏大坂城惣構の防御施設――発掘調査の現状と課題」大阪市史編纂所『大阪の歴史』46号、一九九五年。

千田嘉博『織豊系城郭の形成』東京大学出版会、二〇〇〇年。

（株）大広編『大阪海想録――海から見つめる大阪二千年の歴史と未来』第九回「海の祭典」推進協議会、一九九四年。

高橋康夫・吉田伸之編『日本都市史入門Ⅰ　空間』東京大学出版会、一九八九年。

谷沢永一編『なにわ町人学者伝』潮出版社、一九八三年。

内藤昌『江戸と江戸城』鹿島研究所出版会、一九六六年。本書は講談社学術文庫より二〇一三年に再版された。

直木孝次郎『古代難波とその周辺』吉川弘文館、二〇〇九年。

中井均「安土築城前夜――主として寺院からみた石垣の系譜」『織豊城郭』三号、織豊城郭研究会、一九九六年。

中村勝利校注『摂営秘録（大坂城の記録）』日本古城友の会、一九七八年。

中村博司「大阪城南外濠々底に眠る石垣遺構について」『大阪城天守閣紀要』一三号、一九八五年。

中村博司「徳川時代大坂城普請参加大名の編成について」『大阪城天守閣紀要』一四号、一九八六年。

中村博司「大坂城と城下町の終焉」佐久間貴士編『よみがえる中世2――本願寺から天下一へ 大坂』平凡社、一九八九年。

中村博司「慶長三～五年の大坂城普請について――「三之丸築造」をめぐる諸問題」『ヒストリア』198号、二〇〇六年。

中村博司「豊臣秀吉と茨木城」中村編『よみがえる茨木城』清文堂出版、二〇〇七年。

中村博司「大坂城再築の経過と普請参加大名の編成」大阪歴史学会編『別冊ヒストリア 大坂城再築と東六甲の石切丁場』大阪歴史学会、二〇〇九年。

中村博司「松平忠明の大坂城「三ノ丸壊平・市街地開放」をめぐって」『日本歴史』739号、二〇〇九年。

中村博司「本願寺の貝塚・天満移座と羽柴秀吉の紀州攻めについて」『ヒストリア』250号、二〇一五年。

中村博司「「大坂遷都論」再考――羽柴秀吉の政権構想をめぐって」『史学雑誌』125編第11号、二〇一六年。

中村博司「豊臣期大坂の「惣構」をめぐる諸問題」『ヒストリア』259号、二〇一六年。

中村博司「最古の真田丸図補論」日本城郭史学会『城郭史学』37号、二〇一八年。

中村博司『天下統一の城 大坂城』新泉社、二〇〇八年。

中村博司『豊臣政権の形成過程と大坂城』和泉書院（近刊予定）。

名古屋市博物館編『豊臣秀吉文書集』一～四、吉川弘文館、二〇一五～一八年。

仁木宏「大坂石山寺内町の復元的考察」中部よし子編『大坂と周辺諸都市の研究』清文堂出版、一九九四年。

仁木宏「大坂石山寺内町の空間構造」上横手雅敬監修『古代・中世の政治と文化』思文閣出版、一九九四年。

仁木宏「大坂石山寺内町の復元・再論」貝塚寺内町歴史研究会編『寺内町研究』三号、一九九八年。

仁木宏「権力論・都市論から見る「大坂」――「石山合戦」史観の問題性」『ヒストリア』260号、二〇一七年。

バード（イザベラ）著、金坂清則編訳『イザベラ・バード　極東の旅2』平凡社（東洋文庫）、二〇〇五年。

ヒロン（アビラ）著、佐久間正・会田由訳『日本王国記』（大航海時代叢書XI）岩波書店、一九六五年。

福島克彦「戦国織豊期における「物構」の展開と倭城」黒田慶一編『韓国の倭城と壬辰倭乱』岩田書院、二〇〇四年。

福間光超・佐々木孝正・早島有毅編『真宗史料集成』第六巻（各派門主消息）、同朋舎、一九八三年。

藤井重夫「大坂城石垣符号について」岡本良一編『大坂城の諸研究』名著出版、一九八二年。

藤井治左衛門編『関ケ原合戦史料集』新人物往来社、一九七九年。

藤井讓治『天皇と天下人』天皇の歴史05、講談社、二〇一一年。本書は講談社学術文庫より二〇一八年に再版された。

藤岡通夫『新版　城と城下町』創元社、一九五七年。

藤田実「大坂石山本願寺寺内の町割」大阪市史編纂所『大阪の歴史』47号、一九九六年。

藤田実「大坂に見る新設型寺内の構造——仁木宏氏の大坂寺内論への再批判をかねて」貝塚寺内町歴史研究会編『寺内町研究』5号、二〇〇〇年。

フランツ・フェルディナント著、安藤勉訳『オーストリア皇太子の日本日記——明治二十六年夏の記録』講談社学術文庫、二〇〇五年。

古川重春『錦城復興記』大阪ナニワ書院、一九三一年。

フロイス（ルイス）著、松田毅一・川崎桃太訳『フロイス　日本史1』中央公論社、一九七七年。

碧水社編『大坂城　歴史群像名城シリーズ①』学習研究社、一九九四年。

堀田暁生編『大阪の地名由来辞典』東京堂出版、二〇一〇年。

本願寺史料研究所編『図録　顕如上人余芳』本願寺出版社、一九九〇年。

本願寺史料研究所編『増補改訂　本願寺史』第一巻、本願寺出版社、二〇一〇年。

松尾信裕「豊臣期大坂城の規模と構造——発掘調査から推定される豊臣期大坂城三ノ丸の範囲」大阪市文化財協会編刊『大阪市文化財論集』一九九四年。

松尾信裕「豊臣期大坂城下町成立と展開」『ヒストリア』193号、二〇〇五年。

松尾信裕「大坂城下町」仁木宏・松尾信裕編『信長の城下町』高志書院、二〇〇八年。

松岡利郎『大坂城の歴史と構造』名著出版、一九八八年。

牧英正『道頓堀裁判』岩波新書、一九八一年。

牧英正「昭和の大阪城天守閣築造」『大阪市公文書館研究紀要』5号、一九九三年。

松田毅一監訳『十六・七世紀イエズス会日本報告集』第Ⅲ期第1～7巻、同朋舎、一九九一～一九九八年。

三浦周行「中世の大阪」・「町人の都」・「法制史上より観たる大阪」、いずれも同著『大阪と堺』岩波書店（一九八四年）に収録。初出は、大阪毎日新聞社編刊『大阪文化史』一九二五年・『大阪朝日新聞』紙一九一七年八月四〜八日連載・大阪市民博物館編『大阪文化史論』宝文館、一九二三年。

三鬼清一郎『織豊期の国家と秩序』青史出版、二〇一二年。

宮上茂隆「豊臣秀吉築造大坂城の復原的研究」建築史学会編『建築史研究』37号、一九六七年。

宮上茂隆著・穂積和夫図『大坂城　天下一の名城』草思社、一九八四年。

村上直次郎訳『耶蘇会士日本通信』上・下、聚芳閣・駿南社、一九二七・二八年。

村上直次郎訳『耶蘇会の日本年報』第一・二輯、拓文堂、一九四三・四四年。

村川行弘『大坂城の謎』学生社、一九七〇年、二〇〇二年重版。

村山朔郎「大坂城の地盤調査と地下石垣の発見」『大阪城天守閣紀要』第12号、一九八四年。

八代市立博物館未来の森ミュージアム編刊『松井文庫所蔵古文書調査報告書』一〜十九（刊行中）、一九九六〜二〇一七年。

矢内昭「惣構堀の築造と内町の完成」『新修大阪市史』3、一九八九年。

藪田貫『近世大坂地域の史的研究』清文堂出版、二〇〇五年。

山根徳太郎「大阪城址の研究——特に難波京を論じて石山本願寺に及ぶ」大阪市立大学大阪城址研究会編『大阪城の研究』研究予察報告第一、一九五三年。

山根徳太郎「大阪城址の文化史的研究」大阪市立大学大阪城址研究会編『大阪城の研究』研究予察

報告第二、一九五四年。

渡辺武『図説　再見大阪城』大阪都市協会、一九八三年。

渡辺武『大阪城歴史散策』保育社（カラーブックス）、一九九二年。

渡辺武『大阪城秘ストリー』東方出版、一九九六年。

渡辺武・内田九州男・中村博司共著『大阪城ガイド』保育社（カラーブックス）、一九八三年。

渡辺世祐『安土桃山時代史』早稲田大学出版部、一九〇七年。


（＊古記録類は省略した）

所蔵・提供・出典一覧

●所蔵・提供一覧
東京都歴史文化財団イメージアーカイブ：口絵２（提供のみ）
大阪城天守閣：口絵３・図２・図８・図29・図31・図37・図38・図39
名古屋市蓬左文庫：図28
広島市立中央図書館：図19
山口県文書館：図23
菅野良男氏：図34・35（提供のみ）
志村清氏：図30（提供のみ）
大阪くらしの今昔館：口絵１・図12（提供のみ）
萩原秀政氏：図６

●出典一覧
図１：『大阪海想録』14頁図を一部改変
図９：『大坂城　天下一の名城』52・53頁（穂積和夫イラスト図）
図14：（財）大阪市文化財協会『難波宮址の研究』第九（本文）130頁
図15・16・17：『大坂城跡』Ⅶ341・41・337頁
図20：『大坂城址』Ⅲ本文編139頁
図24：拙稿『日本歴史』739号85・86頁
図25：『日本都市史入門Ⅰ空間』182頁図を一部改変
図26：『図説　再見大阪城』120頁
図32：『大坂城再築と東六甲の石切丁場』122頁
図33：『小豆島　石の歴史シンポジウム―資料集』20頁図を一部改変
図36：『雪華図説正続［復刻版］』より
図40：『大阪城』巻末附図
図41：『東区史』第二巻1056頁
表３：『別冊ヒストリア　大坂城再築と普請参加大名の編成』20・21頁
表４：『大坂城歴史散策』80頁
表５：『別冊ヒストリア　大坂城再築と普請参加大名の編成』20頁

※上記以外は、著者の新規作成・提供による。

ちくま新書
1359

大坂城全史《おおさかじょうぜんし》
——歴史《れきし》と構造《こうぞう》の謎《なぞ》を解《と》く

二〇一八年一〇月一〇日 第一刷発行

著者 中村博司（なかむら・ひろし）

発行者 喜入冬子

発行所 株式会社 筑摩書房
東京都台東区蔵前二-五-三 郵便番号一一一-八七五五
電話番号〇三-五六八七-二六〇一（代表）

装幀者 間村俊一

印刷・製本 三松堂印刷 株式会社

ISBN978-4-480-07180-4 C0221

ちくま新書

457 昭和史の決定的瞬間　坂野潤治

日中戦争は軍国主義の後ではなく、改革の途中で始まった。生活改善の要求は、なぜ反戦の意思と結びつかなかったのか。日本の運命を変えた二年間の真相を追う。

601 法隆寺の謎を解く　武澤秀一

世界最古の木造建築物として有名な法隆寺は、創建・再建の動機を始め多くの謎に包まれている。その構造から古代史を読みとく、空間の出来事による「日本」発見。

650 未完の明治維新　坂野潤治

明治維新は〈富国・強兵・立憲主義・議会論〉の四つの目標が交錯した「武士の革命」だった。それは、どう実現されたのだろうか。史料で読みとく明治維新の新たな実像。

692 江戸の教育力　高橋敏

江戸の教育は社会に出て困らないための、「一人前」になるための教育だった！　文字教育と非文字教育が一体化した寺子屋教育の実像を第一人者が掘り起こす。

713 縄文の思考　小林達雄

土器や土偶のデザイン、環状列石などの記念物は、縄文人の豊かな精神世界を語って余りある。著者自身の半世紀近い実証研究にもとづく、縄文考古学の到達点。

846 日本のナショナリズム　松本健一

戦前日本のナショナリズムはどこで道を誤ったのか。なぜ東アジアは今も一つになれないのか。近代の精神史の中に、国家間の軋轢を乗り越える思想の可能性を探る。

859 倭人伝を読みなおす　森浩一

開けた都市、文字の使用、大陸の情勢に機敏に反応する外交。――古代史の一級資料「倭人伝」を正確に読みとき、当時の活気あふれる倭の姿を浮き彫りにする。

ちくま新書

ちくま新書

1101 吉田松陰 ——「日本」を発見した思想家 桐原健真

２０１５年大河ドラマに登場する吉田松陰。維新の精神的支柱でありながら、これまで紹介されてこなかった思想家としての側面に初めて迫る、画期的入門書。

1127 軍国日本と『孫子』 湯浅邦弘

日本の軍国化が進む中、精神的実践的支柱として利用された『孫子』。なぜ日本は下策とされる長期消耗戦を辿り、敗戦に至ったか？　中国古典に秘められた近代史！

1132 大東亜戦争　敗北の本質 杉之尾宜生

なぜ日本は戦争に敗れたのか。情報・対情報・兵站の軽視、戦略や科学的思考の欠如、組織の制度疲労——多くの敗因を検討し、その奥に潜む失敗の本質を暴き出す。

1136 昭和史講義 ——最新研究で見る戦争への道 筒井清忠編

なぜ昭和の日本は戦争へと向かったのか。複雑きわまる戦前期を正確に理解すべく、俗説を排して信頼できる史料に依拠。第一線の歴史家たちによる最新の研究成果。

1144 地図から読む江戸時代 上杉和央

空間をどう認識するかは時代によって異なる。その違いを象徴するのが「地図」だ。古地図を読み解き、日本の形を作った時代精神を探る歴史地理学の書。図版資料満載。

1161 皇室一五〇年史 浅見雅男 岩井克己

歴代天皇を悩ませていたのは何だったのか。皇位継承、宮家消滅、結婚トラブル、財政問題——様々な確執やスキャンダルを交え、近現代の皇室の真の姿を描き出す。

1184 昭和史 古川隆久

日本はなぜ戦争に突き進んだのか。私たちは、何を失い、何を手にしたのか。開戦から敗戦、復興、そして高度成長へと至る激動の64年間を、第一人者が一望する決定版！

ちくま新書

1194
昭和史講義2
——専門研究者が見る戦争への道
筒井清忠編
なぜ戦前の日本は破綻への道を歩んだのか。その原因をより深く究明すべく、二十名の研究者が最新研究の成果を結集する。好評を博した昭和史講義シリーズ第二弾。

1196
戦後史の決定的瞬間
——写真家が見た激動の時代
藤原聡
時代が動く瞬間をとらえた一枚。その写真は希少な記録となり、背景を語った言葉は歴史の証言となった。日本を代表する写真家14人の131作品で振り返る戦後史。

1198
天文学者たちの江戸時代
——暦・宇宙観の大転換
嘉数次人
日本独自の暦を初めて作った渋川春海を嚆矢とする「江戸の天文学者」たち。先行する海外の知と格闘し、暦・宇宙の研究に情熱を燃やした彼らの思索をたどる。

1207
古墳の古代史
——東アジアのなかの日本
森下章司
社会変化の「渦」の中から支配者が出現した、古墳時代の中国・朝鮮・倭。一体何が起こったのか。日本と他地域の共通点と、明白な違いとは。最新考古学から考える。

1219
江戸の都市力
——地形と経済で読みとく
鈴木浩三
天下普請、参勤交代、水運網整備、地理的利点、統治システム、所得の再分配……地形と経済の観点を中心として、未曾有の大都市に発展した江戸の秘密を探る！

1224
皇族と天皇
浅見雅男
日本の歴史の中でも特異な存在だった明治以降の皇族。彼らはいかなる事件を引き起こし、天皇を悩ませてきたか。近現代の皇族と天皇の歩みを解明する通史決定版。

1247
建築から見た日本古代史
武澤秀一
飛鳥寺、四天王寺、伊勢神宮などの古代建築群を手がかりに日本誕生に至る古代史を一望する。仏教公伝、皇祖神創造、生前退位は如何に三次元的に表現されたのか？

ちくま新書

1257
武士道の精神史
笠谷和比古

侍としての勇猛な行動を規定した「武士道」だが、徳川時代に内面的な倫理観へと変容し、一般庶民の生活にまで広く影響を及ぼした。その豊かな実態の歴史に迫る。

1266
昭和史講義3
——リーダーを通して見る戦争への道
筒井清忠編

昭和のリーダーたちの決断はなぜ戦争へと結びついたのか。近衛文麿、東条英機ら政治家・軍人のキーパーソン15名の生い立ちと行動を、最新研究によって跡づける。

1271
天皇の戦争宝庫
——知られざる皇居の靖国「御府」
井上亮

御府と呼ばれた五つの施設は「皇居の靖国」といえる。しかし、戦後その存在は封印されてしまった。皇居に残された最後の禁忌を描き出す歴史ルポルタージュ。

1280
兵学思想入門
——禁じられた知の封印を解く
拳骨拓史

明治維新の原動力となった日本の兵学思想。その独自の国家観・戦争観はいつ生まれ、いかに発展し、なぜ封印されるに至ったのか。秘められた知の全貌を解き明かす。

1290
流罪の日本史
渡邊大門

地位も名誉も財産も剝奪された罪人は、縁もゆかりもない遠隔地でどのように生き延びたのか。彼らの罪とは。事件の背後にあった、闘争と策謀の壮絶なドラマとは。

1293
西郷隆盛
——手紙で読むその実像
川道麟太郎

西郷の手紙を丹念に読み解くと、多くの歴史家がその人物像を誤って描いてきたことがわかる。徹底した考証に基づき生涯を再構成する、既成の西郷論への挑戦の書。

1300
古代史講義
——邪馬台国から平安時代まで
佐藤信編

古代史研究の最新成果と動向を一般読者にわかりやすく伝えるべく15人の専門家の知を結集。列島史の全体像が1冊でつかめる最良の入門書。参考文献ガイドも充実。

ちくま新書

1306 やりなおし高校日本史　野澤道生

「1192つくろう鎌倉幕府」はもう使えない！　新たな解釈により昔習った日本史は変化を遂げているのだ。ヤマト政権の時代から大正・昭和まで一気に学びなおす。

1308 オリンピックと万博　——巨大イベントのデザイン史　暮沢剛巳

二〇二〇年東京五輪のメインスタジアムやエンブレムのコンペをめぐる混乱。巨大国家イベントの開催意義とは何なのか？　戦後日本のデザイン戦略から探る。

1309 勘定奉行の江戸時代　藤田覚

家格によらず能力と実績でトップに立てた勘定所。財政を支える奉行のアイデアとは。年貢増徴策、新財源探し、禁断の貨幣改鋳、財政積極派と緊縮派の対立……。

1318 明治史講義【テーマ篇】　小林和幸編

信頼できる研究を積み重ねる実証史家の知を結集。20のテーマで明治史研究の論点を整理し、変革と跳躍の時代を最新の観点から描き直す。まったく新しい近代史入門。

1319 明治史講義【人物篇】　筒井清忠編

西郷・大久保から乃木希典まで明治史のキーパーソン22人を、気鋭の専門研究者が最新の知見をもとに徹底分析。確かな実証に基づく、信頼できる人物評伝集の決定版。

1341 昭和史講義【軍人篇】　筒井清忠編

戦争の責任は誰にあるのか。東条英機、石原莞爾、山本五十六ら、戦争を指導した帝国陸海軍の軍人たちの実像を最新研究をもとに描きなおし、その功罪を検証する。

1357 帝国化する日本　——明治の教育スキャンダル　長山靖生

明治初頭の合理主義はどこで精神主義に転換し、妄想的な愛国主義へ転化したのか。哲学館事件などの教育スキャンダルから、帝国神話形成のメカニズムを解読する。